Logistik für die Praxis

Michael Wagner

Beitrag zur Ermittlung von Verpackungssystemkosten unter besonderer Berücksichtigung gemischter Ladeeinheiten

Prof. Dr. Michael ten Hompel
Herausgeber

Verlag Praxiswissen

Michael Wagner
Beitrag zur Ermittlung von Verpackungssystemkosten unter besonderer Berücksichtigung gemischter Ladeeinheiten

Erschienen in der Reihe „**Logistik für die Praxis**"
Reihenherausgeber: Prof. Dr. Michael ten Hompel
Mitglied der Institutsleitung des Fraunhofer IML, Dortmund
Lehrstuhl für Förder- und Lagerwesen der Universität Dortmund

Bibliografische Information Der Deutschen Bibliothek

Die Deutsche Bibliothek verzeichnet diese Publikation
in der Deutschen Nationalbibliografie; detaillierte bibliografische Daten
sind im Internet über http://dnb.ddb.de abrufbar.

© Copyright 2007 by
Verlag Praxiswissen
Hauert 20
44227 Dortmund

Umschlaggestaltung:
Christiane Heetmann

Printed in Germany

Beitrag zur Ermittlung von Verpackungssystemkosten unter besonderer Berücksichtigung gemischter Ladeeinheiten

UNIVERSITÄT DORTMUND

Fakultät Maschinenbau

Genehmigte Dissertation

zur Erlangung des akademischen Grades

Doktor-Ingenieur

vorgelegt von:

Dipl.-Ökonom Michael Wagner

Berichter:

Prof. Dr. Michael ten Hompel

Mitberichter:

Prof. Dr.-Ing. Axel Kuhn

Tag der mündlichen Prüfung

15. Dezember 2006

Inhaltsverzeichnis

Inhaltsverzeichnis III
Kurzzusammenfassung V
Kurzzusammenfassung (englisch) VII
1   Einleitung 1
    1.1   Problemstellung 1
    1.2   Forschungsziel 3
    1.3   Vorgehensweise und Aufbau der Arbeit 3
    1.4   Anwendungsbereich 5
2   Stand der Wissenschaft 7
    2.1   Behandlung der Problemstellung in der Literatur 7
        2.1.1   Ermittlung von Verpackungskosten für einen Ausschnitt aus der Lieferkette . 10
        2.1.2   Ermittlung von Verpackungskosten für die gesamte Lieferkette 12
        2.1.3   Beurteilung von Verpackungen entlang der gesamten Lieferkette
               ohne Ausweis von Kosten 16
        2.1.4   Abgrenzung des eigenen Ansatzes 19
    2.2   Begriffe und Definitionen 21
        2.2.1   Verpackung 21
        2.2.2   Transportverpackung 23
        2.2.3   Ladungsträger 25
        2.2.4   Ladeeinheit 27
        2.2.5   Lieferkette 29
        2.2.6   Liefernetzwerk 31
3   Verpackungssystem und Verpackungssystemkosten 33
    3.1   Verpackungssystem 33
        3.1.1   System, Systemtheorie und Systemdenken 33
        3.1.2   Der Begriff des Verpackungssystems in der Literatur 35
        3.1.3   Weiterentwicklung des Begriffs des Verpackungssystems 38
    3.2   Verpackungssystemkosten 41
        3.2.1   Kostenbegriff 41
        3.2.2   Erfassung von Verpackungssystemkosten 47
4   Die Interoperabilität von Transportverpackungen 63
    4.1   Das Konzept der Interoperabilität 63
        4.1.1   Definition und Wirkung 63
        4.1.2   Beschreibung der Interoperabilität mit Hilfe der Standardisierung von
               Verpackungen 67
        4.1.3   Kompatibilität als Grundlage der Standardisierung durch Vereinheitlichung . 75

Inhaltsverzeichnis

4.2 Kennzahlen zur Quantifizierung der Interoperabilität 82
    4.2.1 Ermittlung des ISO-Modulgrads 83
    4.2.2 Ermittlung des Kompatibilitätsgrads 85
    4.2.3 Ermittlung des Schwachstellengrads 95

5 Empirischer Nachweis der Wirkmechanismen von Interoperabilität .. 101
    5.1 Wirkung des ISO-Modulgrads auf das Nutzvolumen der gemischten Ladeeinheit 102
        5.1.1 Versuchsaufbau und Durchführung 103
        5.1.2 Ergebnisse 105
        5.1.3 Interpretation 106
    5.2 Wirkung des Kompatibilitätsgrads auf die Greifzeit bei der Bildung gemischter Ladeeinheiten 108
        5.2.1 Voruntersuchung in Form einer Zeitstudie 109
        5.2.2 Hauptuntersuchung zur Wirkung des Kompatibilitätsgrads auf die Greifzeit 112
    5.3 Wirkung von Kompatibilitäts- und Schwachstellengrad auf die Stabilität der gemischten Ladeeinheit 114
        5.3.1 Festigkeitsprüfung nach DIN/ISO 10531 117
        5.3.2 Transportsimulation nach ASTM 4728-95 122
        5.3.3 Analyse und Interpretation der Ergebnisse 129

6 Modellierung von Verpackungssystemkosten 139
    6.1 Aufstellen des Erklärungsmodells 139
        6.1.1 Erklärungsmodell 140
        6.1.2 Auswahl Referenzprozesse 141
    6.2 Integration des Konzepts der Interoperabilität 146
        6.2.1 Einflussdiagramm als Grundlage des Erklärungsmodells 147
        6.2.2 Rechenregeln 152

7 Abschätzung der Bedeutung der Interoperabilität 161
    7.1 Beispielhafte Anwendung 161
    7.2 Interpretation der Anwendung 163

8 Fazit und Ausblick 167

Literaturverzeichnis CLXXI

Abbildungsverzeichnis CXCV

Tabellenverzeichnis CXCVII

Abkürzungsverzeichnis CXCIV

Symbolverzeichnis CXCVII

Anhang CCI

Kurzzusammenfassung

Zur Marktversorgung mit frischen Lebensmitteln in Deutschland kommen mehr als eine Milliarde Transportverpackungen jährlich zum Einsatz. Ihre Distribution im Lebensmitteleinzelhandel (LEH) weist in verpackungslogistischer Hinsicht Besonderheiten auf. Regelmäßig stehen sich technisch gleichwertige Verpackungsalternativen gegenüber. Soll in diesem Fall eine rationale Verpackungsentscheidung getroffen werden, ist Transparenz über sämtliche von der Verpackung verursachten Kosten erforderlich. In Anlehnung an das Konzept des Supply Chain Management fordert der Stand der Wissenschaft in Bezug auf eine ökonomische Beurteilung von Verpackungen, dass diese unternehmensübergreifend entlang der gesamten Lieferkette erfolgt. Bestehende Ansätze in der Literatur greifen diese Forderung auf. Sie beschränken sich in ihrem Bewertungsgegenstand jedoch auf die *einzelne* Transportverpackung. Wechselwirkungen innerhalb des Verpackungssystems, welche sich im Rahmen der auftragsbezogenen Kommissionierung zwischen aufeinander treffenden Verpackungen oder zwischen diesen und dem Ladungsträger ergeben, werden nicht berücksichtigt. Demgegenüber verfolgt die vorliegende Arbeit das Ziel der in logistischer und ökonomischer Hinsicht vollständigen Bewertung von Verpackungen in solchen Teilen der Lieferkette, die als gemischte Ladeeinheiten durchlaufen werden.

Hierfür schließt sich an die Abgrenzung des Stands der Wissenschaft im 3. Kapitel eine Analyse der Interaktion unterschiedlicher Verpackungen im Rahmen der Bildung gemischter Ladeeinheiten an. Ferner wird der Begriff der Verpackungssystemkosten hergeleitet sowie ein Konzept der produktionsfaktorbezogenen Verrechnung von Einzelkosten entwickelt. Damit liegt ein geschlossenes Verfahren zur Ermittlung von Verpackungssystemkosten vor, welches zur Grundlage für das in Kapitel 6 aufgestellte mathematische Modell wird. Mit dem Ziel, die identifizierten Beziehungen und Wechselwirkungen innerhalb von gemischten Ladeeinheiten einer Bewertung zugänglich zu machen, wird in Kapitel 4 das Konzept der Interoperabilität der Verpackung eingeführt. Eingehend untersucht wird in diesem Zusammenhang die Schnittstelle zwischen zwei Verpackungen. Auf dieser Systematisierung aufbauend erfolgt die Definition der drei Parameter *ISO-Modulgrad*, *Kompatibilitätsgrad* und *Schwachstellengrad*, mit deren Hilfe der Systemzustand des Verpackungssystems im Hinblick auf die Interoperabilität der Verpackungen beschrieben werden kann. In Kapitel 5 wird die Wirkung der Interoperabilität von Verpackungen auf (i) die Volumennutzung, (ii) die Durchlaufzeit bei der Kommissionierung und (iii) die Stabilität von gemischten Ladeeinheiten empirisch nachgewiesen. Abschließend werden die gewonnen Erkenntnisse in ein mathematisches Erklärungsmodell umgesetzt.

Damit liegt ein Instrument vor, mit dessen Hilfe die Verpackungssystemkosten in der Praxis berechnet werden können.

Zusammenfassend zeigt diese Arbeit, dass bei der Bewertung von Transportverpackungen mit dem Ziel der Verpackungsentscheidung zwingend ein Systemansatz zu verfolgen ist. Speziell für gemischte Ladeeinheiten ist eine Konkretisierung dieser Forderung mit Hilfe des in dieser Arbeit entwickelten Konzepts der Interoperabilität von Verpackungen möglich und sinnvoll. Die Anwendung des aufgestellten Referenzmodells bringt Transparenz in einen Kostenblock, der vormals vollständig in den Gemeinkosten enthalten war und somit in eine Verpackungsentscheidung nicht einfließen konnte.

Kurzzusammenfassung (englisch)

More than one billion transport packagings are required to supply Germany with fresh groceries each year. Their distribution in the retail supply chain shows special characteristics in terms of packaging logistics. In many cases technically equivalent packagings rival each other during the packaging decision. A rational packaging decision requires transparency over all costs determined by the chosen packaging. Referring to the concept of supply chain management (SCM) the state of the scientific and technical knowledge claims an economic evaluation of transport packagings to cover the entire respective supply chain beyond the border of a single company.

Existing approaches in literature follow this demand. However they limit their scope *to one single* transport packaging at a time. Interdependencies within the packaging system, occurring mainly between different packagings as well as between packagings and load carriers at the moment of order picking are not dealt with.

In contrast this work aims to fully evaluate packagings in those parts of a supply chain that are passed through as mixed unit loads. Therefor chapter 3 analyses the interaction of different packagings within mixed unit loads. Later on, the term packaging-system-cost is defined and a concept of "factor of production"-based allocation of direct expenses is developed. Together, this builds a consistent method for the calculation of packaging-system-cost which forms the basis of the mathematical model set-up in chapter 6. In order to describe in quantitative terms the identified interdependencies of packagings within mixed unit loads chapter 4 introduces the concept of interoperability of transport packagings. The interface between two packagings centres the analysis. Based on this systematisation is the definition of the following three parameters: degree of ISO-modularity, degree of compatibility and degree of vulnerability. With the help of these parameters the state of the packaging systems can be described. Chapter 5 provides empirical evidence for the effects of the interoperability of packagings on (i) cube-utilisation, (ii) lead time for order picking processes and (iii) stability of mixed unit loads. Eventually the findings of chapter 3, 4 and 5 are transferred into a mathematical explanatory model forming an instrument which allows calculating packaging-system-cost in practice.

Summarizing, this dissertation shows that the economic evaluation of transport packagings ultimately requires a systems approach. Especially for mixed unit loads, the concept of interoperability of transport packagings developed in this work fulfils this requirement. The reference model based on this concept makes costs become transparent which have so far been overhead expenses and thus could not affect a packaging decision.

1 Einleitung

Die Verpackung nimmt innerhalb der Logistik noch immer eine Randstellung ein. Rückt sie in den Fokus einer Optimierungsdiskussion, dann meist aus dem Blickwinkel *eines* Unternehmens, nicht aber in ihrer Eigenschaft als integratives Element der Lieferkette. Bei einer derart isolierten Betrachtung besteht zwischen verpackendem Unternehmen (Herstellern) und Handel ein Zielkonflikt in Bezug auf die Verpackungswahl. Während der Lieferant im Wesentlichen sortenreine Ladeeinheiten handhabt, gilt für den Handel das Gegenteil: Er wird von gemischten Ladeeinheiten dominiert. Damit muss der Lieferant weit weniger Faktoren in seiner isolierten Verpackungsentscheidung berücksichtigen als der Handel, wenn dieser die Effizienz seines Liefernetzwerks im Auge hat.

1.1 Problemstellung

Eine rationale Verpackungsentscheidung setzt die Transparenz sämtlicher, von der Verpackung verursachten Kosten voraus. Als Verpackungsentscheidung wird hier die Auswahl eines Packmittels aus einer Mehrzahl in technischer Hinsicht vergleichbarer Verpackungen bezeichnet.[1] In Anlehnung an das Konzept des Supply Chain Management, welches die standort- und unternehmensübergreifende Planung, Steuerung und Kontrolle des Waren- und Informationsflusses betont,[2] fordert der Stand der Wissenschaft in Bezug auf eine ökonomische Beurteilung von Verpackungen, dass diese unternehmensübergreifend entlang der gesamten Lieferkette erfolgt. Bestehende Ansätze in der Literatur greifen diese Forderung auf:[3] Sie verfolgen eine einzelne Verpackung auf ihrem Weg entlang der Lieferkette und bewerten ihre Ressourceninanspruchnahme. Gegenstand der Bewertung existierender Ansätze ist die *einzelne* Transportverpackung. Im Gegensatz zu den im Mittelpunkt dieser Arbeit stehenden Verpackungs*system-*

---

[1] In technischer Hinsicht vergleichbar sind Verpackungen für diese Arbeit, sobald sie in gleichem Maße zur Lösung einer Verpackungsaufgabe geeignet sind.

[2] Vgl. Schary/Skjøtt-Larsen (2001), S. 23ff; Ayers (2000), S. 4ff; Cooper/Lambert/Pagh (1997), S. 1ff; Krüger/Steven (2000), S. 501ff.; Werners/Thorn/Freiwald (2003), S. 7; Corsten (2001), S. 83. Ein Konsens in Bezug auf die Frage, warum und wie Lieferketten zu gestalten sind, liegt jedoch noch in weiter Ferne (vgl. Stölzle/Otto (2003), S. 12).

[3] Vgl. die im Kapitel 2.3 besprochenen Autoren mit Fokus auf Kapitel 2.3.3.

kosten unterstellen existierende Ansätze der Bewertung die Isoliertheit der betrachteten Transportverpackung von der Gesamtheit der im Betrachtungszeitraum gehandhabten Verpackungen. Wechselwirkungen innerhalb des Verpackungssystems, welche sich im Rahmen der auftragsbezogenen Kommissionierung zwischen aufeinander treffenden Verpackungen oder zwischen diesen und dem Ladungsträger ergeben, werden nicht berücksichtigt. Plastisch ausgedrückt beschränken sich existierende Ansätze bei der Bewertung von Verpackungen auf die fiktive Situation, in der die betrachteten Verpackungen die gesamte Lieferkette in Form sortenreiner Ladeeinheiten durchlaufen. Damit kann eine verursachungsgerechte Bewertung von Verpackungen nicht oder nur stark vereinfacht stattfinden, da die gemischte Ladeeinheit in großen Teilen der Lieferkette deren Effizienz beeinflusst.

Besondere Bedeutung kommt der Frage der verursachungsgerechten Berücksichtigung von gemischten Ladeeinheiten im Rahmen der Bewertung von Transportverpackungen aus dem Blickwinkel des Handels mit frischen Lebensmitteln zu. Dies begründet sich wie folgt:

- Der Lebensmitteleinzelhandel (LEH) ist einem hohem Wettbewerbsdruck mit niedrigen Margen ausgesetzt. Dementsprechend hoch ist der Druck zur Realisierung von Einsparpotenzialen.
- Der LEH ist in Form des mehrstufigen Handels verantwortlich für den Großteil der logistischen Leistung innerhalb der Lieferkette[4], darin eingeschlossen der Betrieb von Zentrallagern, welche den Zweck verfolgen, auftragsbezogene Ladeeinheiten zu kommissionieren und filialgerecht zu versenden.
- Ferner ist gerade für frische Lebensmittel charakteristisch, dass die Heterogenität der bei der Kommissionierung zusammentreffenden Verpackungen besonders hoch ist, da identische Artikel von einer Vielzahl von Lieferanten aus einer Mehrzahl von Ländern bezogen werden.[5]

Zusammenfassend können existierende Ansätze der Bewertung im Regelfall nicht als hinreichende ökonomische Grundlage für die Verpackungsentscheidung eines Handelsunternehmens dienen. Eine solche kann vielmehr nur unter

---

[4] Vgl. zur Steuerungshoheit des Handels in seinen Lieferketten Ballestrem (2002), S. B7-2; Bretzke (1999), S. 91 ff.

[5] Vgl. o.V. (2005), S.14.

Berücksichtigung der Interaktionen der Verpackungen innerhalb der gemischten Ladeeinheit getroffen werden. Hierfür wird im weiteren Verlauf der Arbeit der Begriff der Interoperabilität der Verpackung[6] geprägt und untersucht.

1.2 Forschungsziel

Die vorliegende Arbeit verfolgt das Ziel der in logistischer und ökonomischer Hinsicht vollständigen Bewertung von Verpackungen in solchen Teilen der Lieferkette, die als gemischte Ladeeinheiten durchlaufen werden. Dafür schafft sie mit der Einführung des Konzepts der Interoperabilität von Verpackungen sowohl den konzeptionellen Rahmen als auch mit der Herleitung, Definition und empirischen Prüfung entsprechender Parameter die instrumentelle Ausgestaltung. Die Arbeit geht über den Stand der Wissenschaft insofern hinaus, als sie auf der Grundlage der Systemtheorie das Verpackungssystem als Bewertungsobjekt erkennt und neben den Systemelementen explizit die Beziehungen zwischen diesen einer Bewertung zugänglich macht.

Durch die Zusammenfassung der Erkenntnisse in einem mathematischen Erklärungsmodell stellt die Arbeit schließlich ein Verfahren zur Verfügung, dessen Anwendung das Treffen ökonomischer Verpackungsentscheidungen in mehrstufigen Liefernetzwerken mit Umschlag- und Konsolidierungspunkten ermöglicht. Damit schließt diese Arbeit die in der Literatur bestehende Lücke in Bezug auf die Bewertung von Verpackungen innerhalb von gemischten Ladeeinheiten.

1.3 Vorgehensweise und Aufbau der Arbeit

Einleitung und Fazit eingeschlossen gliedert sich diese Arbeit in sieben Teile (vgl. Abbildung 1). Nachdem in der Einleitung Problemstellung und Zielsetzung vorgestellt wurden, schafft Kapitel 2 die Grundlagen in Bezug auf die Schnittstelle von Verpackung und Logistik. Zuerst wird der Stand der Wissenschaft im Hinblick auf die Bewertung von Transportverpackungen vorgestellt sowie der eigene Ansatz abgegrenzt, anschließend werden wesentliche Begriffe und Zusammenhänge definiert.

---

[6] Vgl. Kapitel 4.1.

1 Einleitung

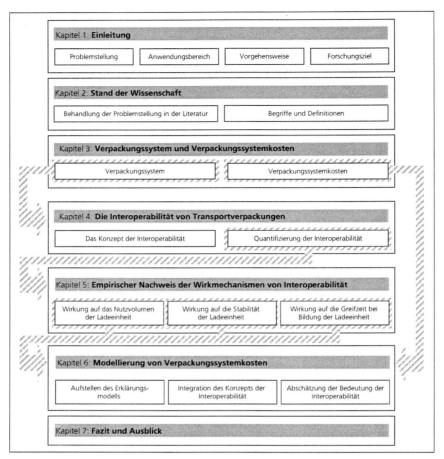

Abbildung 1: Aufbau der Arbeit

Mit der Einführung des Systemdenkens als Grundlage der Erfassung aller relevanten Kostenbestandteile im Rahmen der Verpackungsentscheidung, der Definition von Verpackungssystem und Verpackungssystemkosten sowie schließlich dem Aufstellen eines geschlossenen Verfahrens zur Ermittlung derartiger Kosten werden in Kapitel 3 die kostenrechnerischen Grundlagen für die weitere Untersuchung geschaffen. Die Überlegungen zum Verpackungssystem werden in Kapitel 4 unmittelbar aufgegriffen, während auf das Verfahren der Kostenermittlung in Kapitel 6 im Rahmen der Modellierung zurückgegriffen wird.

Kapitel 4 widmet sich dem Konzept der Interoperabilität von Verpackungen. Im ersten Teil erfolgt die Begriffsentwicklung unter Rückgriff auf Kapitel 3 sowie vorhandene Literatur. Um eine Quantifizierung von Interoperabilität vornehmen zu können, werden im zweiten Teil des Kapitels drei Parameter definiert. Deren

Wirkungen werden in Kapitel 5 empirisch nachgewiesen. Dazu wird einerseits auf Datenreihen zurückgegriffen, welche in Kooperation mit Handelsunternehmen in der Praxis aufgenommen wurden, andererseits werden Ergebnisse von durchgeführten Laboruntersuchungen ausgewertet.

Kapitel 6 führt die vorherigen Kapitel zusammen und entwickelt auf der Grundlage des vorliegenden theoretischen Rahmens ein mathematisches Erklärungsmodell zur Bestimmung von Verpackungssystemkosten. Dieses wird zunächst durch ein Einflussdiagramm visualisiert. Anschließend erfolgt die vollständige mathematische Beschreibung aller Modellzusammenhänge.

Die Arbeit schließt mit einem Ausblick, in welchem die Grenzen des aufgestellten Modells und Möglichkeiten für aufbauende wissenschaftliche Arbeiten aufgezeigt werden.

1.4 Anwendungsbereich

Im Mittelpunkt dieser Arbeit steht die Transportverpackung – nicht die Produkt- oder Primärverpackung. Sofern in dieser Arbeit der Gattungsbegriff *Verpackung* zum Einsatz kommt, so hat dies sprachliche Gründe. Die Aussagen dieser Arbeit beziehen sich ausschließlich auf Transportverpackungen.

Diese Arbeit lehnt sich darüber hinaus eng an die Distribution frischer Lebensmittel im mehrstufigen LEH in Deutschland an. Aus verpackungslogistischer Sicht ist diese Situation durch folgende Besonderheiten gekennzeichnet:

- In Anlehnung an die Terminologie des Palettenladeproblems kann das zum Einsatz kommende Spektrum von Verpackungen als *quaderförmig* und *schwach heterogen* bezeichnet werden.[7]

---

[7] Mit dem Attribut *schwach heterogen* wird die Menge der auftretenden Verpackungen in Bezug auf ihren Typ beschrieben. Dieser ist für zwei Verpackungen gleich, wenn sie in allen drei Seitenmaßen übereinstimmen. Damit ist eine Menge von Verpackungen homogen, wenn alle Verpackungen in Bezug auf Länge, Breite und Höhe identisch sind. Bei einer schwach heterogenen Menge treten mehrere Verpackungstypen mit je vielen Exemplaren auf. Demgegenüber ist eine stark heterogene Menge an Verpackungen durch viele Typen mit jeweils wenigen Exemplaren gekennzeichnet (vgl. Gehring/Bortfeldt (1997), S. 1).

- *ISO-modularen Abmessungen* kommt eine besondere Relevanz zu. Dies gilt vor allem für die Standard-Grundfläche 600x400 mm, abgeschwächt auch für das Flächenmaß 400x300 mm.[8]
- Bedingt durch die Dominanz des 600x400 mm Flächenrasters sowie die nicht abgestimmten Höhen der Verpackungen kommt es ausschließlich zur *Säulenstapelung*. Eine stabilitätserhöhende Verbundstapelung kann nicht stattfinden.
- Das dominierende Packmittel ist die *Steige* nach DIN 10096. Diese zeichnet sich dadurch aus, dass sie an der Oberseite nicht geschlossen ist, also keinen Deckel besitzt.[9]
- Bei den eingesetzten Packmitteln handelt es sich aufgrund der Sensitivität der verpackten Ware ausnahmslos um *selbsttragende Verpackungen*, welche das Packgut in Wirkrichtung des Stauchdrucks vollständig vor einer Druckaufnahme schützen.[10]

Dementsprechend konkretisiert sich der Geltungsbereich von Aussagen dieser Arbeit. Insbesondere die Ergebnisse des empirischen Teils sind nicht ohne weiteres auf abweichende Situationen zu übertragen.

---

[8] Vgl. ausführlich Kapitel 4.1.2.
[9] Vgl. ausführlich Kapitel 2.2.2.
[10] Vgl. zum Begriff Kapitel 2.2.2.

2 Stand der Wissenschaft

2.1 Behandlung der Problemstellung in der Literatur

Einem weiten Verständnis folgend handelt es sich bei der dieser Arbeit zugrunde liegenden Problemstellung um die Frage der Bewertung von Transportverpackungen aus logistischem Blickwinkel. Dabei geht *Bewertung* über die bloße Prüfung der technisch-physikalischen Eignung einer Transportverpackung (TPV) für eine gegebene Verpackungsaufgabe hinaus. Sie setzt diese für eine Mehrzahl von Verpackungen vielmehr voraus und stellt für diese eine Vergleichbarkeit in wirtschaftlicher Hinsicht her. Dem folgenden Literaturüberblick wird ein weites Verständnis zugrunde gelegt. Dementsprechend werden sowohl in Bezug auf das gewählte Bezugsobjekt (Verpackung, Transportverpackung, Verpackungssystem) keine Einschränkungen vorgenommen als auch ganz unterschiedliche Bewertungsansätze diskutiert. Es stehen verschiedenen kostenmäßigen Bewertungen solche Arbeiten gegenüber, die eine Effizienzbeurteilung von Verpackung anstreben, den Wertzuwachs von Verpackung („Value Added") messen oder Kennzahlensysteme aufbauen, um an dieser Stelle nur einige zu nennen. Ausgeklammert aus der folgenden Betrachtung sind ökologische Bewertungen („Ökobilanz"),[11] absatzpolitische Bewertung unter Marketinggesichtspunkten[12] sowie, wie bereits gesagt, die Bestimmung von Verpackungsalternativen, welche aus technisch-physikalischer Sicht in der Lage wären, eine gegebene

---

[11] Unter dem Stichwort Ökobilanz finden sich besonders im deutschen Sprachraum im Anschluss an die Verpackungsverordnung (VerpackVO 1991) bis etwa Mitte der 1990er Jahre zahlreiche Veröffentlichungen. Vgl. statt aller im Jahrbuch der Logistik 1994 Lammers/Lange (1994), S. 246ff.

[12] Die Stellung der Verpackung im Rahmen der klassischen Marketingliteratur findet sich bei Meffert (2000), S. 440ff.; Becker (2002), S. 497ff. und Kotler/Bliemel (1999), S. 711ff. Vgl. vertiefend unter dem Gesichtspunkt des Markenartikels Seidler (1994), S. 845ff. Zur Verpackung im Spannungsfeld von Kauf, Ge- und Verbrauch vgl. Hansen (1986), S. 5ff. Eine frühe Darstellung möglicher Testverfahren zur Beurteilung der absatzpolitischen Wirkung der Verpackung findet sich in Debrunner (1977), S. 176ff. *Deuss* behandelt die Verpackung unter Aspekten der Akquisition sowie der Werbeträgerfunktion (vgl. Deuss (1985), S. 168ff.).

Verpackungsaufgabe zu erfüllen.[13] Ferner wird hier nicht eingegangen auf Ansätze der Verpackungsoptimierung, die sich im Wesentlichen mit mathematischen Verfahren zur verbesserten Stauraumnutzung beschäftigen.[14] Dort, wo Autoren eine Kombination aus betrachteten und nicht betrachteten Ansätzen liefern, wird auf den jeweils relevanten Teil eingegangen.

Wissenschaftliche Beiträge zur Bewertung von Transportverpackungen im o.g. Sinne sind trotz der weiten Fassung des Themas verhältnismäßig rar.[15] Sie verteilen sich zeitlich schwerpunktmäßig über die letzten 25 Jahre und stammen darüber hinaus aus ganz unterschiedlichen Regionen der Welt (vgl. Tabelle 1).

Grundsätzlich lassen sich die untersuchten Arbeiten anhand von zwei Kriterien gliedern: dem *Betrachtungshorizont*, nämlich der Frage, ob die gesamte Lieferkette oder nur ein Teil in die Betrachtung einbezogen wird, sowie dem *Ergebnisausweis*, nämlich einerseits der Bewertung ohne eine Ermittlung von Kosten oder andererseits der Bestimmung von Verpackungskosten. Tabelle 1 ordnet die untersuchten Arbeiten anhand dieser Kriterien. Dabei fällt auf, dass nur drei der vier möglichen Kombinationen der beiden Kriterien Verwendung finden. In keiner Arbeit wurde eine Bewertung von Verpackungen für einen Ausschnitt der Lieferkette ohne Ausweis von Kosten vorgenommen. Dies mag daran liegen, dass bei Beschränkung der Betrachtung auf einen Ausschnitt der Lieferkette zumeist das abpackende Unternehmen im Mittelpunkt steht. Hierfür wird Kapitel 2.1.1 zeigen, dass Ansätze zur kostenmäßigen Bewertung der Verpackungsalternativen bereits seit geraumer Zeit existieren. Deren Umsetzung

---

[13] Vgl. für ein Zielsystem zur Bestimmung von Verpackungen, welche den technisch-physikalischen Anforderungen genügen Birk (1999), S. 279 i.V.m. S. 316ff.; Boesch (1989), S. 136ff.; Gabathuler (1987), S. 5ff.

[14] Einen Einstieg in die Thematik mit weiteren Nachweisen liefert Isermann (1997), S. 1015ff. Weitere Artikel finden sich im Themenheft Verpackungslogistik der Zeitschrift „OR Spektrum" von 1991. Li entwickelt ein Verfahren für den Sonderfall des LKW Transports quaderförmiger Objekte (vgl. Li (2003), S. 45ff.).

[15] Vgl. Boeckle (1994), S. 16 i.V.m. S. 7; Öjmertz (1998), S. 26 m.w.N.; vgl. zur Bekanntheit von Verpackungslogistik Johnsson (1998), S. 35f. In einer ausführlichen internationalen Recherche kommen *Saghir/Jönson* (2001) zu dem Ergebnis, dass in der Literatur ein gravierender Mangel an Methoden zur Beurteilung von Verpackung unter logistischem Blickwinkel existiert (vgl. Saghir/Jönson (2001), S. 23ff.). Wie die vorliegende Literaturübersicht zeigt, ist diese Aussage u.U. als allzu pessimistisch zu bezeichnen, in der Tendenz aber sicherlich richtig.

in einem einzelnen Unternehmen kann unter Rückgriff auf die innerbetriebliche Kostenarten- und Kostenstellenrechnung verhältnismäßig einfach erfolgen. Eine Notwendigkeit zur Entwicklung alternativer Bewertungsansätze hat dementsprechend scheinbar zu keiner Zeit bestanden.

Tabelle 1: Systematisierung untersuchter wissenschaftlicher Arbeiten, welche sich mit der Bewertung von Transportverpackungen auseinandersetzen

Lfd.-Nr.	Name	Jahr	Herkunft	Ökon. Bewertung entlang Ausschnitt Lieferkette	Ökon. Bewertung entlang gesamter Lieferkette	Bewertung o. Kostenausweis entlang gesamter Lieferkette
1	Mollenkopf et al.	2005	USA		※	
2	Jansen	2003	Deutschland	※		
3	Dominic/Olmats	2001	Schweden			※
4	Johansson/Weström	2000	Schweden			※
5	Axelson/Nilsson	2000	Schweden		※	
6	Jönson/Johnsson	1999	Schweden			※
7	Birk	1999	Deutschland		※	
8	Henriksson	1998	Schweden			※
9	Johnsson	1998	Schweden			※
10	Lange	1998	Deutschland		※	
11	Isermann	1997	Deutschland		※	
12	Kibler	1997	USA		※	
13	Mevissen	1996	Deutschland	※		
14	Johansson/Öjmertz	1996	Schweden			※
15	Rosenau et al.	1996	USA		※	
16	Dubiel	1996	Deutschland		※	
17	Boeckle	1994	USA		※	
18	Olsmats/Lorentzon	1994	Schweden		※	
19	Bernrdt/Thiele	1993	Deutschland		※	
20	Kempcke	1992	Deutschland	※		
21	Lorentzon/Olsmats	1992	Schweden	※		
22	Jansen	1989	Deutschland	※		
23	Boesch	1989	Deutschland		※	
24	Butz/Herzog	1988	Deutschland		※	
25	Twede	1988	USA		※	
26	Gabathuler	1987	Schweiz		※	
27	Promisel	1985	USA	※		
28	Prasert	1982	USA		※	
29	Hajek	1981	Österreich	※		
30	Leonard	1981	USA	※		
31	Leonard	1968	USA		※	

Die Behandlung der einzelnen Arbeiten erfolgt spaltenweise in den nächsten Kapiteln. Anschließend wird die in der Literatur existierende Lücke aufgezeigt, welche die vorliegende Arbeit zu schließen beabsichtigt.

2.1.1 Ermittlung von Verpackungskosten für einen Ausschnitt aus der Lieferkette

Mit einer Ausnahme konzentrieren sich die in diesem Abschnitt vorgestellten Ansätze auf das abpackende Unternehmen. *Jansen* (2, 22) liefert gleich zwei Ansätze. Zusammen mit *Hajek* (29) stellen diese eine Systematik vor, mit der sich Verpackungskosten für das abpackende Unternehmen bestimmen lassen. *Leonard* (30) hat einen geringfügig anderen Schwerpunkt und stellt in den Mittelpunkt seiner Arbeit den Prozess der systematischen Suche nach Potenzialen zur Kostensenkung. *Promisel* (27) behandelt im Wesentlichen für den amerikanischen Leser den Spezialfall von „Slipsheets" als Ladungsträger. *Mevissen* (13) schließlich bildet die Ausnahme, indem er sich auf die Redistribution von Mehrwegverpackung (Leergut) fokussiert.

Hajek beschreibt ein vom Österreichischen Institut für Verpackungswesen entwickeltes Verfahren zur Ermittlung der Verpackungskosten und wendet sich damit explizit an die abpackende Wirtschaft. Dabei präzisiert er seine Aussagen bis hin zu Rechenregeln. Im Ergebnis liefert er Kosten pro Verpackung bzw. für Mehrwegverpackungen pro Umlauf.[16] *Jansen* stellt in seinem früheren Ansatz mit seinem Kostenmodell einen in sehr hohem Maße deckungsgleichen Ansatz vor. Auch er wendet sich an das verpackende Unternehmen, liefert im Gegensatz zu Hajek keine Rechenregeln.[17] Wie bereits angedeutet, verfolgt *Leonard* demgegenüber einen anderen Ansatz. Er beschäftigt sich mit dem Prozess der Reduzierung von Verpackungskosten. Sein Startpunkt ist die Verpackungsspezifikation mit den durch sie verursachten Kosten. Wesentlicher Bestandteil seiner Arbeit ist die Formulierung von Optionen, welche dem abpackenden Unternehmen zur Erreichung des Ziels zur Verfügung stehen.[18]

Promisel liefert einen auf den amerikanischen Anwender zugeschnittenen Kostenvergleich zwischen dem Handling von Ladeeinheiten auf Paletten bzw. auf Slipsheets. Dafür benennt er rund 30 Eingangsdaten und nennt anschließend Rechenregeln. Sein Ergebnis bezeichnet er als Gesamtkosten (Total Cost), es finden jedoch ausschließlich Parameter des abpackenden Unternehmens Eingang.

---

[16] Vgl. Hajek (1981), S. 1478ff.
[17] Vgl. Jansen (1989), S. 6.
[18] Vgl. Leonard (1981), S. 8ff.

Die Wirkung des Ladungsträgers innerhalb der Lieferkette thematisiert er nicht. Mit seinem Kostenvergleich wendet er sich zweifelsohne an Praktiker, eine Herleitung oder Begründung einzelner Daten erfolgt nicht.[19]

Auch in *Jansens* zweiter Arbeit findet sich der Gedanke von logistischen Wirkungen der Verpackung entlang der Lieferkette nicht. *Jansen* entwickelt hier ein Planungshilfsmittel, welches in der Lage ist, sowohl die Materialkosten für die Verpackungsmaterialien als auch die Handlingkosten beim Verpackungsprozess zu quantifizieren.[20]

Im Gegensatz zu den genannten Autoren nimmt *Mevissen* mit seiner Arbeit eine Sonderstellung ein. Zum einen befasst er sich ausschließlich mit Mehrwegverpackungen, zum anderen untersucht er diese nur in redistributionslogistischem Kontext, betrachtet also nur Leergut. Obwohl der Autor mehrfach deutlich macht, dass die Beurteilung von Mehrwegsystemen unter Berücksichtigung ihrer Auswirkungen auf alle Teilnehmer der einschlägigen Lieferkette erfolgen muss, reduziert er sein Modell am Ende auf denjenigen Teil der Lieferkette, der als Leergut durchlaufen wird (Redistribution). Die Kostenverrechnung beschränkt *Mevissen* auf die drei Kostenarten Raum-, Kapitalbindungs- und Transportkosten, als wesentliche ökonomische Aufwandsgrößen, die von der Art und Weise der Verwendung von Mehrwegverpackung abhängen.[21]

Auch wenn sie ihre jeweiligen Gedanken letztlich nicht konkretisieren, so finden sich doch sowohl bei *Leonard* und *Mevissen* als auch in *Jansens* erster Arbeit Formulierungen, die die Notwendigkeit der Berücksichtigung von Kostenwirkungen der Verpackung in der gesamten Lieferkette andeuten.[22] Insofern können diese Arbeiten als Überleitung zum nächsten Kapitel angesehen werden. Eine Erwähnung der gemischten Ladeeinheit und der mit ihr potenziell verbundenen Schwierigkeiten der Bewertung findet sich jedoch auch bei ihnen nicht.

---

[19] Vgl. Promisel (1985), S. 134ff.

[20] Vgl. Jansen (2003), S. 52ff. und S. 105ff.

[21] Vgl. Mevissen (1996), S. 4f. und S. 164ff. Hierzu kritisch: Lange (1998), S. 165. Diese Kritik wird durch eine aktuelle Untersuchung bestätigt, die den Kommissionierkosten (Personal!) im HZL mit rund 50% die dominierende Rolle unter allen handelslogistischen Tätigkeiten im HZL zuweist (vgl. Helbach/Stegmann (2004), S. 52).

[22] Vgl. Leonard (1981), S. 16; Jansen (1989), S. 14ff.; Mevissen (1996), S. 3.

2.1.2 Ermittlung von Verpackungskosten für die gesamte Lieferkette

Innerhalb dieses Kapitels stehen sich drei Arten von Arbeiten gegenüber: bloße Anwendungen von Rechenregeln mit Fokus auf eine Darstellung von Ergebnissen, die wissenschaftliche Herleitung und Beschreibung einer Vorgehensweise zur Ermittlung von Verpackungskosten sowie die darüber hinausgehende Konkretisierung von Recheninstrumenten.

Unter *Anwendungen* sind solche Arbeiten zu verstehen, die anhand nicht näher spezifizierter Regeln eine beispielhafte Berechnung von Verpackungskosten beschreiben. Dabei tritt der Weg zu Gunsten des Ergebnisses in den Hintergrund. Hierzu gehören *Butz/Herzog* (24) mit ihrer Bestimmung des Kostenunterschieds von mehrweg- und kartonverpackter pasteurisierter Milch[23] genauso wie der Kostenvergleich von *Berndt/Thiele* (19) zwischen ausgewählten Wellpappe-Verpackungen und dem Anfang der 1990er Jahre in der deutschen Konsumgüterindustrie diskutierten Mehrwegtransportsystem (MTS).[24] Ebenfalls zu dieser Gruppe gehört die Arbeit von *Axelson/Nilsson* (5),[25] welche die Mehrkosten von Mehrwegsteigen in der schwedischen Distribution von frischen Lebensmitteln untersucht.[26]

Die Gruppe der Arbeiten, die ein *Vorgehen* zur Ermittlung von Verpackungskosten beschreiben, beschäftigt sich mit der Art und Weise der Kostenermittlung. *Leonard* (31) liefert bereits im Jahr 1968 eine Auflistung der Bestandteile von Verpackungskosten unter Einbeziehung der gesamten Lieferkette. Neben sechs ausschließlich auf das abpackende Unternehmen bezogene Kostenarten stellt er

---

[23] Vgl. Butz/Herzog (1988), S. 20ff.
[24] Vgl. Berndt/Thiele (1993), S. 82ff.
[25] Vgl. Axelson/Nilsson (2000), S. 1 i.V.m. S. 8.
[26] Bei den beiden letzten Arbeiten sei darauf hingewiesen, dass es sich um Auftragsarbeiten in der Form von Gutachten handelt, welche im Auftrag des *Verbands der Wellpappen-Industrie e.V. (VDW)* bzw. seines europäischen Pendants, der *FEFCO*, durchgeführt wurden. Die Arbeiten kommen zu einseitigen und pauschalierenden Aussagen, welche sich zumindest an wesentlichen Stellen auf stark vereinfachende Annahmen stützt. Das Aufzeigen dieser einseitigen Annahmen bzw. eine Kritik dieser Ansätze wird hier nicht weiter verfolgt. Vielmehr werden die Arbeiten der Vollständigkeit halber erwähnt, da letztlich auch sie Verpackungskosten entlang der gesamten Lieferkette ermitteln.

die Distributionskosten und versteht unter diesen sämtliche Aufwendungen, die mit dem Warenfluss vom Abpacker zum Kunden verbunden sind.[27] Ähnliche Ansätze finden sich erst rund 15-20 Jahre später wieder. Auch diese Autoren gehen so vor, dass sie Bestandteile der Verpackungskosten entlang der Lieferkette (alternativ bei *Boeckle* (17) und *Birk* (7) entlang des Lebenszyklusses der Verpackung[28]) aufführen. Zu dieser Gruppe gehören *Boesch* (23), *Olsmats/Lorentzon* (18), *Dubiel* (16), *Isermann* (11), *Lange* (10), *Boeckle* und *Birk*.[29] Allen Ansätzen ist gemein, dass der Anwender ihren jeweiligen Ansatz im konkreten Fall noch instrumentalisieren muss. Die Autoren liefern hierfür lediglich eine Auflistung (und Erläuterung) von Kostenarten. Die Verpackungskosten bestimmen sich dann durch Addition der einzelnen Kostenblöcke. Zusätzlich zur Aufstellung der relevanten Kostenarten gibt *Lange* dem Leser noch die benötigten Parameter an die Hand.[30] Unterschiede zwischen den Autoren bestehen einerseits in der Anzahl und damit der Ausdifferenzierung unterschiedlicher Kostenarten[31] sowie andererseits in der betriebswirtschaftlichen Grundlage der Kostenverrechnung. Ferner konzentrieren sich einige Autoren explizit auf den Einweg-/ Mehrweg-Vergleich (*Olsmats/Lorentzon, Dubiel, Lange, Johansson et al.*). Ein insgesamt anderes Vorgehen beschreiben *Rosenau et al.* (15) mit ihrem auf die Anschaffung eines Mehrwegbehältersystems ausgerichteten Investitionsrechnungskalküls (Investment Decision Framework). Die Autoren leiten Kapitalfluss- und Kostenfaktoren ab,[32] wiederum jedoch ohne daraus ein Verfahren zusammenzustellen.[33]

Die letzte Gruppe von Arbeiten beschreibt ein *Instrument*. Damit legen sie dem Anwender eine detaillierte Anleitung zur Ermittlung von Verpackungskosten vor.

---

[27] Vgl. Leonard (1968), S. 10ff. und S. 38ff., zitiert nach Prasert (1982), S. 38.

[28] Vgl. Boeckle (1994), S. 183f.; Birk (1999), S. 346ff.

[29] Vgl. Boesch (1989), S. 155ff., Olsmats/Lorentzon (1994), S. 10ff.; Dubiel (1996), S. 242ff.; Isermann (1997), S. 1235ff.; Lange (1998), S. 182ff.; Boeckle (1994), S. 184ff.; Birk (1999), S. 350ff.; Johansson et al. (2000), S. 106ff.

[30] Vgl. Lange (1998), S. 203ff.

[31] Während *Olsmats/Lorentzon* nur grob die vier Kostenarten Kapitalbindung, Transport, Rückführung und Schwund unterscheiden (vgl. Olsmats/Lorentzon (1993), S. 10ff.), bildet *Lange* bereits 12 Hauptgruppen mit jeweils drei und mehr Unterpunkten (vgl. Lange (1998), S. 182).

[32] Vgl. Rosenau et al. (1996), S. 156f.

[33] Vgl. Kibler (1997), S. 1.

Aussagen sind bis hin zu Rechenregeln konkretisiert und bedürfen keiner weiteren Instrumentalisierung. Zu dieser Gruppe zählt die frühe Arbeit von *Gabathuler* (26) aus dem Jahre 1987.[34] Ebenfalls in diese Gruppe einzuordnen ist *Kibler* (12). Dieser verbindet Investitionsrechnungsverfahren mit der amerikanischen Form der Prozesskostenrechnung (Activity Based Costing) zu einem Modell, welches die Gesamtkosten eines Mehrwegverpackungssystems bestimmen soll. Dabei konkretisiert er seine Aussagen bis auf die Ebene von Kostentreibern.[35] *Prasert* (28) stellt ein normatives Modell zur Ermittlung der Verpackungskosten (Packaging Costing Methodology) auf, mit dem er die „Total Packaging Costs" berechnen will. Die Bestandteile der Verpackungskosten überführt er in ein Optimierungsmodell der linearen Programmierung. Dieses hat die Minimierung der gesamten Verpackungskosten zum Ziel. Zur Sicherstellung der Anwendbarkeit der Methode der linearen Programmierung muss das Modell von *Prasert* jedoch restriktiven Einschränkungen gehorchen,[36] insbesondere ist nur eine additive Verknüpfung der Kostenbestandteile seiner Gesamtkostenfunktion erlaubt. Das Bilden von Verhältnissen sowie eine multiplikative Verknüpfungen zwischen den Zielgrößen werden nicht betrachtet. Ebenfalls aus den USA stammt die jüngste untersuchte Arbeit von *Mollenkopf et al.* (1). Teilweise auf den vorgenannten Arbeiten aufbauend verfolgt diese das Ziel, ein relatives Kostenmodell aufzustellen (relative cost model), welches basierend auf den fünf Variablen Verpackungsmaterialkosten, Umlaufgeschwindigkeit, Verpackungsinhalt, Lieferentfernung und täglicher Bedarf zu einer optimalen Verpackungsentscheidung führt. Schwerpunkt ist der Vergleich von Einweg- und Mehrwegtransportverpackungen. Die Arbeit schließt mit einer szenariobasierten Analyse, welche die relative Bedeutung der fünf Parameter durch Variation innerhalb eines Anwendungsfalls ermittelt.

In diesen Abschnitt fällt schließlich auch die Anwendung der Methodik der Direkten Produkt Rentabilität (DPR). Dieses Konzept wurde in Deutschland maßgeblich vom *DHI* entwickelt, um die von einem Produkt verursachten Kosten sowohl für die Industrie als auch für Handelsunternehmen transparent zu

---

[34] Vgl. Gabathuler (1987), S. 21ff. Sämtliche Tabellen werden zusammengeführt auf S. 87.
[35] Vgl. Kibler (1997), S. 22ff. und S. 42.
[36] Vgl. Prasert (1982), S. 4ff., S. 53ff. und S. 73ff.

machen.[37] Die Einordnung an dieser Stelle ist insofern erklärungsbedürftig, als die Methodik mit der Fokussierung auf „Großverteilerstufe" (Zentrallager) und Einzelhandelsgeschäft in formaler Hinsicht nur einen Teil der Lieferkette betrachtet. Selbst gestecktes Ziel der Methodik ist jedoch letztlich die Effizienzsteigerung des Gesamtsystems „Einzelhandel" bestehend aus Industrie, Handel und Verbraucher (*Total-System-Efficiency*).[38] Trotz Fokussierung auf den Artikel als Betrachtungs- und Zurechnungsobjekt ist die Bedeutung der Verpackung erkannt worden und entsprechende Adaptionen haben sich herausgebildet. Statt aller sei hier *Kempcke* (20) genannt.[39] Ende der 1980er Jahre wurde die DPR-Methodik auch speziell auf frische Lebensmittel, konkret auf den Bereich Obst und Gemüse angewendet.[40]

Auf rein deskriptive Art und damit nicht in die aufgespannte Systematik passend, beschäftigt sich *Twede* (25) mit dem Thema Verpackungskosten entlang der Lieferkette. Diese erstellt eine Taxonomie (Aufbau eines Systems durch Segmentierung und Klassifikation) von Kosten- und Leistungsvariablen für eine Verpackungsentscheidung. Ferner beschreibt die Autorin anhand von zehn Fallstudien die beobachteten Auswirkungen der Einführung einer neuen Verpackung (Verpackungsinnovation) auf die Verpackungskosten. Dabei identifiziert sie unterschiedliche Kostenarten, ohne diese in ein Modell zu überführen.[41]

Zusammenfassend ist festzuhalten, dass letztlich alle in diesem Kapitel diskutierten Ansätze eine ökonomische Bewertung der Effizienzwirkungen der Verpackung entlang der Lieferkette vornehmen. Sie ermitteln Verpackungskosten nicht für ein einzelnes Unternehmen, sondern für die gesamte Lieferkette.[42]

---

[37] Für die Historie der Entwicklung vgl. Jediss (1991), S. 246 ff.; Günther (1993), S. 463 f.; Schröder (1995), S. 305 f. und LaLonde (1996), S. 2 mit Verweis auf weitere Quellen.

[38] Vgl. Jediss (1991), S. 267f.; Hambuch (1992), S. 63ff.; Günther (1993), S. 478f.; Schröder (1995), S. 313f.; Stelling (2000), S. 28; Ihde (1990), S. 191f.

[39] *Kempcke* führte 1992 einen beispielhaften Vergleich von Einweg- und Mehrwegflaschen durch (vgl. Kempcke (1992), S. 106ff.).

[40] Vgl. Jediss (1991), S. 248.

[41] Vgl. Twede (1988), S. 40ff., S. 86ff. und S. 122ff.

[42] Während *Isermann* die Frage, ob Verpackungskosten entlang eines Teils oder unter Einbeziehung der gesamten Lieferkette zu ermitteln sind, prinzipiell noch der individuellen Entscheidung des Anwenders überlässt (vgl. Isermann (1997), S. 1234f.), formulieren andere Autoren entweder deutlicher (vgl. Axelson/Nilsson (2000), S. 9; Gabathuler (1987), S. 20;

Hervorzuheben ist jedoch ferner, dass die Bedeutung der gemischten Ladeeinheit vom ganz überwiegenden Teil der Autoren selbst dann nicht angesprochen wird, wenn Rechenregeln formuliert oder Berechnungsergebnisse vorgestellt werden.

2.1.3 Beurteilung von Verpackungen entlang der gesamten Lieferkette ohne Ausweis von Kosten

Es fällt auf, dass die Arbeiten in der letzten Spalte von Tabelle 1 tendenziell jüngeren Datums sind sowie alle aus dem skandinavischen Raum stammen. An Stelle einer Bewertung der Verpackung in Kosten wählen diese Arbeiten alternative Ansätze. Während sich die Arbeiten im letzten Kapitel im Wesentlichen nach ihrer Zielsetzung unterscheiden, gilt das hier nicht. Die Unterschiede liegen vielmehr in der zugrunde gelegten Bewertungssystematik: Sie sind dementsprechend inhaltlicher Natur. Die einzelnen Ansätze werden folgend kurz dargestellt:

Dominic/Olsmats (2) stellen eine Methodik zur Bewertung der Auswirkung der Verpackung auf die Supply Chain vor. Analog zur auf *Kaplan/Norten* zurückgehenden Idee einer „Balanced Scorecard" als Performance Measurement System zur Unterstützung der Unternehmensführung formulieren die Autoren verschiedene Perspektiven, mit deren Hilfe sie die Leistung bzw. das Abschneiden (Performance) der Verpackung in der Lieferkette beurteilen wollen. Das Ergebnis ihrer „Packaging Scorecard" besteht in einer großen Anzahl von Merkmalsausprägungen, die schließlich sogar den Verfassern für eine eindeutige Verpackungssystemscheidung nur bedingt geeignet scheinen. Als nächsten Entwicklungsschritt fordern die Autoren die Bestimmung der Kostenwirkungen eines Verpackungssystems.[43]

Berndt/Thiele (1993), S. 82; Lange (1998), S. 163,180; Butz/Herzog (1988), S. 20; Birk (1999), S. 346; Boeckle (1994), S. 183) oder sie setzen die gesamte Lieferkette als Bezugsrahmen implizit voraus (vgl. Berndt/Thiele (1993), S. 82ff.). *Dubiel* spricht von linearen und zyklischen Systemen (vgl. Dubiel (1996), S. 245) ohne diese zu definieren, kann aber aus seiner Abbildung 5 geschlossen werden, dass er die gesamte Lieferkette betrachtet: Hier führt er Parameter auf, getrennt nach Produktion, Zentrallager und Handelsoutlet).

[43] Vgl. Dominic/Olsmats (2001), S. 12ff. und S. 32ff.

Johnsson (8) geht der Frage nach, ob eine Integration von Verpackungs- und Logistiksystem bei der Verpackungsentwicklung zu einer Kostenreduktion des Verpackungssystems führen kann. Als Forschungsziel nennt der Autor die Erkennung und Strukturierung bestehender Wechselwirkungen und Beziehungen zwischen Verpackung und Logistik. Im Mittelpunkt seiner Arbeit steht die Transportverpackung. Für diese entwickelt er ein verpackungslogistisches Wertschöpfungsmodells („Package Logistics Value Model") basierend auf der Wertkette von Porter. Sehr unvermittelt und ohne Herleitung schließt die Arbeit mit dem Konzept der „Balanced Scorecard" von Kaplan/Norton, welche angewendet auf die Verpackungslogistik in der Lage sein soll, den von ihm aufgestellten Ansatz umsetzbar zu machen. Die Anwendung dieses multi-kriteriellen Konzepts besteht dann in der Auflistung ausgewählter Zielsetzungen und Messgrößen, ohne dass der Autor diese aus seiner Arbeit ableiten würde.[44] Damit muss festgestellt werden, dass *Johnsson* seinem eingangs benannten Forschungsziel, Wechselwirkungen und Beziehungen zwischen Verpackung und Logistik herauszuarbeiten und zu bewerten,[45] de facto nicht näher kommt.

Henriksson (7) ermittelt in seiner Arbeit, gestützt auf qualitative Interviews mit Beteiligten entlang der gesamten Lieferkette, Anforderungen an die Verpackung. Er leitet die fünf Dimensionen Schutz (Protection), Distribuierbarkeit (Distribution Simplification), Kommunikation (Communication), Automatisierbarkeit (Machinability) sowie Materialeinsatz (Materials Utilization) ab und kommt zu dem Schluss, dass diese Anforderungen entlang der Lieferkette grundsätzlich in gleichem Maße betont werden, jedoch mit unterschiedlichen Schwerpunkten.[46]

Jönson/Johnsson (5) beurteilen die Effizienz von Verpackungen anhand der beiden Kriterien Zeit und Nutzungsgrad (Utilization), welche sie über die gesamte Lieferkette verfolgen. Zwei Verpackungsalternativen sollen dann mittels Summierung der beiden Ausprägungen verglichen werden.[47]

---

[44] Vgl. Johnsson (1998), S. 15f. und S. 145ff.
[45] Vgl. Johnsson (1998), S. 16.
[46] Vgl. Henriksson (1998), S. 23ff.
[47] Vgl. Jönson/Johnsson (o.J.), S. 6ff.

Johansson/Weström (3) greifen in ihrer Arbeit auf *Johansson et al.* zurück und definieren zu bestimmten Oberbegriffen wie Produktschutz, Information, Volumennutzung, richtige Menge und Größe (right amount and size) und Handhabbarkeit Parameter, die entlang der Lieferkette als Bewertungsgrundlage dienen können.[48]

Johansson/Öjmertz (13) präsentieren eine Methode, um die Auswirkungen der Verpackungskonfiguration auf die Effektivität eines Materialflusssystems zu beurteilen. Dazu beschäftigen sie sich mit unterschiedlichen Wegen der Leistungsbeurteilung (Performance Measurement) und entwickeln schließlich das Konzept der Entropie weiter. Hierunter verstehen sie den Grad der Unordnung der Verpackungskonfiguration, bezogen auf ihren Zielzustand. Das Zusammenstellen sortenreiner Paletten führt beim Versender dann zu einer sinkenden Entropie und damit zu einem Wertzuwachs (Value Added), wenn die nachfolgende Stufe in der Lieferkette diese sortenreinen Paletten ohne Mehraufwand weiterbearbeiten kann. Demgegenüber erhöht das Bilden gemischter Paletten beim Versender die Entropie dann, wenn auf der nachfolgenden Stufe dieser Mischung wieder aufgehoben werden muss. Mittels Zeitmessungen sind sie in der Lage, ihre Aussagen in der Tendenz nachzuvollziehen. Damit stellen *Johansson/Öjmertz* auf den willentlich gestalteten Materialfluss ab. Zwar betrachten sie die Anordnung von Packstücken auf einer Ladeeinheit, sie tun dies jedoch unter dem Blickwinkel einer am Ende der Lieferkette gewünschten Zusammenstellung. Es tritt die Frage in den Hintergrund, inwiefern diese Anordnung durch Eigenschaften der Verpackung beeinflusst oder gar erzwungen ist. Ferner fehlen Transportprozesse in ihrer Betrachtung,[49] womit sich der Untersuchungsraum sehr eng darstellt. So wäre zu erwarten, dass im oben wiedergegebenen Beispiel die potenziell abweichende Laderaumnutzung der gemischten Paletten zumindest Berücksichtigung findet.

Zur Bewertung von Verpackungen entlang der Lieferkette schlagen *Lorentzon/Olsmats (20)* das Konzept der Funktionalanalyse vor. Besondere Bedeutung kommt dabei der Integrationsfunktion der Verpackung bei, mit der ausgedrückt wird inwieweit eine Verpackung an Herstellung, Handhabung,

---

[48] Vgl. Johansson/Weström (2000), S. 22ff.

[49] Vgl. Johansson/Mathisson-Öjmertz (1996), S. 50ff.

Distribution oder Umwelt angepasst ist. Die Integration wird für verschiedene Stationen in der Lieferkette beispielhaft beschrieben. Für den Transport fordern die Autoren beispielsweise neben anderen die Anpassung an den Ladungsträger, Stapelbarkeit oder einen hohen Füllgrad. Eine Bewertung erfolgt entlang der Lieferkette mit Hilfe von fünf Noten von „nicht relevant" bis „klar besser". Ziel der Analyse ist das Funktionsprofil einer idealen Verpackung. Dieses kann mit dem Ist-Zustand verglichen werden.[50]

In der Zusammenfassung kann festgehalten werden, dass zahlreiche völlig unterschiedliche Ansätze zur Bewertung von Transportverpackungen einander gegenüberstehen. Kein Ansatz formuliert Kostenaussagen. Interessanterweise fordern besonders die jüngeren Ansätze im Anschluss an ihre Erkenntnisse eine Quantifizierbarkeit ihrer Aussagen in Kosten.[51]

2.1.4 Abgrenzung des eigenen Ansatzes

Die Verpackung beeinflusst die Effizienz sämtlicher Transport-, Umschlag- und Lagervorgänge entlang der Lieferkette.[52] Dem Stand der Wissenschaft entspricht damit die Bewertung von Verpackungen unter Berücksichtung der *gesamten logistischen Kette*.[53] In den entsprechenden Spalten in Tabelle 1 findet sich nicht nur die große Mehrzahl der Veröffentlichungen, sondern auch eine auffallende Häufung aktueller Arbeiten. Ferner kann trotz der 30 angeführten Quellen für den gegenwärtigen Zeitpunkt ein grundsätzlicher Forschungsbedarf im Hinblick auf die *ökonomische Bewertung* von Transportverpackungen entlang der Lieferkette, mithin auf den Ausweis von Kosten, festgestellt werden.[54] Dieser wird durch die Veröffentlichungen jüngeren Datums unterstrichen, welche im Anschluss an die

---

[50] Vgl. Lorentzon/Olsmats (1992), S. 70ff.
[51] Vgl. Dominic/Olsmats (2001), S. 34; Johansson/Weström (2000), S. 27; Lorentzon/Olsmats (1992), S. 80.
[52] Vgl. Lange/Salehfar (2005), S. 43; Olsson/Gynärei (2002), S. 231f.; Saghir (2002), S. 45; Twede (1992), S. 69.
[53] Vgl. Paine (1992), S. 357f.; Öjmertz (1998), S. 24.; Birk (1999), S. 346; Henriksson (1998), S. IV, Johnsson (1998), S. 44; Twede (1988), S. 2ff. und S. 34ff., Prasert (1982), S. 3; Ebeling (1990), S. 7f.; Saghir/Jönson (2001), S. 22; Twede/Parsons (1997), S. 1, 23.
[54] Vgl. Johansson/Weström (2000), S. 27; Saghir/Jönson (2001), S. 23f.; Henriksson (1998), S. 30.

Vorstellung innovativer Bewertungsansätze häufig eine Überführung ihrer Ergebnisse in Kosten fordern.

Vor diesem Hintergrund erfolgt die Abgrenzung dieser Arbeit vom heutigen Stand der Wissenschaft im Hinblick auf das *Objekt der Bewertung*. Sämtliche genannten Ansätze stellen in den Mittelpunkt ihrer Betrachtung stets die *einzelne* Verpackung. Damit ist gemeint, dass existierende Ansätze die einzelne Verpackung isoliert von anderen gleichzeitig gehandhabten Verpackungen bewerten.[55] Aus allen besprochenen Arbeiten nähern sich *Johansson/Öjmertz*, *Johnsson* und *Prasert* zumindest ansatzweise der Berücksichtigung von Wirkungen einer Mehrzahl von Verpackungen. Wie dargestellt, streifen alle drei das Thema aber letztlich mehr, als dass sie es durchdringen.

Zusammenfassend betont der Stand der wissenschaftlichen Literatur somit die Isoliertheit der betrachteten Transportverpackung von der Gesamtheit der im Betrachtungszeitraum gehandhabten Verpackungen. Damit geht zwingend der Verzicht auf eine den Grundsätzen der Systemtheorie folgende Analyse und Bewertung von Wechselwirkungen zwischen den Elementen eines *Verpackungssystems* einher. Solche ergeben sich z.B. zwischen den aufeinander treffenden Verpackungen oder zwischen Verpackung und Ladungsträger. Dies wiederum führt dazu, dass existierende Ansätze die Existenz gemischter Ladeeinheiten ignorieren. Die Kommissionierung in Knotenpunkten eines Liefernetzwerks bleibt unberücksichtigt. Damit können existierende Ansätze der Bewertung nicht als ökonomische Grundlage für die Verpackungsentscheidung in mehrstufigen Liefernetzwerken dienen, wie sie z.B. im klassischen Lebensmitteleinzelhandel vorliegen. Wenn *Dubiel* die Kombination unterschiedlicher Verpackungen auf einem gemischt kommissionierten Ladungsträger als ungelöstes Problem mit entscheidendem Einfluss auf die Höhe der Verpackungskosten bezeichnet, so gehört er zu den wenigen Autoren, die sich dieser Tatsache bewusst zeigen.[56] Ähnlich präzise fordern die simultane

---

[55] Hierzu ist es kein Widerspruch, wenn einige der Ansätze trotz allem *Gesamtkosten* für eine Mehrzahl von Verpackungen bestimmen, da dies letztlich durch Multiplikation isoliert ermittelter Kosten mit einer Periodenstückzahl erfolgt.

[56] Vgl. Dubiel (1996), S. 248.

Beurteilung aller Verpackungen des Verpackungssystems an Stelle der einzelnen nur *Lorentzon/Olsmats*.[57]

Das somit attestierte mangelnde Systemdenken ist aus logistischer Sicht umso schwerer nachzuvollziehen, als ein der Systemtheorie folgender Ansatz zur Bewertung von Verpackung bereits seit langem und von prominenter Stelle gefordert wird.[58] Im Mittelpunkt dieser Arbeit steht deshalb die Ermittlung von Verpackungs*system*kosten,[59] welche sich unter gleichzeitiger Betrachtung der Systemelemente sowie Berücksichtigung der Interdependenzen zwischen diesen ergibt. Damit wird der zu entwickelnde Ansatz ebenfalls in der Lage sein, Wirkungen der Standardisierung des Verpackungssystems zu bewerten.

Abschließend ist ferner festzuhalten, dass die existierende Literatur auch in Bezug auf die betriebswirtschaftlichen Grundlagen der Verpackungskostenverrechnung uneinheitlich ist. Es bestehen teilweise erhebliche Differenzen in der Abgrenzung der relevanten Kostenarten sowie unterschiedliche Ansätze der Kostenverrechnung (Prozesskosten, Lebenszykluskosten, Differenzkosten). Dementsprechend wird die vorliegende Arbeit auch auf diesem Feld eine Klärung anstreben.

2.2 Begriffe und Definitionen

2.2.1 Verpackung

Produkte aller Art müssen vom Ort ihrer Entstehung zum Ort ihres Gebrauchs transportiert, umgeschlagen und gelagert werden. Soll dies in einer effizienten Art und Weise geschehen, ist eine geeignete Verpackung die Voraussetzung.[60]

Für den Begriff der „Verpackung" ist in der Literatur eine Vielfalt unterschiedlicher Definitionen zu finden. Eine sehr eng gefasste Definition, bei der die Verpackung lediglich aus technischem Blickwinkel gesehen wird, liefert der *Brockhaus*, nach dem eine Verpackung als „...die lösbare Umhüllung einer Ware

---

[57] Vgl. Lorentzon/Olsmats (1992), S. 80.

[58] Vgl. Pfohl (2004), S. 149. Vgl. auch bereits Jantzen/Alexander (1965), S. 131.

[59] Der Begriff des Verpackungssystems findet in der untersuchten Literatur zwar bereits in unterschiedlicher Art und Weise Verwendung, lässt dabei jedoch keine einheitliche Linie erkennen. Vgl. ausführlich Kapitel 3.1.2.

[60] Vgl. statt aller Lange (2002), S. C2-89; Rockstroh (1972), S. 15; Paine (1983), S. 3.

(Packgut), die das Verpacken, Verschließen und die Versandvorbereitung eines Packgutes ermöglicht...", bezeichnet wird.[61] Im Gegensatz dazu bietet der allgemeine *DIN-Begriff* eine sehr weit gefasste Definition, bei der nicht nur der Vorgang des Verpackens betont wird, sondern auch die materielle Zusammensetzung der Verpackung Berücksichtigung findet. Demnach ist eine Verpackung „...die Gesamtheit der von der Wirtschaft eingesetzten Mittel und Verfahren zur Erfüllung der Verpackungsaufgabe. Im engeren Sinn ist Verpackung der Oberbegriff für die Gesamtheit der Packmittel und Packhilfsmittel."[62] Diesen Blickwinkel der materiellen Bestandteile einer Verpackung führt *Isermann* fort, indem er Verpackung als „...teilweise oder vollständige Umhüllung eines Pack- oder Füllgutes unter Einsatz eines Packmittels und ggf. weiterer Hilfsmittel" definiert.[63]

Diese Definition soll zunächst als Grundlage dienen, um die Bestandteile der Verpackung zu systematisieren (vgl. Abbildung 2). *Packstoffe* sind Werkstoffe für Packmittel und Packhilfsmittel, wie beispielsweise Plastik, Papier, Holz oder Glas. Ein *Packmittel* besteht aus einem Packstoff und dient dazu das *Packgut* zu umhüllen oder zusammenzuhalten, um es in einen versand-, lager- und verkaufsfähigen Zustand zu bringen. Man unterscheidet Packmittel nach ihrer Form beispielsweise in Flasche, Kiste, Steige, etc. *Packhilfsmittel* sind die Bestandteile der Verpackung. Sie gewährleisten die vollständige Funktion der Verpackung. Zu den Packhilfsmitteln gehören z.B. Verschließhilfsmittel, Ausstattungs-, oder Kennzeichnungsmittel. Die *Verpackung* ist die Gesamtheit aller Packmittel und Packhilfsmittel. Ein *Packgut* ist ein Produkt, das es zu verpacken gilt. Unter einer *Packung* versteht man die Einheit von Packgut und Verpackung. Häufig wird sie auch als *Packstück* bezeichnet, jedoch können Packstücke aus einem oder aus mehreren Packungen bestehen.[64]

---

[61] O.V. (1999a) Stichwort "Verpackung".
[62] DIN 55405 (1991), S. 173.
[63] Isermann (1997), S. 1227.
[64] Vgl. Lange (2002), S. C2-90 f.; Isermann (1997), S. 1227; Martin (2004), S. 75.

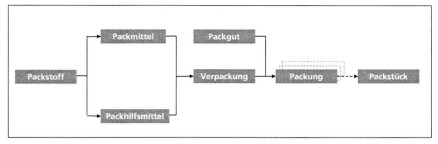

Abbildung 2: Grundbegriffe des Verpackens[65]

Eine umfassendere und für die weitere Arbeit relevantere Verpackungsdefinition liefert die *Verpackungsverordnung von 1991 (VerpackVO 1991)*, welche den Fokus von den materiellen Bestandteilen einer Verpackung abwendet, indem sie diese voraussetzt und dafür die ganzheitliche Betrachtung der Lieferkette betont, in der eine Verpackung ihre Verwendung findet.[66] In diesem Sinn sind Verpackungen „...aus beliebigen Stoffen hergestellte Produkte zur Aufnahme, zum Schutz, zur Handhabung, zur Lieferung und zur Darbietung von Waren, die vom Rohstoff bis zum Verarbeitungserzeugnis reichen können und vom Hersteller an den Benutzer oder Verbraucher weitergegeben werden." Dieser weiten Definition soll hier gefolgt werden, da sie den Blick für die Effizienzwirkungen der Verpackung auf ihrem Weg durch die Lieferkette öffnet.

2.2.2 Transportverpackung

Bisher wurde die Verpackung nur abstrakt im Sinne einer Gattung vorgestellt. Nun sollen Verpackungen nach der Art ihrer Anwendung unterschieden werden.

In der deutschsprachigen Literatur dominiert eine funktionale oder den Anwendungsbereich beschreibende Unterscheidung. Nach §3 Abs. 1 Verpackungsverordnung werden Verpackungen hinsichtlich ihres Einsatzes in logistischen Systemen in Verkaufs-, Um- sowie Transportverpackung unterteilt. *Verkaufsverpackungen* sind geschlossene oder offene Behältnisse und Umhüllungen von Waren, z. B. Becher, Beutel, Dosen etc., die vom Endverbraucher zum Transport oder bis zum Verbrauch der Waren verwendet

---

[65] In Anlehnung an DIN 55405 (1991), S. 171-176. Erweiterung in Anlehnung an Lange (2002), S. C2-90; Mevissen (1996), S. 15.
[66] Vgl. ten Hompel/Heidenblut (2006), Stichwort: „Verpackung".

werden. *Umverpackungen* sind Blister, Folien, Kartonagen oder ähnliche Umhüllungen, die eine bestimmte Anzahl von Verkaufseinheiten enthalten, welche in der Verkaufsstelle zusammen an den Endabnehmer oder -verbraucher abgegeben werden oder allein zur Bestückung der Verkaufsregale dienen; diese Verpackungen können von der Ware entfernt werden, ohne dass dies deren Eigenschaften beeinflusst. *Transportverpackungen* wie Fässer, Kanister, Kisten, Säcke einschließlich Kartonagen, etc. erleichtern demgegenüber die Handhabung und den Transport von mehreren Verkaufseinheiten oder Umverpackungen in einer Weise, dass deren direkte Berührung sowie Transportschäden vermieden werden. Der Schwerpunkt liegt folglich in dem reinen Warentransport.[67]

Im Mittelpunkt dieser Arbeit steht die Transportverpackung.

Im Hinblick auf den Anwendungsbereich frischer Lebensmittel kommt dem Verpackungstyp der Steige eine besondere Bedeutung zu. Unter einer Steige ist ein formstabiles, stapelbares und ggf. auch faltbares Packmittel aus Holz, Kunststoff oder Pappe zu verstehen, welches sich nach DIN 10096 aus einem Boden, sowie zwei Seiten und zwei Kopfteilen zusammensetzt. Damit ist eine Steige durch das Fehlen eines Deckels gekennzeichnet und an der Oberseite geöffnet.[68]

Schließlich können Transportverpackungen im Hinblick auf ihre Tragfähigkeit in selbsttragende und nicht-selbsttragende Verpackungen unterschieden werden. *Selbsttragende Verpackungen* zeichnen sich dadurch aus, dass sie Stauchdruckbelastungen vollständig aufnehmen und damit das Packgut in dieser Hinsicht maximal schützen. Derartige Belastungen ergeben sich für ein Packstück bei Transport, Umschlag und vor allem Lagerung durch die Bildung von logistischen Einheiten (vgl. Kapitel 2.2.4). *Nicht-selbsttragende Verpackungen* geben demgegenüber mindestens einen Teil des Stauchdrucks an die Ware bzw. die Primärverpackung weiter. Ein Beispiel für derartige Transportverpackungen sind flache Trays aus Wellpappe zum Transport der Primärverpackung „Konservendose". In diesem Fall kann die gesamte Belastung durch die Primärverpackung aufgenommen werden. Bei frischen Lebensmitteln hingegen handelt es sich um sensible Ware, so dass die in dieser Arbeit besprochenen Verpackungen durchweg über selbsttragende Eigenschaften verfügen.

---

[67] Vgl. ten Hompel/Heidenblut (2006), Stichwort: „Transportverpackung".
[68] Vgl. Gottfried/Kassmann (1999), S. 12.

2.2.3 Ladungsträger

Unter einem Ladungsträger wird nach DIN 30781 ein tragendes Mittel zur Zusammenfassung von Gütern zu einer Ladeeinheit verstanden. Synonym zum Begriff des Ladungsträgers wird häufig der Begriff des Ladehilfsmittels verwendet.[69] Dieser ist jedoch weiter gefasst als der des Ladungsträgers und lässt sich in drei Gruppen unterscheiden: Ladehilfsmittel mit *tragender*, *umschließender* und *abschließender* Funktion. Tragende Ladehilfsmittel unterstützen das Ladegut ausschließlich von unten. Bekanntestes Beispiel ist die Flachpalette z.B. in Form der Europalette.[70] In diese Gruppe gehört aber auch die Rungenpalette, welche an den vier Ecken feste oder lose Stützen aufweist. Umschließende Ladehilfsmittel stützen und sichern das Ladegut zusätzlich von der Seite. Bekanntes Beispiel ist die Gitterboxpalette. Unter abschließenden Ladehilfsmitteln werden im wesentlichen Container (ISO-Container, Binnencontainer) oder Wechselaufbauten verstanden.[71] Damit fällt unter den Begriff des Ladungsträgers nach DIN 30781 ausschließlich das Ladehilfsmittel mit tragender Funktion.

Die Zuordnung des Rollbehälters als ein im Handel relevantes Ladehilfsmittel[72] fällt vor diesem Hintergrund schwer. Unter einem Rollbehälter wird nach DIN 30790 eine Rollpalette mit Aufsteckwänden verstanden. Es sind in der Praxis leicht von der DIN-Norm abweichende Abmessungen im Einsatz. Diesen ist in Bezug auf die Grundfläche gemein, dass die jeweiligen Innenmaße die Abmessungen von 600x800 mm übersteigen.[73] Damit sind zwar zwei Einheiten des ISO-Grundrasters von 600x400 mm auf dem Rollwagen unterzubringen, ISO-Modularität ist jedoch gerade nicht gegeben.[74] In der Literatur wird dieser Rollbehälter nun teilweise den umschließenden Ladehilfsmitteln und damit explizit nicht den Ladungsträgern zugerechnet.[75] Vor dem Hintergrund, dass der

---

[69] Vgl. o.V. (1997) „Ladungsträger", S. 475.
[70] Vgl. ten Hompel/Heidenblut (2006), Stichwort: „Ladungsträger".
[71] Vgl. Jünemann/Schmidt (1999), S. 20ff.
[72] Vgl. Lambertz/Kempke (1987), S. 2. Aktueller, bezogen auf Schweden: Vgl. Hermansson (1999), S. 220. Diese Aussage wird im Efficient Uni Loads-Report von AT Kearney bestätigt.
[73] Vgl. EHI (1993), S. 26.
[74] Zum Begriff der ISO-Modularität vgl. ausführlich das Kapitel 4.1.
[75] Vgl. Jünemann/Schmidt (1999), S. 26.

2 Stand der Wissenschaft

Rollbehälter das Ladegut nicht vollständig umschließt, sondern nur an zwei Seiten begrenzt, soll in Analogie zur Rungenpalette und in Übereinstimmung mit dem umgangssprachlichen Sprachgebrauch auch der Rollbehälter als Ladungsträger bezeichnet werden.

Neben dem Rollbehälter sind unter der Vielzahl existierender Ladungsträger für den Handel vor allem noch die Flachpalette und eingeschränkt die Rollpalette relevant. Die Flachpalette kommt in unterschiedlichen Abmessungen und teilweise auch unterschiedlichen Materialien zum Einsatz. DIN 15145 unterscheidet allein fünf Bauarten von Flachpaletten. Herausragende Bedeutung für den Handel mit frischen Lebensmitteln hat die Europalette nach DIN 15146 (2).[76]

Tabelle 2: Relevante Ladungsträger im deutschen Handel (mit frischen Lebensmitteln)

Abbildung	Bezeichnung	Abmessung			ISO-Modularität
		Fläche [mm]	Höhe LT [mm]	Ladehöhe [mm]	
	Euro-Palette	800 x 1200	150	1800[1]	(+)
	½ Euro-Palette	600 x 800	150	1800[1]	(+)
	¼ Euro-Palette	400 x 600	150	1800[1]	(+)
	Industriepalette	1000 x 1200	150	1800[1]	(+)
	Rollbehälter	810 x 720	200	1350[2]	(-)
	Rollpalette	600 x 800	200	–[3]	(+)

1 Entspricht der maximalen Ladehöhe nach CCG 2
2 Entspricht dem Vorzugsmaß nach DIN 30790
3 Keine maximale Ladehöhe bekannt

---

[76] Dies gilt für ganz Europa mit Ausnahme von Großbritannien. Dort dominiert die Industriepalette (vgl. Lange (1995), S. 10).

Soll die Palette als Tauschpalette des internationalen Eisenbahnverbands (UIC) akzeptiert werden, so gelten über die DIN-Norm hinausgehende Bestimmungen an die Herstellung, insbesondere die Kennzeichnung.[77] Neben der Europalette finden die halbe Europalette (sog. „Düsseldorfer Palette") sowie die Viertel-Europalette (sog. „Chep-Palette") Verwendung. Die Industriepalette (sog. „ISO- oder Chemiepalette") spielt im deutschen Handel nur eine untergeordnete Rolle.

Die Tabelle 2 stellt die relevanten Ladungsträger mit Abbildung, Abmessungen und ISO-Kompatibilität einander gegenüber. In Bezug auf die Ladehöhe kann eine theoretische Obergrenze in der lichten Innenhöhe eines LKW gesehen werden. Daneben existieren für die Praxis im Handel zwei Empfehlungen: einerseits durch die GS1 (ehemals CCG), nämlich CCG 1 (Ladehöhe bis 900 mm) und CCG 2 (Ladehöhe zwischen 1.450-1.800 mm) und andererseits durch ECR Europe EUL 1 (Ladehöhe 1.050 mm) und EUL 2 (Ladehöhe 2.250 mm), jeweils zuzüglich der Höhe der Palette (150 mm).[78] In Deutschland spielen die Empfehlungen der CCG die größere Rolle.

2.2.4 Ladeeinheit

Eine Ladeeinheit ist nach VDI 3968 ein aus einem einzelnen oder mehreren Packstücken bestehendes Transportgut, das bei Durchlaufen der Lieferkette als Ganzes transportiert, umgeschlagen oder gelagert wird. Sofern verwendet, zählen neben den Packstücken auch der Ladungsträger und Sicherungsmittel zur Ladeeinheit.[79]

Mit der Bildung von Ladeeinheiten sind erhebliche Vorteile verbunden. Diese steigern regelmäßig den mit der Zusammenfassung verbundenen Aufwand und resultieren daraus, dass sämtliche in der Lieferkette anfallenden Transport-, Umschlag- und Lagervorgänge nun optimiert erbracht werden können.[80] Dies gilt

---

[77] Vgl. EHI (1993), S. 22. Für eine Übersicht über die aktuellen Tauschkriterien im europäischen Paletten-Pool der *European Pallet Association (EPAL)* vgl. Kuhn/Lange/Zimmermann (2005), S. 37ff.

[78] Vgl. ECR (2002), Kapitel 5, S. 40ff.

[79] Vgl. Lange (2002), S. C2-94.

[80] Vgl. ten Hompel/Schmidt (2003), S. 21; Pfohl (2004), S. 154f.

gerade dann, wenn sich einzelne Stückgüter durch eine geringe Abmessung und niedriges Gewicht oder eine hohe Anzahl auszeichnen.[81]

Um die Handhabungsvorgänge dieser Einheiten zu minimieren und somit einen logistikgerechten Materialfluss zu ermöglichen, ist folgender Idealzustand anzustreben: Ladeeinheit = Produktionseinheit = Lagereinheit = Transporteinheit = Verkaufseinheit. Dieses Ideal ist in der Realität in der Regel nicht umzusetzen.[82] Übergeordnetes Ziel in logistischen Systemen ist es daher, einzelne Güter in der Art zusammenzufassen, dass eine möglichst homogene Einheit gebildet wird, die möglichst weite Phasen des Materialflusses durchläuft. Die mit dieser Bündelung verbundene Annäherung an die in Tabelle 3 formulierten Ziele ist die Voraussetzung einer rationellen Lieferkette.[83]

Tabelle 3: Ziele der Bildung logistischer Einheiten[84]

Zielsetzung	Beispiele
Vereinfachung und Kostensenkung	• Reduktion von Umschlagvorgängen • Vermeidung unnötiger Identifizierungsvorgänge • Minimierung von Prüf-, Mess- und Zählvorgängen
Vereinheitlichung	• Anpassung auf Charakteristika technischer Geräte • Schaffung einheitlicher Schnittstellen zur Gutaufnahme • Standardmaße zum Einsatz universeller Geräte
Austauschbarkeit	• Ermöglichen eines Poolbetriebs • 1:1-Tausch identischer Ladehilfsmittel
Funktionalität	• Erhöhung der Stapelbarkeit • Ermöglichung von Zugriff

Grundsätzlich kann zwischen *sortenreinen* und *gemischten* Ladeeinheiten unterschieden werden, wobei sich eine sortenreine Ladeeinheit dadurch auszeichnet, dass diese ausschließlich aus identischen Packstücken gebildet ist. Sortenreine Ladeeinheiten entstehen typischerweise in der Versandabteilung des Produzenten und werden von dort in das Handelszentrallager transportiert. Ge-

---

[81] Vgl. Lange (2002), S. C2-94f.; Jünemann/Schmidt (1999), S. 20f.
[82] Vgl. Jünemann/Schmidt (1999), S. 10.
[83] Vgl. ten Hompel/Schmidt (2003), S. 20f.; Pfohl (2000), S.155.
[84] In Anlehnung an ten Hompel/Schmidt (2003), S. 21.

mischte Ladeeinheiten bestehen demgegenüber aus einer Mehrzahl unterschiedlicher Packstücke. Ihre Zusammenstellung ergibt sich durch Auftragsbezug und ist somit unabhängig vom Verpackungssystem. Gemischte Ladeeinheiten werden typischerweise im HZL gebildet und kommen in der Filialbelieferung zum Einsatz. Während die Wahl des Ladungsträgers in der Regel unabhängig vom Kommissionierauftrag getroffen wird, ergibt sich die spezifische Kombination von Verpackungen, welche die Ladeeinheit darstellt, für jeden Kommissioniervorgang des Handelsunternehmens neu.

2.2.5 Lieferkette

In der einschlägigen deutschsprachigen Literatur wird der Begriff der *Lieferkette* selten derart verwendet, dass daraus allein eine Definition abgeleitet werden könnte. Es existiert hingegen eine Fülle von Begriffen mit ähnlichem Inhalt.

Gudehus versteht unter einer *Prozess-*, *Leistungs-* oder *Wertschöpfungskette* eine Folge zeitlich nacheinander ablaufender Vorgänge, die in einer räumlichen Kette von Leistungsstellen und Stationen stattfinden und zu einer Wertschöpfung führen. Wird diese Kette von materiellen Objekten durchflossen und weist sie operative Leistungsstellen auf, so konkretisiert sie sich zu einer *Logistikkette* mit dem Durchfluss *Material-* oder *Warenfluss*.[85] Dieses Verständnis stimmt mit dem *Materialfluss-Begriff* nach DIN 30781 überein, der auf die Ortsveränderungen von Rohstoffen, Zulieferteilen und Produkten aus dem Blickwinkel des Versenders oder des Empfängers (und damit nicht des Transportunternehmers) abzielt, sofern diese durch Verarbeitungs-, Handhabungs-, Prüf-, Verpackungs- und andere Vorgängen verkettet sind. Die Grenzen der Betrachtung sind dabei nicht definiert, sondern ergeben sich vielmehr aus dem Anwendungsfall.[86] Dieselbe Norm definiert in breiterem Verständnis die *Transportkette* als Folge von technisch und organisatorisch miteinander verknüpften Vorgängen, bei denen Personen oder Güter von einer Quelle zu einem Ziel bewegt werden.[87] In der internationalen Literatur dominiert der Begriff der Supply Chain. Nach *Handfield/Nichols* umfasst die *Supply Chain* alle Tätigkeiten entlang des Warenflusses vom

---

[85] Vgl. Gudehus (2000), S. 28.
[86] Vgl. DIN 30781 Beiblatt 1 (1983), S. 3.
[87] Vgl. DIN 30781 Teil 1 (1989), S.3.

Rohmaterial bis zum Endkunden zusammen mit dem begleitenden Informationsfluss.[88] Ebenfalls auf die Tätigkeiten entlang des Warenflusses abstellend formulieren auch *Schary/Skjøtt-Larsen*.[89] Demgegenüber stellen *Chopra/Meindl* auf die beteiligten Parteien ab, welche zur Befriedigung eines Kundenauftrags zusammenwirken.[90] Diesem Ansatz folgen *Lambert/Stock/Ellram*.[91]

Diese kurze Gegenüberstellung zusammenfassend kann festgehalten werden, dass die englischsprachigen Ansätze die Supply Chain jeweils von der Quelle (Rohstoff) bis zur Senke (Endkunde) definieren. Im Mittelpunkt dieser Arbeit steht jedoch die (gemischte) Ladeeinheit. Für diese ist aus materialflusstechnischer Sicht besonders der Wechsel zwischen den unterschiedlichen Zusammensetzungen interessant.[92] Deshalb soll für die weitere Arbeit letztlich auf die eingangs genannte Definition von *Gudehus* zurückgegriffen werden, zumal der Autor an anderer Stelle diese mit der Lieferkette gleichsetzt.[93]

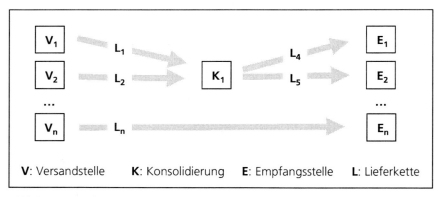

Abbildung 3: Lieferkette

Eine *Lieferkette* ist demnach zu verstehen als die Verbindung einer Lieferstelle mit einer Empfangsstelle, welche von Waren und Sendungen in einer *bestimmten Belieferungsform* durchlaufen wird. Zum einen betont dieses Verständnis die bestimmte Belieferungsform und schafft damit Raum für das Abstellen auf den Zustandswechsel der Ladeeinheit als kennzeichnendes Element. Zum anderen

---

[88] Vgl. Handfield/Nichols (1999), S. 2.
[89] Vgl. Schary/Skjøtt-Larsen (2001), S. 23.
[90] Vgl. Chopra/Meindl (2004), S. 4.
[91] Vgl. Lambert/Stock/Ellram (1998), S. 504.
[92] Vgl. ten Hompel/Schmidt (2003), S. 22.
[93] Vgl. Gudehus (2000), S. 293.

verzichtet es auf die Vollumfänglichkeit im Sinne von „vom Rohstoff bis zum Endkunden".

Abbildung 3 gibt dieses Verständnis grafisch wieder, indem sie insgesamt fünf Lieferketten unterscheidet und dabei die Verbindung zwischen V_1 und E_1 bewusst in zwei Lieferketten unterscheidet. Grund ist die für Handelslieferketten typische auftragsbezogene Zusammenführung von Warenströmen im Zentrallager (hier als Konsolidierungspunkt K bezeichnet) und die hier stattfindende Bildung neuer Ladeeinheiten.

2.2.6 Liefernetzwerk

Basierend auf dem soeben geschilderten Verständnis einer Lieferkette ergibt sich ein Liefernetzwerk durch Zusammenfassung mehrer Lieferketten, welche über einen oder mehrere gemeinsame Konsolidierungspunkte verfügen. Ähnlich einem Knoten in einem Logistiknetzwerk laufen hier Warenströme zusammen und neue logistische Einheiten werden gebildet.[94] Es sei nochmals auf Abbildung 3 verwiesen: Im Sinne dieser Arbeit stellen die Lieferketten L_1, L_2, L_4 und L_5 ein Liefernetzwerk dar. Da L_n eine Quellen-Senken-Verbindung ohne Berührung eines Konsolidierungspunktes darstellt, ist diese Lieferkette nicht Teil des Netzwerks. Bei einem Konsolidierungspunkt handelt es sich in der Praxis im Regelfall um einen Lagerstandort. Für diese Arbeit tritt der Akt der Lagerung (Zeitüberbrückung) jedoch zu Gunsten der Bildung neuer logistischer Einheiten in den Hintergrund. Im Zusammenhang mit der Distribution von frischen Lebensmitteln findet häufig der Begriff des Handelszentrallagers (HZL) Verwendung.

---

[94] Vgl. ten Hompel/Figgener (2004), S. 2.

3 Verpackungssystem und Verpackungssystemkosten

Mit der Einführung des Systemdenkens als Grundlage der Erfassung aller relevanten Kostenbestandteile im Rahmen der Verpackungsentscheidung, der Definition von Verpackungssystem und Verpackungssystemkosten sowie dem Aufstellen eines Verfahrens zur Kostenermittlung werden in diesem Kapitel die kostenrechnerischen Grundlagen für die weitere Untersuchung geschaffen.

3.1 Verpackungssystem

3.1.1 System, Systemtheorie und Systemdenken

Die systemtheoretische Betrachtung[95] hat ihre Ursprünge in der Biologie und in der Kybernetik.[96] Sie wurde von dort in die Wirtschaftswissenschaft und weiterhin auch in die Logistik übernommen.[97] Der Begriff System stammt aus dem Griechischen „systema" und bedeutet Stück aus mehreren Teilen. Der Begriff beschreibt dabei eine Menge von miteinander in Beziehung stehenden Elementen.[98] *Ulrich* setzt ein System mit der geordneten Gesamtheit von Elementen gleich, zwischen denen Beziehungen bestehen bzw. hergestellt werden können.[99] Elemente sind dabei eben jene Teile eines Systems, welche nicht weiter aufgeteilt oder analysiert werden können oder sollen.[100] Der Begriff Beziehung beschreibt dabei „irgendwelche Verbindungen zwischen Elementen, welche das

---

[95] Analog zu diesem Begriff werden in der Literatur auch „Systemtheorie" (vgl. Ulrich (1970), S. 105; Rüegge (1975), S. 63 und Boeckle (1994), S. 26f.) und „Systemdenken" (vgl. Pfohl (2004), S. 25ff. und Lange (1998), S. 34) verwendet.

[96] Wissenschaftliche Forschungsrichtung, die Systeme verschiedenster Art (z.B. biologische, technische, soziologische Systeme) auf selbsttätige Regelungs- und Steuerungsmechanismen hin untersucht, (vgl. o.V. (2003a), Stichwort „Kybernetik"). Vgl. auch Ulrich (1970), S. 100ff. sowie Merkel (1995), S. 53.

[97] Vgl. Ulrich (1970), S. 103; Pfohl (2004), S. 26.

[98] Vgl. Pfohl (2004), S. 26. Vgl. auch Merkel (1995), S. 54f.

[99] Vgl. Ulrich (1970), S. 105.

[100] Vgl. Rüegge (1975), S. 65. Vgl. in ähnlicher Definition auch Ulrich (1970), S. 107.

Verhalten der Elemente und des ganzen Systems beeinflussen".[101] Die Systemtheorie ist darauf aufbauend die formale Wissenschaft von der Struktur, den Verknüpfungen und dem Verhalten irgendwelcher Systeme.[102] Für ein System ist weiterhin charakteristisch, dass die isolierte Erklärung seiner Systembestandteile nicht ausreicht, um das System in seiner Ganzheit zu erfassen. Es wird vielmehr eine ganzheitliche Betrachtung gefordert, die explizit die Beziehungen zwischen den Elementen beinhaltet.[103] Am Beispiel von Forschungsarbeiten zum Thema Sortiertechnik zeigen *ten Hompel* und *Jodin*, dass Leistungsreserven im Detail erst mittels Systemdenken zu identifizieren sind.[104] Die Bedeutung für betriebswirtschaftliche Überlegungen erkennt *Pfohl*, wenn er das Systemdenken zur unabdingbaren Grundlage für die Durchführung von Kostenanalysen erklärt: Erst das Denken in Systemen ermögliche das Erkennen von Zusammenhängen und die Erfassung von Beziehungen zwischen Systemelementen. So führt das Denken in Systemen zu einem Gesamt- bzw. Totalkostendenken im Sinne der Erfassung sämtlicher für eine Logistikentscheidung relevanten Logistikkosten.[105] Dem folgt *Lange,* indem er darauf hinweist, dass elementare Voraussetzung einer Wirtschaftlichkeitsbetrachtung die genaue Kenntnis der von der Verpackung und dem Verpackungssystem tangierten Kosten sei.[106] Die Bedeutung der Wechselwirkungen in Logistiksystemen unterstreicht auch *Fey*.[107]

Zusammenfassend bietet das Denken in Systemen die Grundlage dafür, Interdependenzen und Abhängigkeiten von Systembestandteilen zu untersuchen. Vor diesem Hintergrund ist im Folgenden eine geeignete Definition des Verpackungssystems zu finden.

---

[101] Ulrich (1970), S. 109.

[102] Vgl. Ulrich (1970), S. 105.

[103] Vgl. Ulrich (1970), S. 105 und S. 107f.; Rüegge (1975), S. 26f. und S. 63ff.; Boeckle (1994), S. 26 und Malik (1992), S. 171.

[104] Vgl. ten Hompel/Jodin (2004), S. 6ff.

[105] Vgl. Pfohl (2004), S. 26.

[106] Vgl. Lange (1998), S. 181.

[107] Vgl. Fey (1989), S. 112.

3.1.2 Der Begriff des Verpackungssystems in der Literatur

Der Begriff des Verpackungssystems findet in der Literatur vielfältige Verwendung. Über den Einsatz des Begriffs und dessen unterschiedliche Definitionen gibt dieses Kapitel einen Überblick. Ziel ist zu prüfen, ob ein Begriffsverständnis existiert, auf dem die nachfolgenden Überlegungen aufbauen können. Die untersuchten Definitionen werden in zwei Blöcken vorgestellt. Zuerst werden Ansätze mit dem Schwerpunkt der Aufzählung von Systemelementen genannt. Anschließend folgen Definitionen, welche sich den Beziehungen zwischen diesen Elementen nähern.

Pfohl beschreibt das Verpackungssystem sehr eng und setzt es aus den Bestandteilen Packgut, Verpackung und Verpackungsprozess zusammen.[108] *Gabathuler* verwendet den Systembegriff, um zu verdeutlichen, dass er nicht nur die Kosten von „Packmittel und Packhilfsmittel", sondern weitere „direkte" und „indirekte" Kosten berücksichtigen will.[109] Ähnlich wie *Gabathuler* nutzt auch *Lange* den Term, um den Blickwinkel der Kostenberechnung auf verschiedene Prozesse zu erweitern, ohne jedoch das System mit dessen Elementen und Interdependenzen abschließend zu beschreiben.[110] *Dominic/Olsmats* definieren das Verpackungssystem als Summe aus den Prozessen des Verpackens, der Lieferung bis zur Verwendung des Produkts und der Entsorgung der nicht mehr verwendeten Verpackung.[111] *Boeckle* definiert das Verpackungssystem als eine Einheit aller technischen, ökonomischen, ökologischen, organisatorischen und technologischen Elemente, die den Lebensweg von Verpackungen von der Konzeption und Herstellung über die Verwendung bis zur Entsorgung kennzeichnet.[112] *Mevissen* verbindet mit dem Systemdenken allgemein eine über den einzelwirtschaftlichen Gestaltungshorizont eines Unternehmens hinausgehende Perspektive.[113] Beschränkt auf ein Mehrwegverpackungssystem definiert er konkret die vier Bestandteile Packgut, Verpackung, Verpackungsprozess und

---

[108] Vgl. Pfohl (2004), S. 146.
[109] Vgl. Gabathuler (1987), S. 21.
[110] Vgl. Lange (1998), S. 181.
[111] Vgl. Dominic/Olsmats (2001), S. 17f.
[112] Vgl. Boeckle (1994), vgl. in ähnlicher Definition auch Jansen (1997), S. 1240 f. Diese Definitionen sind angelehnt an Baumgarten (1973), S. 33.
[113] Vgl. Mevissen (1996), S. 4f.

Verwendungsmodalität.[114] Es zeigt sich, dass bereits in der Aufzählung von Systemelementen keine Einheitlichkeit zu erkennen ist.

Es folgen drei skandinavische Arbeiten und eine amerikanische Definition, welche den Begriff des Verpackungssystems verwenden, um mit seiner Hilfe auf Wechselwirkungen und Veränderungen entlang der Lieferkette aufmerksam zu machen. *Olsmats* stellt ein recht umfassendes Verständnis des Verpackungssystembegriffs auf, indem er das Verpackungssystem als die Schnittstelle zwischen Produkt und den umgebenden Anforderungen des Flusses, des Marktes sowie der Umwelt betrachtet.[115] Dabei deutet der Autor Wechselwirkungen z.B. im Bereich der Volumennutzung, der Abmessungen oder der Handhabbarkeit von Verpackungen an, allerdings geht er hierauf nicht näher ein.[116] Ohne eine explizite Definition des Verpackungssystems zu liefern,[117] beschreibt *Johnsson* die Rolle und Bedeutung der Verpackung im Logistiksystem. Er betont dabei die Effizienzwirkung der Verpackung im logistischen System bzw. explizit auch entlang der logistischen Kette.[118] *Johnsson* rückt somit – trotz seiner weitsichtigen Auffassung – das *Verpackungs*system in den Hintergrund zugunsten der Verpackung als Teil des gesamten *Logistik*systems. Auch *Anthony* schreibt, dass die Verpackung als System zu betrachten sei. Dafür definiert er das Verpackungssystem vom Rohstoff bis zum Verbrauch aus einer Vielzahl von Elementen bestehend und weist auf Wechselwirkungen innerhalb des Verpackungssystems hin, ohne diese zu vertiefen.[119] *Johansson* und *Weström* verstärken den Fokus auf die Dynamik des Systems und insbesondere die sich während einer Lieferkette *ändernden* Beziehungen[120] zwischen den Systemelementen. Dabei verstehen sie unter dem Verpackungssystem die Einheit der Elemente Produkt, Verpackung und

---

[114] Vgl. Mevissen (1996), S. 12.

[115] Vgl. Olsmats (2002), S. 43.

[116] Vgl. Olsmats (2002), S. 44.

[117] Er nutzt den Begriff Verpackungssystem zwar, fasst dabei jedoch lediglich Quellen zur Rolle der Verpackung zusammen (vgl. Johnsson (1998), S. 15, S. 25ff. und S. 52ff.).

[118] Vgl. Johnsson (1998), S. VII und S. 44.

[119] Vgl. Anthony (1985), S. 719.

[120] Auch *ten Hompel und Schmidt* sprechen von logistischen Einheiten „in ständig wechselnder Form und Zusammensetzung" und verweisen auf deren Bedeutung für die Logistik jedoch lediglich in Verbindung mit Verpackungen und logistischen Einheiten und nicht innerhalb eines Verpackungssystems (vgl. ten Hompel/Schmidt (2003), S. 19ff.).

Distributionssystem mit den Bedürfnissen der daran beteiligten Stufen bzw. Unternehmen.[121]

Diesen Überblick abschließend kann festgestellt werden, dass der Begriff des Verpackungssystems in der Literatur äußerst uneinheitlich definiert wird. Es fällt auf, dass sich die angeführten Ansätze letztlich überwiegend auf die *Aufzählung* von Systemelementen beschränken. Dabei zeigen sie kaum Gemeinsamkeiten. Allenfalls tun sie dies dahingehend, dass sie dem Ladungsträger und der (potenziell gemischten) Ladeeinheit keine Beachtung schenken. Darüber hinaus werden die zwischen den Systemelementen bestehenden Beziehungen nicht betrachtet. Einzig die letztgenannten Definitionen (*Olsmats, Johnsson, Anthony, Johansson* und *Weström*) lassen die Existenz von Wechselwirkungen in Verpackungssystemen erahnen. Eine Benennung betroffener Systemelemente oder gar die Identifizierung, Beschreibung oder Bewertung einzelner Wechselwirkungen erfolgen jedoch ebenfalls nicht.

Wie in Kapitel 3.1.1 gesehen, ist für die vollständige Beschreibung eines Systems jedoch die Berücksichtigung der zwischen den Systemelementen bestehenden Beziehungen unerlässlich. Mit Hinblick auf die Beurteilung von Verpackungsalternativen wiederholen *Jantzen/Alexander*, *Pfohl* und *Lange* diese Forderung ausdrücklich.[122] Dementsprechend kann für die weitere Bearbeitung keine der vorgestellten Definitionen herangezogen werden. Vielmehr gilt es den Gedanken der Veränderung des Verpackungssystems entlang der Lieferkette, wie *Johansson/Weström* ihn ansprechen unter expliziter Berücksichtigung von Interdependenzen innerhalb des Systems zu konkretisieren. Auf einer im nächsten Abschnitt zu findenden eigenen Definition aufbauend, soll im weiteren Verlauf die Ermittlung der Verpackungssystemkosten und anschließend deren Modellierung erfolgen.

---

[121] Vgl. Johansson et al. (2000), S. 20f.

[122] Vgl. Pfohl (2004), S. 149 ; Jantzen/Alexander (1965), S.131; Lange (1998), S. 181. Ähnlich Mollenkopf et al. (2005), S. 192; Lancioni/Chandran (1990), S. 41; Wills (1990), S. 6ff.

3.1.3 Weiterentwicklung des Begriffs des Verpackungssystems

Wie in Kapitel 3.1.1 gezeigt, definiert sich ein System erstens durch seine konstituierenden Elemente und zweitens durch die Beziehungen dieser untereinander. In diesem Kapitel ist der den weiteren Überlegungen zugrunde liegende Begriff des Verpackungssystems unter Berücksichtigung beider Bestandteile zu formulieren. Es sollen die folgenden Systemelemente unterschieden werden:

- die Gesamtheit der Transportverpackungen
- die zum Einsatz kommenden Ladungsträger
- die Menge der Ladeeinheiten
- das betrachtete Liefernetzwerk.

Vor dem Hintergrund, dass das Verpackungssystem in der Literatur oftmals einem umfassenden Logistiksystem untergeordnet wird,[123] bedarf die Einbeziehung des Liefernetzwerks in das Verpackungssystem einer Erläuterung. Dieser Schritt dient dazu, im Rahmen der weiteren Arbeit auch solche Beziehungen erfassen zu können, die sich zwischen den Elementen des Verpackungssystems und der logistischen Umwelt (Liefernetzwerk) abspielen.[124] Für die drei erstgenannten Elemente ist kennzeichnend, dass diese sich durch das Liefernetzwerk bewegen und dabei, wie in Kapitel 3.2 zu zeigen sein wird, Kosten verursachen. Diese wechselseitige Beziehung soll im Rahmen der anschließenden Bewertung und Kostenermittlung explizit Berücksichtigung finden. Nur diese weite Definition von Verpackungssystem kann die Grundlage eines Verpackungssystembegriffs werden, welcher den Anspruch hat, die Entscheidungsgrundlage verpackungsspezifischer Fragestellungen darzustellen (vgl. Kapitel 3.2).

Abbildung 4 zeigt für den betrachteten Anwendungsfall der Distribution frischer Lebensmittel typische Ausprägungen dieser Systemelemente und ordnet diese beispielhaft anhand der Bildung einer gemischten logistischen Einheit im Rahmen

---

[123] Vgl. die Ausführungen zu *Olsmats, Johnsson* sowie *Johansson/Weström* in Kapitel 3.1.2.

[124] Beispielhaft für solche Wirkungen sind die Anzahl der Griffe einer Verpackung mit ihrem Einfluss auf die Handhabungszeit oder die Art des Ladungsträgers mit seinem Einfluss auf für seine Bewegung benötigte Betriebsmittel zu nennen.

der auftragsbezogenen Kommissionierung an. Da sämtliche Begriffe bereits in Kapitel 2.2 definiert wurden, wird hier unmittelbar auf die zwischen ihnen bestehenden Beziehungen abgestellt. Diese sind in der Abbildung durch gestrichelte Pfeile angedeutet und vervollständigen die Definition des Verpackungssystems.

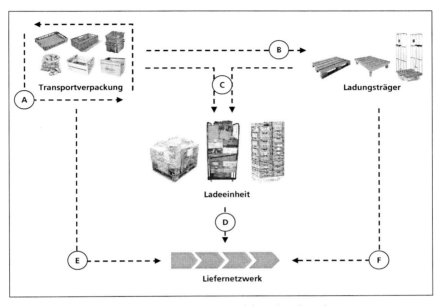

Abbildung 4: Elemente des Verpackungssystems und deren Interdependenzen

Die Abbildung 4 kann wie folgt interpretiert werden: Die Zusammensetzung der Gesamtheit aller Transportverpackungen in einem HZL in einer gegebenen Periode (A) entscheidet über die potenziell einsetzbaren Ladungsträger (B). Zusammen bilden Verpackungen und Ladungsträger die Ladeeinheit (C). Diese durchläuft von nun an bis zu ihrer Auflösung das Liefernetzwerk (D) und wird dabei zum Objekt zahlreicher Transport-, Umschlags- und Lagerprozesse. Ähnliches gilt für eine einzelne Verpackung (E) sowie für den leeren Ladungsträger (F).

In Abbildung 5 werden diese sechs innerhalb des Verpackungssystems existierenden Wechselwirkungen systematisiert. Dazu werden Wechselwirkungen *zwischen Elementen der Ladeeinheit* von solchen getrennt, die *zwischen den Elementen der Ladeeinheit und dem Liefernetzwerk* auftreten. Da im Mittelpunkt der vorliegenden Arbeit die gemischte Ladeeinheit steht, erfolgt hier eine Konzentration auf diejenigen Wechselwirkungen, die sich potenziell innerhalb einer Ladeeinheit vollziehen (linker Ast in Abbildung 5). In Bezug auf die im rechten Ast von Abbildung 5 dargestellten Beziehungen zwischen Verpackung, Ladungsträger und Ladeeinheit sei auf die existierende Literatur verwiesen.[125]

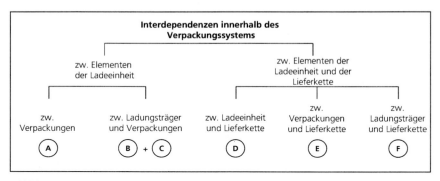

Abbildung 5: Wechselwirkungen innerhalb der Verpackungssystems

Für die weitere Arbeit sollen die im linken Ast in Abbildung 5 angeordneten Beziehungen unter dem Begriff der *Interoperabilität von Verpackungen* zusammengefasst werden. Die Vertiefung erfolgt in Kapitel 4 und 5. Die Interoperabilität von Verpackungen kann damit als ein Teilsystem des Verpackungssystems aufgefasst werden. Das Verpackungssystem definiert sich für *ein Unternehmen* unter Einbeziehung seines vollständigen Liefernetzwerks und stellt somit das Bezugsobjekt der Ermittlung von Verpackungssystemkosten dar, wie sie Grundlage jeder Verpackungsentscheidungen sein sollen. Demgegenüber beschreibt die Interoperabilität der Verpackung ein *Teil*system bestehend lediglich aus den Elementen Verpackungen, Ladungsträger und Ladeeinheit sowie den zwischen diesen bestehenden Wechselwirkungen. Damit knüpft dieses Verständnis von Interoperabilität unmittelbar an die Definition einer Lieferkette aus Kapitel 2.2.5 an und konkretisiert das dort formulierte Abgrenzungskriterium der *bestimmten Belieferungsform*. Die Interoperabilität definiert sich dementsprechend für jede Lieferkette.

Im folgenden Abschnitt ist auf diesem Verständnis von Verpackungssystem und Interoperabilität der Verpackung aufbauend ein geeigneter Kostenbegriff zu definieren sowie ein Verfahren zu bestimmen, mit dessen Hilfe sich Variationen

---

[125] Für eine ausführliche Diskussion der Wechselwirkungen zwischen Elementen der Ladeeinheit und der Lieferkette vgl. Wagner (2005), Kap. 5-2-4.

der in den Kapiteln 4 und 5 detailliert zu untersuchenden Interoperabilität bewerten lassen.

3.2 Verpackungssystemkosten

Wie im Rahmen der Abgrenzung des Stands der Wissenschaft in Kapitel 2.1 deutlich gemacht, existiert in der Literatur kein Begriff von Verpackungskosten, welcher dieser Arbeit zugrunde gelegt werden könnte. Bevor die Bewertung von Verpackungen innerhalb eines Verpackungssystems thematisiert wird, sind deshalb in diesem Kapitel die Verpackungs*system*kosten als Zielgröße der weiteren Arbeit zu definieren. Dabei ist Klarheit zu schaffen in Bezug auf die Frage, welche Kostenbestandteile zu den Verpackungssystemkosten zu rechnen sind. Formal ausgedrückt wird die Frage beantwortet, welche Kostenbestandteile bei der Ermittlung von Verpackungssystemkosten *zum Ansatz zu bringen* sind.

Kapitel 3.2.2 widmet sich anschließend der prozessorientierten Kosten*erfassung* entlang der Lieferkette. Unter Rückgriff auf existierende Ansätze schließt das Kapitel mit der Entwicklung einer eigenen Systematik zur Verrechnung relevanter Kosten als Einzelkosten.

3.2.1 Kostenbegriff

Existierende Verpackungskostenbegriffe

Im Rahmen der Abgrenzung des Stands der Wissenschaft in Kapitel 2.1 wurden zahlreiche Ansätze diskutiert, welche das Ziel einer ökonomischen Bewertung von Verpackungen verfolgen. In Bezug auf die Verwendbarkeit etwaig existierender Kostenbegriffe ist jedoch festzustellen, dass die vorliegenden Ansätze der Verpackungskostenrechnung als Grundlage der weiteren Betrachtung ausscheiden. Dies gilt für solche Verfahren, die Verpackungskosten unabhängig vom Gedanken der Lieferkette beschränkt auf das abpackende Unternehmen ermitteln[126] genauso wie für Ansätze, die zwar die Notwendigkeit der lieferkettenweiten Bewertung erkennen, sich jedoch in einer bloßen Aufzählung

---

[126] Vgl. Hajek (1981), S. 1478ff.; Hajek/Pulanek (1982) S. 2112. Vgl. Jansen (1989), S. 6. Vgl. Jansen (2003), S. 2 und S. 105ff.

von Kostenarten beschränken.[127] Ebenfalls keine Hilfe bieten Autoren, die einen ausdrücklichen Einweg-Mehrwegvergleich anstreben und insofern zwar prinzipiell nicht die Lieferkette erfassen, aber zwecks einer Gleichstellung von Einweg- und Mehrwegverpackung explizit Rückführkosten berücksichtigen.[128] Ohne einzelne Definitionen hier wiederzugeben, können unter Rückgriff auf Kapitel 2.1 die Gründe für deren Ablehnung wie folgt zusammengefasst werden:

- Alle Ansätze ermitteln isoliert die Kosten *einer* TPV in einem Zeitpunkt.
- Es fehlt eine den Grundsätzen der Systemtheorie folgende Analyse und Bewertung von Wechselwirkungen zwischen den Elementen eines Verpackungssystems, insbesondere wird die *Interoperabilität der Verpackung nicht untersucht*.
- Durch die *isolierte* Betrachtung einer einzelnen Verpackung abstrahieren die vorgestellten Ansätze de facto völlig von der Beschäftigung mit gemischten Ladeeinheiten.

Eigener Kostenbegriff

Da offensichtlich der Rückgriff auf eine existierende Definition ausscheidet, ist im Folgenden ein eigener Ansatz aufzustellen. Dafür ist zu bestimmen, welcher Kostenbegriff den zu definierenden Verpackungssystemkosten zugrunde gelegt, welche Rechnungszwecke erfüllt und welche Anforderungen an die Genauigkeit, Aktualität und Wirtschaftlichkeit der Kosteninformation gestellt werden sollen.[129]

Beginnend mit dem *Rechnungszweck* kann dieser unter Rückgriff auf die Zielsetzung der Arbeit in der Schaffung ausreichender Transparenz zum Treffen von ökonomischen Verpackungsentscheidungen beschrieben werden. Die Konkretisierung des *Kostenbegriffs* setzt bei einer grundsätzlichen Definition an. Danach geben Kosten den bewerteten, sachzielbezogenen Güterverbrauch wieder. Mit anderen Worten sind Kosten monetäre Ausdrücke für den Einsatz von Produktionsfaktoren zum Zweck der Erstellung betrieblicher Leistungen.[130]

---

[127] Vgl. Lange (1998), 181ff.; Lange (1996), S. 5ff. Vgl. Leonard (1981), S. 12ff.; Frerich-Sagurna/Lange (1990), S. 134ff.

[128] Vgl. Harrmann (1977), S. 81; Blochof-Rufwaard et al. (2002), S. 121f.

[129] Vgl. Hummel (1998), S. 453.

[130] Vgl. Franz (1998), S. 443.

Hieraus folgen unmittelbar die beiden Fragen des *Ansatzes* (Umfang, in dem Produktionsfaktoren der Menge nach zu Kosten werden sollen) und der *Bewertung* (Maßstab zur Umrechnung des Verbrauchs in Geldeinheiten).

Um eine optimale Entscheidung in Bezug auf die Verpackungswahl innerhalb eines Liefernetzwerks treffen zu können, ist es nötig, alle entlang jeder Lieferkette entstehenden Kosten, die durch die Verpackung beeinflusst werden, zum *Ansatz* zu bringen.[131] Von der Verpackung unbeeinflusste Kosten sollen keine Berücksichtigung finden. Damit handelt es sich um eine Teilkostenrechnung in ihrer allgemeinen Definition, in der nur der variable Anteil der Gesamtkosten Berücksichtigung findet. Die Variabilität bedeutet in der klassischen Teilkostenrechnung, dass die Kosten einem Produkt oder einem Auftrag eindeutig zuzuordnen sind.[132] Hier wird entsprechend der Teil der Kosten berücksichtigt, welcher einer Verpackung eindeutig zuzuordnen ist. Damit wird das Ziel verfolgt, diejenigen Kosten, die vom Entscheidungsträger für eine rationale Verpackungsentscheidung zu berücksichtigen sind (entscheidungsrelevante Kosten), zu ermitteln.[133] Die Kosten sind dann relevant, wenn sie dem Verursachungsprinzip genügen. Das bedeutet, dass die Kosten in ihrer spezifischen Höhe aufgrund einer bestimmten Entscheidung entstehen: hier konkret der Entscheidung für eine bestimmte Verpackung.[134] Damit basieren die weiteren Ausführungen auf dem entscheidungsorientierten Kostenbegriff von *Riebel*, bei dem zur Beurteilung verschiedener Handlungsalternativen lediglich die Kosten berücksichtigt werden, die in Abhängigkeit von der Realisierung der jeweils betrachteten Handlungsalternative anfallen.[135]

Ausgangspunkt der *Bewertung* ist der pagatorische Kostenbegriff, welcher den Mengenverbrauch an Produktionsfaktoren zu gegenwärtigen oder künftigen Preisen bewertet und damit auf faktisch bezahlte Beträge abstellt. Schnell wird

---

[131] Vgl. Lange (1998), S. 180. *Lange* spricht in diesem Zusammenhang auch von einem „Wirtschaftlichkeitsvergleich". Vgl. Frerich-Sagurna/Lange (1990), S. 134. Die Autoren verwenden hier explizit den Begriff der „Folgekosten". Vgl. darüber hinaus sämtliche in Kapitel 2.1.2 genannten Ansätze.

[132] Vgl. Fandel et al. (2004), S. 236.

[133] Vgl. Haberstock (2002), S. 172.

[134] Vgl. Coenenberg (1999), S. 47.

[135] Vgl. Riebel (1994), S. 544f.

deutlich, dass dieser Begriff für die vorliegende Arbeit zu eng ist. Die zu bewertenden Kosten liegen in der Zukunft und konkretisieren sich allenfalls unter bestimmten Annahmen. In der Literatur ist bekannt, dass unter Berücksichtigung von Annahmen auch andere als faktisch bezahlte Beträge als Kosten betrachtet werden können.[136] Zusammen mit den Zielen und der Ausgestaltung einer Plankostenrechnung öffnet dies den Weg zu einem zukunftsbezogenen Kostenverständnis. Die Plankostenrechnung verfolgt das Ziel der Kostenermittlung zur Entscheidungsvorbereitung. Sowohl Mengen als auch Preise der benötigten Produktionsfaktoren sind deshalb geplante Größen.[137] Dabei kommt Plankosten der Charakter von Vorgabewerten zu.[138] Noch deutlicher wird dieser Zukunftsbezug durch die Verwendung des Begriffs der *Prognosekostenrechnung*. Von einer solchen wird gesprochen, sofern Plankosten zukünftige Kosten ausdrücken, wie sie sich als Folge unternehmerischer Einzelmaßnahmen und unter erwarteten Betriebsverhältnissen ergeben.[139]

Abschließend zu definierende *weitere Anforderungen* wie Aktualität und Richtigkeit der Ergebnisgröße müssen sich am Ziel dieser Kostenrechnungssystematik orientieren. Bei einer Verpackungsentscheidung handelt es sich im Regelfall um die Auswahl zwischen Alternativen. Eine solche Entscheidung wird unregelmäßig getroffen, damit handelt es sich bei der Ermittlung von Verpackungssystemkosten um eine fallweise durchzuführende Kostenrechnung. Ziel ist, die ökonomisch rationale Entscheidung im Sinne einer Auswahl zu treffen. Damit werden die Differenzen zwischen bewerteten Alternativen für die Interpretation relevanter als die absolute Höhe der Ergebnisgröße. Vor diesem Hintergrund ist die Genauigkeit der Ergebnisse in einen Zusammenhang mit dem Erhebungsaufwand zu bringen.

Zusammenfassend handelt es sich bei der Ermittlung von Verpackungssystemkosten somit um eine Teilkostenrechnung mit Prognosecharakter, welche das Ziel verfolgt, eine ökonomische Verpackungsentscheidung zu ermöglichen. Damit handelt es sich bei Verpackungssystemkosten nicht um tatsächlich angefallene,

---

[136] Vgl. Küpper (1998), S. 459.
[137] Vgl. Haberstock (1998), S. 547.
[138] Vgl. Haberstock (1998), S. 548.
[139] Vgl. Hummel (1998), S. 455.

sondern um unter Berücksichtigung bestimmter Umweltzustände und Annahmen zu erwartende Kosten.

Einordnung aus dem Blickwinkel einer Logistik-Controlling-Konzeption

Betrachtet man die aufzustellende Verpackungssystemkostenrechnung aus dem Blickwinkel einer übergeordneten Logistik-Controlling Perspektive, so stellt sich die Frage, welcher Position diese Systematik zuzuordnen ist. Es stehen einander gegenüber das *strategische* und das *operative Logistik-Controlling*. Obwohl es sich bei der Ermittlung von Verpackungssystemkosten um eine fallweise durchzuführende Kostenrechnung handelt, vereinigt sie alle Attribute eines *operativen* Logistik-Controlling. Als klassische Entscheidungsunterstützung dient sie der konkreten Gestaltung von Logistikprozessen. Dafür stellt sie ein Zielsystem auf, definiert Maßgrößen und liefert so die Basis für logistisch fundierte Wirtschaftlichkeitsanalysen.[140]

Definition Verpackungssystemkosten

Die soeben getroffenen Ausführungen sind nun mit dem Verpackungssystembegriff aus Kapitel 3.1.3 zusammenzuführen. Dabei steht hier die Frage im Mittelpunkt, ob ein bestimmter Kostenbestandteil den Verpackungssystemkosten zuzurechnen ist oder nicht. Dieser Arbeit liegt folgende Definition von Verpackungssystemkosten zugrunde:

Verpackungssystemkosten ergeben sich als Summe derjenigen Kosten einer Periode, die aus dem Blickwinkel eines Handelsunternehmens durch die Gesamtheit der in einer Periode zum Einsatz kommenden TPV auf ihren jeweiligen Wegen durch das Liefernetzwerk verursacht werden, sofern diese Kosten durch die Wahl der TPV beeinflusst werden können. Dabei berücksichtigen Verpackungssystemkosten explizit die permanenten Wechselwirkungen zwischen sämtlichen Systemelementen.

Diese Definition vereint mehrere zentrale Bestandteile:

---

[140] Vgl. Stölzle/Placzek (2004), S. 55f.

- **„…Summe der Kosten einer Periode…"**

  Verpackungssystemkosten ergeben sich als Kostengröße pro Zeiteinheit und nicht etwa als Kostensatz pro Verpackung. Sie ergeben sich als eine Summe von Kosten, d.h. sie bewerten simultan jede im Betrachtungszeitraum getroffene Verpackungsentscheidung. Aufgrund der berücksichtigten Wechselwirkungen (s.u.) ist eine sich an die Berechnung anschließende Verteilung der Periodenkosten auf die unterschiedlichen TPV nicht sinnvoll möglich.

- **„…Blickwinkel Handelsunternehmen…"**

  Mit diesem Definitionsbestandteil werden die Grenzen der Kostenermittlung bestimmt. In die Bewertung sind nur die aus Sicht des Handelsunternehmens entscheidungsrelevanten Kosten einzubeziehen. Das bedeutet explizit nicht, dass solche Kostenbestandteile aus der Betrachtung herausgelassen werden, die von vor- oder nachgelagerten Unternehmen *getragen* werden (z.B. die Anschaffungskosten der Verpackung oder die Entsorgungskosten am POS). Wichtig ist jedoch, dass es nicht zu einer Doppelerfassung von Kosten kommt. So sind beispielsweise die Herstellungs-, Lager-, Lieferkosten etc. eines Packmittellieferanten nicht in die Betrachtung einzubeziehen, da diese im Einstandspreis der Verpackung (Marktpreis) berücksichtigt sind.

- **„…Gesamtheit der im Betrachtungszeitraum eingesetzten TPV…"**

  Zwischen den in einer Periode eingesetzten Verpackungen bestehen Interdependenzen. Um diese bewerten zu können, sind sämtliche innerhalb des Betrachtungszeitraums eingesetzten Verpackungen in die Bewertung einzubeziehen.

- **„…durch das Liefernetzwerk …"**

  Der Warenfluss im mehrstufigen Handel ist dadurch gekennzeichnet, dass er an handelsgesteuerten Konsolidierungspunkten (Handelszentrallager) zusammengeführt wird (vgl. Abbildung 3). Um eine Kostenermittlung entlang der gesamten Lieferkette zu gewährleisten, erweitert sich die Betrachtung automatisch auf das Liefernetzwerk, welches sich im Regelfall aus einer Mehrzahl von Lieferketten zusammensetzt (vgl. Kapitel 2.2.6). Unterschiede zwischen den einzelnen Lieferketten können beispielsweise in der Anzahl der „Glieder", aber auch in den zu berücksichtigenden Kosten- und Leistungsparametern[141] bestehen und sind in der Bewertung zu berücksichtigen. Somit setzen sich Verpackungssystemkosten letztlich durch die Addition der einzelnen Lieferketten zusammen.

- „...durch die Wahl der TPV beeinflusst..."

  Mit dem Wahlakt wird betont, dass es um die Auswahl aus insofern vergleichbaren Verpackungen geht, als dass diese sämtlich in der Lage wären, die Verpackungsaufgabe zu erfüllen. Darüber hinaus betont dieser Aspekt der Definition, dass in die Kostenermittlung nur solche Bestandteile einzubeziehen sind, die durch die Wahl der Verpackung beeinflusst werden. Kosten, wie Raumkosten für Kommissioniergassen im HZL, welche unabhängig von der Verpackungsalternative anfallen, werden in den Verpackungssystemkosten nicht berücksichtigt.

- „...Wechselwirkungen zwischen sämtlichen Systemelementen ..."

  Wechselwirkungen zwischen den Bestandteilen eines Verpackungssystems werden in die Kostenermittlung explizit mit aufgenommen. Für diese Arbeit stehen besonders die zwischen den einzelnen Verpackungen bestehenden Beziehungen im Mittelpunkt. Diese werden unter dem Begriff der Interoperabilität von Verpackungen in Kapitel 4 ausführlich untersucht.

3.2.2 Erfassung von Verpackungssystemkosten

Im vergangenen Kapitel ist der Begriff der Verpackungssystemkosten umfassend definiert worden. Ein erstes Verständnis von seiner Ermittlung ist dahingehend geschaffen worden, als Verpackungssystemkosten sich entlang der Summe aller Lieferketten eines Liefernetzwerks bestimmen. In diesem Kapitel soll die Art und Weise der Ermittlung von Verpackungssystemkosten näher untersucht werden. Der Frage der Kostenermittlung kommt in dieser Arbeit insofern eine eigenständige Bedeutung zu, als Kosten für eine Mehrzahl von Unternehmen ermittelt werden sollen.[142] Dies ist aus der Perspektive des klassischen betrieblichen

---

[141] Das der weiteren Betrachtung zugrunde liegende Prozessverständnis wird in Kapitel 3.2.2 f. eingeführt.

[142] Vgl. Stölzle (2002), S. 10.

Rechnungswesens eine ebenso aktuelle Frage wie aus Sicht der Logistikforschung.[143]

Prozessorientierte Kostenerfassung

Es wurde bereits angedeutet, dass die Kostenermittlung derart erfolgt, dass die Verpackungen entlang ihrer jeweiligen Lieferketten „verfolgt" werden. Dabei wird ihre Kostenverursachung, anders ausgedrückt ihr Ressourcenverbrauch gemessen. Hierfür ist es hilfreich, die Lieferkette in eine endliche Anzahl von abgrenzbaren Teilprozessen zu gliedern (Prozesskette). Auf diese Weise können die Bewegungen sämtlicher Systemelemente innerhalb einer unternehmensübergreifenden Lieferkette nachvollzogen werden. Die Teilprozesse werden dabei in logischer bzw. zeitlicher Reihenfolge angeordnet und orientieren sich am Auftragsfluss.[144] Diese Teilprozesse unterscheiden sich im Hinblick auf den Ressourcenverbrauch, welcher durch die Bewegung der Betrachtungsobjekte entlang der Lieferkette in unterschiedlichem Umfang entsteht und durch das Zusammenwirken der Systemelemente in seiner Höhe beeinflusst wird.

Die Beschreibung und die Darstellung von Prozessketten beruhen auf einem bestimmten Prozessverständnis sowie auf einem Kriterium zur Abgrenzung einzelner Prozesse. Ein Prozess ist dabei eine Tätigkeit, durch die Einsatzgüter in Ausbringungsgüter transformiert werden.[145] Anders ausgedrückt ist ein Prozess die Verrichtung an und mit Objekten und hat sich an der Ablauforganisation eines Unternehmens und seinen Verknüpfungen mit Kunden und Lieferanten zu orientieren.[146]

Zur Modellierung von Prozessketten hat sich das selbstähnliche Prozessketteninstrumentarium nach *Kuhn* bewährt, das zur Visualisierung, Analyse und Gestaltung von Auftragsdurchläufen eingesetzt wird. Im Rahmen der Anwendung des Prozessketteninstrumentariums werden alle Prozesse der Logistikkette selbst-

---

[143] *ten Hompel* bezeichnet die Herstellung notwendiger Transparenz in zwischenbetrieblichen Abläufen, insbesondere der Distribution von Lebensmitteln entlang der gesamten Logistikkette als aktuelle Frage der angewandten Logistikforschung (vgl. ten Hompel (2004), S. 7.

[144] Vgl. Kuhn (1995), S. 37f.; Vgl. Kuhn/Pielok (1994), S. 32.

[145] Vgl. Pfohl/Stölzle (1997), S. 51.

[146] Vgl. Baumgarten (1995), S. 148.

ähnlich modelliert. Das bedeutet, dass jedes Prozesskettenelement in sich eine Prozesskette birgt, mithin im Rahmen einer desaggregierenden Darstellung selbst in eine Mehrzahl von Teilprozessen zerlegt werden kann (vgl. Abbildung 6).

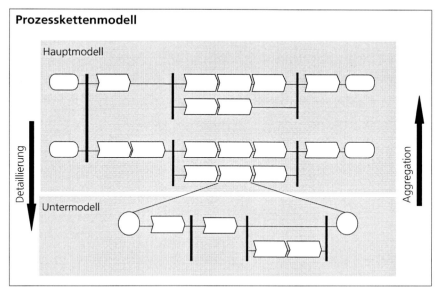

Abbildung 6: Selbstähnlichkeit des Prozesskettenmodells[147]

Ferner zeichnet sich jedes Prozesskettenelement durch die Nutzung bestimmter Ressourcen aus.[148] Die Verwendung von Prozesskettenelementen zur Beschreibung von Prozessen ist Grundlage für eine spätere Bewertung von Arbeitsabläufen, ohne diese im Einzelfall ausführlich beschreiben zu müssen. Die Betrachtung von zeitlicher Inanspruchnahme, Input und Output ist dann ausreichend, um die Kosten eines Prozesses zu ermitteln und zu verrechnen.[149] Mit dem gewählten Detaillierungsgrad der Prozesskette bestimmt der Anwender gleichzeitig die Genauigkeit der Kostenverrechnung und kann so dem Erfordernis einer kritischen Abwägung von Nutzen und Kosten zusätzlicher Genauigkeit Rechnung tragen.[150]

Diesem Prozessverständnis folgend werden die Verpackungssystemkosten innerhalb von Prozesskettenelementen erfasst. Durch deren individuelle

---

[147] In Anlehnung an Winz/Quint (1997), S. 58.
[148] Vgl. Pielok (1995), S. 41. Vgl. ferner Winz/Quint (1997), S. 10ff.
[149] Vgl. Käppner/Laakmann/Stracke (2002), S. 27f.
[150] Vgl. Kuhn (1995), S. 47.

Anordnung und Konkretisierung entlang der Lieferkette kann gewährleistet werden, dass alle Einflüsse, die die Verpackung auf die Kosten ausübt, berücksichtigt werden.[151] Zudem bietet die strenge Orientierung an den aufgestellten Prozessketten den Vorteil einer strukturierten Vorgehensweise zur Verrechnung aller Kosten.[152]

Zusammenfassend ergibt sich in allgemeiner Form vorerst die Gleichung (3.1), nach der sich die Verpackungssystemkosten einer gegebenen Periode als Summe der Verpackungskosten der n Lieferketten des betrachteten Verpackungssystems ergeben. Diese Gleichung wird im Kapitel 6 zu einem vollständigen Modell erweitert.

(3.1) $\quad KVS = \sum_{i=1}^{n} KLK \quad \text{mit} \quad KLK = \sum_{j=1}^{m} KTP \quad \forall i = 1...n \quad \text{und} \quad \forall j = 1...m$

$\quad KVS \quad$: Verpackungssystemkosten pro Periode
$\quad K_{LK} \quad$: Verpackungskosten einer Lieferkette i pro Periode
$\quad K_{TP} \quad$: Verpackungskosten eines Teilprozesses j pro Periode
$\quad n \quad$: Anzahl Lieferketten im Verpackungssystem
$\quad m \quad$: Anzahl Teilprozesse in Lieferkette j

Existierende Ansätze der Prozesskostenrechnung

Vor dem Hintergrund der Ermittlung von Verpackungssystemkosten entlang von Prozessketten empfiehlt sich das Konzept der Prozesskostenrechnung für eine detaillierte Prüfung auf Anwendbarkeit im Rahmen dieser Arbeit. Neben ihrer *klassischen* Form existieren mit der *zeitgesteuerten* sowie der *ressourcenorientierten* Ausprägung zwei logistikrelevante Weiterentwicklungen. Alle drei Konzepte werden in Tabelle 4 kurz gegenübergestellt. Für eine ausführliche Darstellung sei auf die zitierte Literatur verwiesen. Hier erfolgt unmittelbar die Begründung, warum eine Anwendbarkeit im Rahmen dieser Arbeit ausscheidet.

---

[151] Vgl. Maier (1996), S. 56.
[152] Vgl. Lange (1998), S. 200.

Tabelle 4: Gegenüberstellung der klassischen, zeitgesteuerten und ressourcenorientierten Prozesskostenrechnung

	Klassische Prozesskosten- rechnung[153]	Zeitgesteuerte Prozesskosten- rechnung[154]	Ressourcen- orientierte Prozesskosten- rechnung[155]
Entwickelt von	Horváth/Mayer	Kaplan/Anderson	Kuhn/Manthey
Jahr	1989	2004	1996
Primäre Zielsetzung	Gemeinkosten werden nicht länger mittels pauschaler Zuschlagsätze umgelegt	Prozessen werden nur tatsächlich beanspruchte Kapazitäten zugerechnet – ungenutzte Kapazitäten werden identifiziert	Ein effizienter Ressourcen- verbrauch und die Abbildung der Kapazitätsaus- lastung werden sichergestellt
Verteilung der Kosten	Top-down	Bottom-up	Bottom-up
Zurechnung der Kosten zu einem Prozess analog zu	Personalkosten	Personalkosten	Ressourcenin- anspruchnahme
Prozesskostensatz abhängig von Ausbringungsmenge	Ja	Ja	Ja
Datenbedarf	Hoch	Hoch	Hoch

Die *klassische Prozesskostenrechnung* ist nicht in der Lage, anfallende Kosten verursachungsgerecht zu verteilen. Als eine von mehreren Schwächen ist die „Top-Down" Verteilung der in Anspruch genommenen Ressourcen zu nennen. Dadurch ist es nicht möglich, ungenutzte Kapazitäten zu identifizieren und Kostenvorteile einer Verpackung transparent zu machen.[156]

---

[153] Vgl. Horváth/Mayer (1989), S. 214ff.; vgl. Männel (1995), S. 15ff.; vgl. Coenenberg (1999) S. 220ff. Zur klassischen Prozesskostenrechnung existiert eine Fülle von Veröffentlichungen. Vgl. ferner Riebel (1994), S. 704ff. Vgl. Weber (2002), S. 52ff. Vgl. Reckenfelderbäumer (1994), S. 21f.

[154] Vgl. Kaplan/Anderson (2005), S. 86ff. Für den Originalaufsatz vgl. Kaplan/Anderson (2004), S. 132ff. Vgl. ferner Coners/Hardt (2004), S. 110ff.; Bohlmann/Coners (2004), o.S.

[155] Vgl. Kuhn/Manthey (1996), S. 129ff.

[156] Vgl. Bohlmann/Coners (2004), S. 7.

Als eine Weiterentwicklung der Prozesskostenrechnung werden die Kapazitäten bei der *zeitgesteuerten Prozesskostenrechnung* „von unten nach oben" verteilt. Ungenutzte Kapazitäten werden identifiziert. Allerdings erweist sich auch die zeitgesteuerte Prozesskostenrechnung als nicht geeignet, da lediglich die Personalkosten verursachungsgerecht, alle weiteren Kosten aber proportional zu diesen verteilt werden. Auf diese Weise können die tatsächlich in einen Prozess eingehenden Ressourcen nicht verursachungsgerecht verrechnet werden. Für logistische Verrichtungshandlungen im Allgemeinen und für Aktivitäten entlang der Lieferkette mit Verpackungsbezug im Speziellen muss sichergestellt werden, dass neben dem Personal auch alle weiteren Ressourcen wie zum Beispiel die in Anspruch genommene Lagerfläche, der notwendige Betriebsmitteleinsatz oder die anteiligen Transportkosten verursachungsgerecht den Kostenobjekten zugerechnet werden. Der Prozess der Lagerung beispielsweise nimmt keine Personalkapazitäten in Anspruch. Als Konsequenz würden ihm keine Kosten zugeordnet, obwohl er Raum- und Kapitalkosten verursacht.

Sowohl für die Anwendung der klassischen als auch der zeitgesteuerten Prozesskostenrechnung werden große Mengen von Daten des internen Rechnungswesens benötigt. Das betrifft vor allem die Ermittlung der Anzahl der Kostentreiber. Die Datenerhebung kann zu einem nicht zu unterschätzenden Aufwand führen.[157] Dieses Problem verstärkt sich dadurch, dass mehrere Unternehmen entlang der Lieferkette und besonders im gesamten Liefernetzwerk beteiligt sind. Dieser mit der Datenerhebung und Aufbereitung verbundene Aufwand ist für die praktische Umsetzung bereits als kritisch anzumerken. Hinzu kommt als Voraussetzung für den Einsatz beider Methoden die Bereitschaft aller Unternehmen des Liefernetzwerks, Daten des internen Rechnungswesens bereitzustellen.[158]

Die als drittes vorgestellte *ressourcenorientierte Prozesskostenrechnung* nach *Kuhn* verfolgt neben anderen die Ziele der Sicherstellung eines effizienten Ressourcenverbrauchs sowie die Abbildung der Kapazitätsauslastung in den

---

[157] Vgl. Weber (2002), S. 54. Vgl. in diesem Zusammenhang auch eine aktuelle Studie zum Anwendungsstand von Supply Chain Management in deutschen Industrieunternehmen, die hinsichtlich des Erhebungsaufwands zu identischen Feststellungen kommt (vgl. Nyhuis et al. (2005), S. 18).

[158] Vgl. Weber/Bacher/Groll (2004), S. 158.

Unternehmensbereichen.[159] Damit weist dieser Ansatz im Gegensatz zu den beiden anderen Methoden einen originären Bezug zur verursachungsgerechten Ermittlung von Kosten in logistischen Systemen auf. Die oben kritisierte pauschale Verrechnung von Kostenbestandteilen wird durch eine differenzierte Verrechnung von Ressourcen ersetzt. Damit ist diese Methode verursachungsgerechter als die klassische und die zeitgesteuerte Prozesskostenrechnung, weil für jede Ressource die tatsächliche Inanspruchnahme je Prozess bestimmt und diese nicht undifferenziert analog zu den Personalkosten verrechnet wird. Bezüglich des Aufwands der Datenermittlung und des Problems mangelnder Bereitschaft, die Daten bereitzustellen, bietet die ressourcenorientierte Prozesskettenanalyse keinen Vorteil. Ferner werden die Kosten wie bei der Prozesskostenrechnung in Abhängigkeit von der Ausbringungsmenge verrechnet. Eine Änderung der Ausbringungsmenge führt somit zu veränderten Prozesskosten. Dadurch würden die Verpackungskosten von der Ausbringungsmenge abhängen. Das Ziel, die Verpackungskosten je Verpackung und je Prozess vollkommen verursachungsgerecht zu verrechnen und so die Verpackungssystemkosten zu ermitteln, kann deshalb mit Hilfe der ressourcenorientierten Prozesskettenanalyse ebenfalls nicht erreicht werden.

Zusammenfassend kann festgestellt werden, dass ein alternativer Ansatz zur Ermittlung der Verpackungssystemkosten aufzustellen ist. Dieser soll die Kosten nicht wie die beiden erstgenannten Ansätze als Gemeinkosten verrechnen, sondern sie vielmehr analog zur ressourcenorientierten Prozesskostenrechnung als sog. unechte Gemeinkosten[160] erkennen und verursachungsgerecht als Einzelkosten verrechnen. Der von *Fandel* geprägte Begriff der unechten Gemeinkosten beschreibt treffend das angestrebte Ergebnis: Durch die Schaffung zusätzlicher Transparenz verwandeln sich Gemein- in Einzelkosten. So wird eine geeignete Entscheidungsgrundlage für die Wahl einer Verpackung geschaffen. Nach Möglichkeit zeichnet sich ein alternativer Ansatz ferner durch einen reduzierten Datenaufwand aus.

---

[159] Vgl. Fröhling (1994), S. 147.

[160] Vgl. Fandel et al. (2004), S. 28. Der Begriff der unechten Gemeinkosten wird von *Kuhn* nicht verwendet, inhaltlich entspricht sein Vorgehen aber diesem.

Systematische Verrechnung relevanter Kosten als Einzelkosten

Wie gesehen, so ist nun eine Methode der Kostenermittlung aufzustellen, die zum einen den Gedanken der lieferkettenweiten Kostenermittlung aufgreift und zum anderen über die reine Auflistung von Kostenarten hinausgeht, indem sie Bewertungsregeln nennt und konkretisiert. Nachdem im folgenden Abschnitt Kostenarten nach geeigneten Kriterien abgegrenzt sind, erfolgt darauf aufbauend die produktionsfaktorbezogene Verrechnung von Einzelkosten.

Kriterien zur Bildung von Kostenarten

Wie dargelegt, so erfolgt die Kostenermittlung im Rahmen von Teilprozessen. Jeder Prozess definiert sich durch seinen spezifischen Mix von Kostenarten.[161] Die Unterscheidung dieser Kostenarten stellt die Grundlage einer systematischen Erfassung aller kostenverursachenden Tätigkeiten dar.

Die Bildung von Kostenarten in der Betriebswirtschaft beruht auf den Grundsätzen der *Vollständigkeit*, *Eindeutigkeit* und *Reinheit*. Die Vollständigkeit besagt, dass alle anfallenden Kosten einer Kostenart zugeordnet werden können. Eindeutigkeit bedeutet, dass die Kosten überschneidungsfrei, nach einzelnen Kostenarten gegliedert, erfasst und ausgewiesen werden können.[162] Der Grundsatz der Reinheit fordert, dass eine Kostenart durch nur einen kostenverursachenden Produktionsfaktor bestimmt wird. Die konkrete Ausgestaltung der Kostenartenbildung kann von Fall zu Fall sehr unterschiedlich sein. In Anlehnung an *Gutenberg* ist die Einteilung der Produktionsfaktoren in Werkstoffe, menschliche Arbeitsleistung und Betriebsmittel stark verbreitet.[163] Der Vorteil einer solchen Gliederungsart besteht in der Möglichkeit weiterer Differenzierungen. Eine Einteilung nach anderen Kriterien führt häufig zu unsauberen und gemischten Kostenarten, die den Grundsätzen der Reinheit und Eindeutigkeit nicht genügen und deshalb unübersichtlich und fehleranfällig sind.[164] Aus diesem Grund sind die bisher in der Literatur verbreiteten Kostenarteneinteilungen für verpackungsabhängige Kosten von *Mevissen*, *Hajek*, *Lange*, *Ge*, *Leonard*, *Birk* und *Maier*

---

[161] Vgl. Fandel et al. (2004), S. 83.
[162] Vgl. Weber (2002), S. 170f.
[163] Vgl. Gutenberg (1979), S. 3.
[164] Vgl. Fandel et al. (2004), S. 84.

letztlich abzulehnen.[165] Die weitere Untergliederung von Kostenarten im Rahmen dieser Arbeit lehnt sich vielmehr an *Gutenberg* an und orientiert sich an den elementaren Produktionsfaktoren (vgl. Abbildung 7).

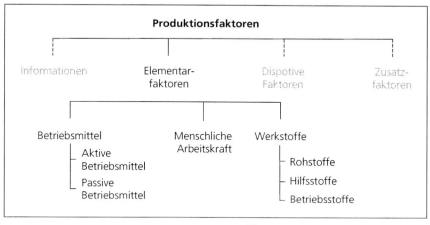

Abbildung 7: Klassifizierung von Produktionsfaktoren[166]

Diese Einteilung favorisiert auch *Fandel*.[167] Auf der obersten Gliederungsebene werden neben Elementarfaktoren noch Informationen, dispositive Faktoren und Zusatzfaktoren unterschieden. Von diesen fließen aber lediglich erstgenannte in die Produktionsfunktion ein, so dass im Folgenden nur Elementarfaktoren betrachtet werden.[168] Hier erfolgt dann eine Unterscheidung von *Werkstoffen*, *menschlicher Arbeitsleistung* und *Betriebsmitteln*. Der Vorteil dieser Gliederung besteht darin, dass weitere Unterteilungen bis auf eine sehr detaillierte Ebene möglich sind und alle Produktionsfaktoren eindeutig zugeordnet werden können. Diese weitere Untergliederung und die Erfassung der Faktoren, einschließlich der Zuordnung zu den Kategorien, erfolgt im nächsten Kapitel.

---

[165] Die genannten Autoren verletzen stets zumindest einen der genannten Grundsätze. Vgl. Mevissen (1996), S. 207-220; Hajek (1981), S. 1479-1481; Lange (1998), S. 181-198; S. 140; Ge (1996), S. 278; Leonard (1968), S. 38; Birk (1999), S. 356-375; Maier (1996), S. 61.

[166] Vgl. Corsten (2004), S. 4-6.

[167] Vgl. Fandel (2004), S. 87; Gutenberg (1979), S. 3-5.

[168] Vgl. Corsten (2004), S. 8; Busse von Colbe (1991), S. 81f.

Produktionsfaktorbezogene Verrechnung von Einzelkosten

An dieser Stelle erfolgt die produktionsfaktorbezogene Verrechnung von Einzelkosten. Mit Rücksicht auf die Zielsetzung der Ermittlung von Verpackungssystemkosten werden die drei Produktionsfaktoren, wie in Abbildung 8 dargestellt, weiter differenziert. Dies erfolgt in einem unter Wirtschaftlichkeitserwägungen angemessenen Detaillierungsgrad.

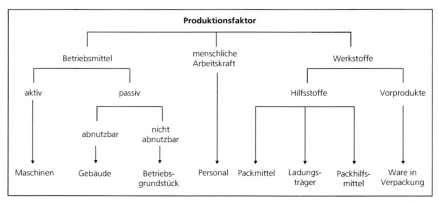

Abbildung 8: Unterscheidung von Produktionsfaktoren zur Verrechnung von Einzelkosten[169]

Menschliche Arbeitskraft

Die im Rahmen der Ermittlung von Verpackungssystemkosten zu berücksichtigende menschliche Arbeitskraft ist ausschließlich objektbezogen, das heißt unmittelbar der Leistungserstellung und damit der Bewegung der Verpackung durch die Lieferkette dienlich. Dispositive Tätigkeiten zur Leitung und Lenkung betrieblicher Vorgänge sollen nicht von der Verpackung beeinflusst und von daher hier nicht berücksichtigt werden. Die für die menschliche Arbeitsleistung zu verrechnenden Kosten werden unter dem Begriff Personalkosten zusammengefasst. Die Bewertung der Inanspruchnahme erfolgt über die zur Durchführung von Prozess p benötigte Zeit (PDA_p) und den jeweiligen Stundenkostensatz PKS_p wodurch sich folgende Prozesspersonalkosten PPK_p ergeben:

---

[169] Vgl. Corsten (2004), S. 4, 334, 335.

(3.2) $PPK_p = PDA_p \cdot PKS_p$

PPK_p : Personalkosten für die Ausführung von Prozess p [EUR]

PDA_p : Prozessdauer von Prozess p [Std.]

PKS_p : Personalkostensatz von Prozess p [EUR/Std.]

An dieser Stelle erfolgt ein kurzer Exkurs zur Bestimmung der Prozessdauer (*PDA*). Die Ausführungen können auf spätere Abschnitte dieses Kapitels übertragen werden:

Die Prozessdauer wird durch eine sogenannte *Vorgabezeit* ausgedrückt. Vorgabezeiten sind Soll-Zeiten für von Menschen und Betriebsmitteln ausgeführte Arbeitsabläufe. Hierin zu berücksichtigen sind neben Zeitanteilen für die planmäßige Verrichtung der Aufgabe auch unplanmäßige Zeitanteile.[170] Zur Ermittlung derartiger Vorgabezeiten für operative logistische Tätigkeiten, welche unmittelbar der Ermöglichung und Sicherstellung des physischen Materialflusses dienen und sich im Wesentlichen aus manuellen Tätigkeiten mit hohem Wiederholungsgrad (Kommissionieren, Sortieren, interner Transport, Identifizieren, etc.) auszeichnen, stehen zwei Methoden zur Verfügung, zum einen die Durchführung einer Zeitstudie, damit verbunden die Aufnahme von Ist-Zeiten nach verfahrenstechnischen und statistischen Grundsätzen und zum anderen die Planung von Grundzeiten mittels eines Systems vorbestimmter Zeiten. Während eine Zeitstudie nur in solchen Fällen durchführbar ist, in dem die zu bewertenden Abläufe bereits in der gewünschten Art und Weise in der Realität ausgeführt werden, können mittels eines Systems vorbestimmter Zeiten auch ohne reales Arbeitssystem, mithin also bereits in einer Planungsphase Grundzeiten bestimmt werden.[171] Das in Deutschland bekannteste System vorbestimmter Zeiten ist Methods Time Measurement (MTM).[172] Zur Durchführung von Zeitstudien liegt mit der REFA-Methodenlehre ein in der Praxis verbreitetes und auch für die Leistungslohnermittlung von Arbeitgeber- und Arbeitnehmervertreterseite akzeptiertes Messverfahren vor. Für diese Arbeit ist es unerheblich, nach welcher Methode die den Prozessen zuzuordnenden Zeiten erhoben werden.

---

[170] Vgl. REFA (1997), S.41.

[171] Vgl. Jansen (2003), S. 61.

[172] Vgl. Westkämper (1998), S. 47.

Betriebsmittel

Abbildung 8 zeigt, dass Betriebsmittel weiter in aktive und passive Betriebsmittel unterschieden werden. Aktive Betriebsmittel können für diese Zwecke wiederum in Maschinen und Transportmittel, passive in solche mit begrenzter (abnutzbar) oder unbegrenzter (nicht abnutzbar) Nutzungsdauer getrennt werden.

Grundsätzlich werden die von Betriebsmitteln verursachten Kosten als kalkulatorische Abschreibungen (Abnutzungskosten), kalkulatorische Zinsen (Kapitalkosten) sowie Energie-, Reparatur- und Instandhaltungskosten erfasst. Von der letzten Gruppe wird im Rahmen dieser Arbeit abstrahiert: Energiekosten, Reparatur- und Instandhaltungskosten sind bei gewünschter vertiefender Betrachtung separat unter dem Faktor Werkstoffe zu verrechnen. Damit stehen im Weiteren kalkulatorische Abschreibungen und kalkulatorische Zinsen im Mittelpunkt. Es soll nun eine schematische Bewertung der Ressourceninanspruchnahme durch ein aktives Betriebsmittel für einen gegebenen Teilprozess erfolgen. Dabei könnte es sich beispielsweise um ein Flurförderzeug handeln.

Zuerst erfolgt die Ermittlung der Abnutzungskosten, indem der Anschaffungspreis durch die durchschnittliche Nettonutzungsdauer dividiert und mit der gemessenen Prozessdauer multipliziert wird.[173] Die Nettonutzungsdauer entspricht der Zeit, die das Betriebsmittel tatsächlich im Einsatz ist und wird in der Regel in Stunden angegeben. Zu diesen Kosten werden anschließend noch die kalkulatorischen Zinsen des in den Transportmitteln gebundenen Kapitals addiert. Der Einfachheit halber erfolgt die Berechnung der Zinsen auf Basis des durchschnittlich gebundenen Kapitals. Für die Berechnung wird dabei ein linearer Wertverlust vom Anschaffungswert bis zu einem Restwert von Null unterstellt. Das durchschnittlich gebundene Kapital entspricht aufgrund dieser Annahme der Hälfte des Anschaffungspreises und wird mit einem kalkulatorischen Zinssatz multipliziert, um die Kapitalkosten pro Jahr zu ermitteln. Im nächsten Schritt werden die gesamten Kapitalkosten des Betriebsmittels über seine Nutzungsdauer bestimmt, indem die Kapitalkosten pro Jahr mit der Anzahl der Jahre, die das Betriebsmittel genutzt wird, multipliziert werden. Das Produkt aus der Prozessdauer und den gesamten Kapitalkosten wird anschließend durch die gesamte Nutzungsdauer dividiert. Die Summe aus den Abnutzungskosten und den

---

[173] Vgl. Kistner/Luhmer (1980), S. 5.

Kapitalkosten bezieht sich auf die einmalige Vornahme der im Teilprozess beschriebenen Verrichtungshandlung am Bezugsobjekt[174] des Teilprozesses. Die Ermittlung der Betriebsmittelkosten eines internen Transportmittels für einen gegebenen Teilprozess wird in folgender Formel zusammengefasst:

(3.3) $\quad ABK_p = \dfrac{AK}{NND} \cdot PDA_p$

(3.4) $\quad KKB_p = \dfrac{AK}{2} \cdot k \cdot GND \cdot \dfrac{PDA_p}{NND}$

(3.5) $\quad PBK_p = ABK_p + KKB_p$

$\quad ABK_p$: Abnutzungskosten des Betriebsmittels in Prozess p [EUR]

$\quad AK$: Anschaffungskosten des Betriebsmittels [EUR]

$\quad NND$: Nettonutzungsdauer des Betriebsmittels [Std.]

$\quad PDA_p$: Prozessdauer von Prozess p [Std.]

$\quad KKB_p$: Kapitalkosten des Betriebsmittels für Prozess p [EUR]

$\quad k$: kalkulatorischer Zinssatz pro Jahr

$\quad GND$: Gesamtnutzungsdauer des Betriebsmittels [Jahre]

$\quad PBK_p$: Betriebsmittelkosten von Prozess p [EUR]

In Abgrenzung zu diesem Vorgehen sind drei Besonderheiten kurz zu erwähnen, ohne diese weiter zu vertiefen. Für die Gruppe der *Transportmittel* (aktive Betriebsmittel) gilt, dass die ansonsten identische Kostenzuteilung häufig nicht in Abhängigkeit von der Zeit, sondern der Entfernung [km] vorgenommen wird. Für *passive Betriebsmittel* ist neben der zeitlichen Inanspruchnahme zusätzlich die durch den Prozess belegte Fläche zu berücksichtigen. Dies erfolgt durch Division von Abnutzungs- und Kapitalkosten durch die Gesamtfläche, so dass sich ein Flächenkostensatz [EUR/m²] ergibt. Dieser wird anschließend mit der durch die Ausführung des Prozesses in Anspruch genommen Prozessnutzfläche (*PNF*) multipliziert. Durch ihre nicht vorhandene Abnutzbarkeit erfolgt bei der Berücksichtigung von *Grundstücken* (nicht abnutzbare passive Betriebsmittel) kein Werteverzehr, den es abzuschreiben gälte. Grundstücke werden somit lediglich in Form von kalkulatorischen Zinsen berücksichtigt.

---

[174] Bezugsobjekt im Rahmen der Ermittlung von Verpackungssystemkosten kann prinzipiell die Verpackung, der Ladungsträger oder die Ladeeinheit sein. Aufgrund der Fokussierung dieser Arbeit auf den Anwendungsfall gemischter Ladeeinheiten stehen nur letztere im Vordergrund.

Werkstoffe

Der dritte Kosten verursachende Produktionsfaktor sind die Werkstoffe, die sich aus Roh-, Hilfs- und Betriebsstoffen sowie Vorprodukten zusammensetzen.[175] *Rohstoffe* kommen im Anwendungsfall nicht zum Einsatz, da keine Produktionsprozesse betrachtet werden. *Betriebsstoffe* sind Energieträger sowie Schmiermittel für den Einsatz der Transportmittel und werden aufgrund ihrer untergeordneten Bedeutung im Folgenden ausgeklammert. Damit werden im Rahmen dieser Kostenuntersuchungen Hilfsstoffe und Vorprodukte weiter untersucht (vgl. Abbildung 8).

Zu den *Hilfsstoffen* im Rahmen der Distribution frischer Lebensmittel zählen die eigentliche Verpackung, der Ladungsträger sowie diverse Packhilfsmittel zur Sicherung einer Ladeeinheit. Als Verpackung kommen sowohl Einweg- als auch Mehrwegalternativen zum Einsatz. Zu den Packhilfsmitteln sind Etiketten, Umreifungsband, Schrumpf- bzw. Stretchfolie, Kantenschutz, Polstermittel u.a. zu rechnen.[176]

Mit dem Kauf, der Entnahme aus einem offenen Pool und der Miete aus einem geschlossenen Pool stehen sich sowohl für die Verpackung als auch für den Ladungsträger unterschiedliche Nutzungskonzepte gegenüber. Um diese vergleichbar zu machen, sind unabhängig von den nutzungskonzeptspezifischen Kostenbestandteilen (Kaufpreis, Miete, Pfand, Schwund, etc.) die mit dem Einsatz der Verpackung verbundenen Kosten zu ermitteln. Nur so ist Vergleichbarkeit in Bezug auf die anzusetzenden Werkstoffkosten herzustellen. *Lange* schlägt in diesem Zusammenhang die Ermittlung von *Kosten pro Umlauf* vor.[177] Dieses Vorgehen wird hier übernommen. Formel (3.6) zeigt beispielhaft die Ermittlung von Umlaufkosten für einen Ladungsträger in eigenem Bestand unter Berücksichtigung von Abschreibung, Ersatzbeschaffung und durchschnittlich gebundenem Kapital:

$$(3.6) \quad UKL = \frac{AKL}{LDJ \cdot AUJ} + \frac{AKL \cdot SBQ}{AUJ} + k \frac{AKL}{2}$$

UKL : Umlaufkosten des Ladungsträgers

---

[175] Vgl. Steven/Behrens (2001), S. 4f.
[176] Vgl. Lange (1998), S. 182.
[177] Vgl. Lange (1998), S. 182ff.

AKL	: Anschaffungskosten Ladungsträger
LDJ	: Lebensdauer des Ladungsträgers in Jahren
AUJ	: Anzahl Umläufe pro Jahr
SBQ	: Schwund- und Bruchquote pro Jahr
k	: kalkulatorischer Zinssatz pro Jahr

Eingesetzte Packhilfsmittel können demgegenüber unmittelbar mit ihren Materialeinstandspreisen bewertet und dem verbrauchenden Prozess als Materialeinzelkosten (MEK) zugerechnet werden.

Als *Vorprodukt* wird schließlich die in der Verpackung distribuierte Ware in die Betrachtung mit aufgenommen. Diese wird im Rahmen der Ermittlung von Verpackungssystemkosten immer dann zu Kosten, wenn es bei der Bewegung entlang der Lieferkette zu einem verpackungsspezifischen Versagensfall (Bruch) kommt. Für die weitere Betrachtung wird vorerst von der Annahme ausgegangen, dass die Zerstörung einer Verpackung grundsätzlich den Verlust ihres gesamten Inhalts zur Folge hat. Dieser wird damit ebenfalls zu Kosten. In Kapitel 1 wird diese Annahme aufgegriffen.

In diesem Zusammenhang ist in Bezug auf die Ursache des Versagensfalls eine Fallunterscheidung zu treffen. Auf der einen Seite kann ein solcher durch die einzelne Verpackung begründet sein, z.B. durch nicht ausreichende Tragkraft oder fehlende Abstimmung auf die klimatischen Bedingungen in der Lieferkette. Auf der anderen Seite kann der Grund für den Versagensfall aber auch in der gebildeten Ladeeinheit und damit aus der Sicht dieser Arbeit formuliert in der Interoperabilität der Verpackung liegen. Der erstgenannte Fall ist leicht durch eine verpackungsspezifische Bruchquote abzubilden und tritt hier in den Hintergrund. Der letztgenannte Fall ist durch eine Bruchquote in Abhängigkeit vom Systemzustand abzubilden und soll weiter thematisiert werden. Für beide Fälle gilt, dass die jeweilige Bruchquote sich je nach Güte und Menge der vorhandenen Informationen auf einzelne Prozesse, eine Mehrzahl von Prozessen oder eine vollständige Lieferketten beziehen kann.

Damit können die von der Interoperabilität der zusammentreffenden Verpackungen abhängigen Bruchkosten für Prozessverpackungskosten (PVK) und Prozesswarenkosten (PWK) separat wie folgt formuliert werden:

(3.7) $\quad PVK_p = SQ_p \cdot UKV$ und

(3.8) $PWK_p = SQ_p \cdot EPW$

PVK_p : Prozessverpackungskosten für Prozess p
SQ_p : Systemspezifische Schadensquote für Prozess p
UKV : Kosten der Verpackung pro Umlauf
PWK_p : Prozesswarenkosten für Prozess p
EPW : Einstandspreis der Ware

Mit Abschluss von Kapitel 3 sind die betriebswirtschaftlichen Grundlagen dieser Arbeit geschaffen worden: Der Systemansatz zur ökonomischen Bewertung von Verpackungen ist eingeführt und der Begriff der Verpackungssystemkosten definiert. Ferner ist ein geschlossenes Verfahren[178] zur Ermittlung von Verpackungssystemkosten vorgestellt, das die relevanten Kosten innerhalb von (Teil-)prozessen als Einzelkosten verrechnet. Diese Vorgehensweise bildet die Grundlage für das Aufstellen eines mathematischen Modells in Kapitel 6, welches die Bestimmung von Verpackungssystemkosten unter Berücksichtigung der im folgenden Kapitel zu untersuchenden Interoperabilität der Verpackung zum Ziel hat.

---

[178] Mit Vorlegen dieses geschlossenen Verfahrens grenzt sich die Arbeit bewusst von solchen Ansätzen ab, die zwar die Berücksichtigung von Kosten einer ganzen Wertschöpfungskette fordern, aber letztlich nicht konkretisieren, was diese Kosten ausmacht, geschweige denn, wie sie zu ermitteln sind (vgl. Seuring (2001), S. 101.) *Seuring* verweist auf zahlreiche derartige Arbeiten.

4 Die Interoperabilität von Transportverpackungen

Im Kapitel 3.1.3 ist der dieser Arbeit zugrunde liegende Begriff des Verpackungssystems vorgestellt worden. Dieser bildet die Grundlage für eine Berücksichtigung von Wechselwirkungen zwischen den vier unterschiedenen Systemelementen im Rahmen der ökonomischen Bewertung von Verpackungen. Da im Mittelpunkt der vorliegenden Arbeit die gemischte Ladeeinheit steht, erfolgte eine Konzentration auf diejenigen Wechselwirkungen, die sich potenziell innerhalb einer Ladeeinheit vollziehen. Unter dem Begriff der Interoperabilität von Verpackungen wurden dabei solche Wirkungen zur weiteren Analyse zusammengefasst, die sich durch das Zusammenspiel unterschiedlicher Verpackungen begründen. Ziel dieses Kapitels ist nun die Definition der Interoperabilität von Verpackungen, das Aufzeigen der mit ihr verbundenen Wirkungen sowie die anschließende Herstellung von Quantifizierbarkeit durch das Aufstellen geeigneter Parameter. Mit anderen Worten will dieses Kapitel untersuchen, inwieweit die Verpackung durch spezifische Eigenschaften von ihr verursachte Kosten entlang solcher Teile der Lieferkette beeinflusst, die als gemischte Ladeeinheit durchlaufen werden.

4.1 Das Konzept der Interoperabilität

4.1.1 Definition und Wirkung

Der Begriff der Interoperabilität stammt aus der Computer- und Informationstechnologie. Dort beschreibt er die Verwendbarkeit von Hardware unter verschiedenen Betriebssystemen und auf unterschiedlichen Hardware-Plattformen, bzw. im weiteren Sinne die Fähigkeit verschiedener Geräte oder Software, direkt miteinander zu kommunizieren.[179] Dieser Begriff soll hier auf verpackungslogistische Fragestellungen übertragen werden. Die Interoperabilität von Verpackungen beschreibt demnach die Fähigkeit unterschiedlicher Verpackungen miteinander genutzt zu werden oder allgemeiner, eine gemischte Ladeeinheit zu bilden. Interoperabilität zielt somit auf die Schnittstellen zwischen Verpackungen, präziser, auf das Zusammenwirken unterschiedlicher Verpackungen ab.

---

[179] Vgl. o.V.(2002) Stichwort „Interoperabilität".

Die Phasen des „Lebenszyklus" einer gemischten Ladeeinheit mögen nun als Anhaltspunkt für die Identifikation der *Wirkungen* der Interoperabilität dienen. Abbildung 9 stellt diese in Prozessform dar. Die Pfeile verdeutlichen, dass die gemischte Ladeeinheit zum Handhabungsobjekt zahlreicher Transport-, Umschlag- oder Lagervorgänge in beliebiger Abfolge wird, bevor sie schließlich aufgelöst wird.

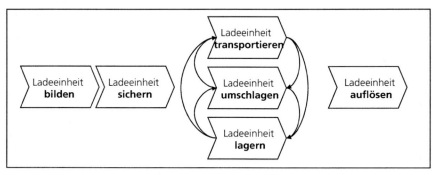

Abbildung 9: Lebensphasen einer gemischten Ladeeinheit[180]

Das Ziel dieser Arbeit liegt in der Ermittlung von Verpackungssystemkosten. Wie in Kapitel 3.2 gesehen, so findet die Kostenermittlung innerhalb von Prozessen statt. Dementsprechend soll die Wirkung der Interoperabilität von Verpackungen über die Ressourceninanspruchnahme eines Prozesses festgestellt werden. Eine Wirkung besteht genau dann, wenn sich die nach Kapitel 3.2.2 ergebenden Kosten eines Prozesses in Abhängigkeit von der „Ausprägung" der Interoperabilität ändern. Damit beeinflusst die Interoperabilität von Verpackungen die Ressourceninanspruchnahme eines Prozesses mit dem Bezugsobjekt der gemischten Ladeeinheit genau dann, wenn dieser

- mit weniger Personaleinsatz,
- mit weniger Betriebsmitteleinsatz,
- mit weniger Einsatz von Werkstoffen oder
- weniger häufig

ausgeführt werden kann (vgl. Abbildung 10).

---

[180] Die Auswahl der Prozesse erfolgt in Anlehnung an Jünemann/Schmidt (1999), S. 20ff. und ten Hompel/Schmidt (2003), S. 21.

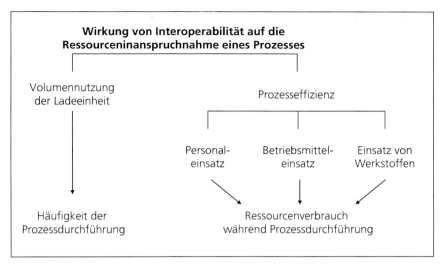

Abbildung 10: Wirkung von Interoperabilität auf die Ressourceninanspruchnahme eines Prozesses

Die Interoperabilität der Verpackung wirkt nun potenziell in jeder der Phasen während der „Existenz" einer gemischten Ladeeinheit, so dass zunächst nachfolgende Wirkungen angenommen werden können. Der Nachweis über die Existenz dieser Wirkungen wird in Kapitel 5 erbracht.

- **Wirkung auf die Volumennutzung der Ladeeinheit**

  Bei gleicher zu distribuierender Menge von Verpackungen verringert sich mit steigendem Volumennutzungsgrad die Anzahl der Ladeeinheiten. Damit geht eine Reduzierung der Anzahl der Prozesswiederholungen solcher Prozesse einher, deren Bezugsobjekt die Ladeeinheit ist. Eine Wirkung existiert mithin auf jeden Prozess in Abbildung 9.

- **Wirkung auf die Bildung der Ladeeinheit**

  Die Interoperabilität zielt auf die Gestaltung von Schnittstellen zwischen Verpackungen. In Abhängigkeit ihrer Ausprägung kann es bei der Bildung von gemischten Ladeeinheiten, also bei der Konkretisierung dieser Schnittstellen, zu Unterschieden in der benötigten Prozessdauer kommen. Kann der Prozess in Abhängigkeit der sich ergebenden Schnittstellen in kürzerer Zeit ausgeführt werden, bedeutet dies einen verringerten Personal- und Betriebsmitteleinsatz.

- **Wirkung auf die Sicherung der Ladeeinheit**

  Gemischte Ladeeinheiten werden im Regelfall mit einem Verfahren der

Ladeeinheitensicherung gesichert. Neben Personal- und Betriebsmitteln werden somit auch Packhilfsmittel (Werkstoffe) eingesetzt. Die Interoperabilität von Verpackungen kann nun sowohl dazu führen, dass der Prozess schneller (langsamer) ausgeführt wird, als auch dazu, dass weniger (mehr) Packhilfsmittel eingesetzt werden müssen.

- **Wirkung auf Transport, Umschlag und Lagerung**
  Transport, Umschlag und Lagerung setzen die gemischte Ladeeinheit mechanischen Belastungen aus. Trotz Sicherung der Ladeeinheit kommt es hierbei regelmäßig zu Schadensfällen (Bruch). Die Häufigkeit des Auftretens, ausgedrückt durch eine Schadensquote, kann ebenfalls durch die Interoperabilität beeinflusst werden. Betroffen sind Werkstoffkosten in Form von Ware (Vorprodukt) und Verpackung.

- **Wirkung auf die Auflösung der Ladeeinheit**
  Die Auflösung der Ladeeinheit steht insofern in einem Zusammenhang zu dem Prozess der Ladeeinheitensicherung, als die Tätigkeit mit einem Entfernen des zur Sicherung verwendeten Packhilfsmittels beginnt. Dieses ist zu entsorgen. Der Umfang des zu entsorgenden Materials wird durch die Ladeeinheitensicherung bestimmt. Damit kann eine Wirkung der Interdependenz der Verpackung unterstellt werden, die positiv mit dem Packmittelverbrauch bei der Ladeeinheitensicherung korreliert.

Aus dem gezeigten Abstellen der Interoperabilität auf die Schnittstellen zwischen Verpackungen, präziser, auf das Zusammenwirken unterschiedlicher Verpackungen folgt unmittelbar, dass die Interoperabilität einer Verpackung nicht isoliert quantifiziert werden kann. Vielmehr muss diese unter Rückgriff auf den Systemgedanken im Kontext mit allen weiteren Verpackungen sowie dem Ladungsträger erfolgen, mit denen eine gemischte Ladeeinheit zu bilden ist. Es ist eine Aussage über die Gesamtheit aller betrachteten Verpackungen und ihr potenzielles Zusammenwirken zu treffen.

Nach dieser Systematisierung ist nun der Frage nachzugehen, wie die Interoperabilität von Verpackung zu messen ist. Als Startpunkt der weiteren Überlegungen soll der Gedanke der Standardisierung dienen. Über die Gleichsetzung einer *vollständig standardisierten* mit einer *sortenreinen* Ladeeinheit wird der Gedanke der Verpackungsstandardisierung für die Quantifizierung von Interoperabilität zugänglich gemacht. Im nächsten Kapitel wird dieser im Hinblick auf eine Quantifizierung von Interoperabilität vertieft. Ziel ist es, auch für von vollständiger Standardisierung abweichende Zustände des Verpackungssystems die Interoperabilität der Verpackung bewerten zu können. Die Standarisierung soll helfen, Maßgrößen zu identifizieren, mit denen die Interoperabilität von Verpackungen in einer Lieferkette zu einem Zeitpunkt beschrieben und quantifiziert werden kann.

4.1.2 Beschreibung der Interoperabilität mit Hilfe der Standardisierung von Verpackungen

Der Begriff der Standardisierung

Standardisieren bedeutet, etwas nach einem Muster zu vereinheitlichen bzw. etwas zu normen.[181] Ein Standard beschreibt allgemein formuliert eine Richtschnur, einen Maßstab bzw. eine Norm[182] und definiert etwas, was als mustergültig oder modellhaft angesehen wird und wonach sich anderes richtet.[183] Mit Standardisierung wird grundsätzlich das Ziel verfolgt, die Effizienz der Leistungserstellung zu verbessern.[184] Unter Standardisierung im betriebswirtschaftlichen Sinne wird die *Vereinheitlichung* von ganzen Erzeugnissen und Erzeugnisteilen sowie die *Regelgebundenheit* der Fertigungs- und Verwaltungsabläufe in Unternehmen verstanden.[185] Der letzte Punkt leitet über zur Schaffung von Normen.[186] Der Begriff Norm ist definiert als eine allgemein anerkannte Regel, Richtschnur bzw. Maßstab.[187] *Hammer* beschreibt die Normung als Mittel zur Ordnung. Sie ist ebenfalls auf Vereinheitlichung gerichtet und setzt an die

---

[181] Vgl. o.V. (2003b), Stichwort: „standardisieren".
[182] Vgl. o.V. (1999b), Stichwort: „Standard".
[183] Vgl. o.V. (2003c), Stichwort: „Standard".
[184] Vgl. o.V. (1999c), Stichwort: „Standardisierung".
[185] Vgl. o.V. (1999c), Stichwort: „Standardisierung".
[186] Vgl. o.V. (2003b), Stichwort: „standardisieren".
[187] Vgl. o.V. (1999d), Stichwort: „Norm". In dieser Definition erkennt man sehr gut die enge Verbindung zwischen Norm und Standard – vor dem Hintergrund, dass eben Standard den (Wort-)Stamm für Standardisierung bildet, vgl. oben.

Stelle willkürlicher Handhabung die sinnvolle Regelung.[188] Neben dem Gedanken der Rationalisierung[189] ist eine wichtige Funktion der Norm die Gewährleistung von Kompatibilität von Teilen und Erzeugnissen.[190]

Zusammenfassend kann für die weitere Arbeit festgehalten werden, dass der Begriff der Standardisierung mit dem Oberziel der Effizienzsteigerung sich in die beiden Unterziele *Vereinheitlichung* und *Regelgebundenheit* gliedert. Letztere wird im Sinne von Schaffung und Respektierung von Normen verstanden.

Standardisierung von Verpackung in der Literatur

Der Begriff der Standardisierung findet im Zusammenhang mit der Verpackung im logistischen Kontext vielseitige Verwendung in der Literatur. Da mit dem Begriff inhaltlich teils unterschiedliche Sachverhalte und Bedeutungen erklärt werden, soll an dieser Stelle ein kurzer Überblick gegeben werden.

In seiner frühen Arbeit erkennt *Ritter* bereits die besondere Bedeutung der Verpackungs- und Transportmittelnormung als Mittel der Kostensenkung und beschreibt die Normung als eine Ausprägung der Standardisierung, mit der bewährte Lösungen für wiederkehrende Aufgaben gewählt werden.[191] Er streicht heraus, dass durch die Abstimmung von Verpackungen, Transportmitteln und Transporthilfsmitteln eine Senkung der Distributionskosten durch bessere Ausnutzung der Kapazitäten zu erreichen ist.[192] Auch *Lambert et al.* gehen auf den Aspekt der Standardisierung einer Verpackung ein, nennen diesen gar an *erster* Stelle der Verpackungsgestaltung. Sie lassen ihre Leser leider völlig im Unklaren darüber, was dies konkret bedeuten soll.[193] Auch *Lange* fokussiert insbesondere auf die Wirkung auf Transportkosten und nennt die notwendige Standardisierung der Transportverpackung im Zusammenhang mit der Bildung logistischer Einheiten als wichtiges Element, um eine Abstimmung der TPV untereinander und zu den Abmaßen des Ladungsträgers zu erreichen.[194] *Dubiel*

---

[188] Vgl. Hammer (1973), S. 106. Vgl. auch Muschalla (1980), S. 1.
[189] Vgl. o.V. (1999e), Stichwort: „Normung".
[190] Vgl. o.V. (2000a), Stichwort: „Norm".
[191] Vgl. Ritter (1980), S. 127 in Anlehnung an Hammer (1973), S. 106.
[192] Vgl. Ritter (1980), S. 129.
[193] Vgl. Lambert/Stock/Ellram (1998), S. 332.
[194] Vgl. Lange (1996), S. 26f.; Lange (2002), S. C2-104.

greift dies auf und erweitert die Wirkung auf Handling- und Lagerhaltungskosten. Er unterstreicht ebenfalls die bessere Kapazitätsnutzung von Ladungsträger und Transportmittel.[195] Auch *Bowersox* und *Closs* beschreiben in ähnlicher Weise, dass Standardisierung das Handling und den Transport von Material erleichtert.[196] Über die Vorteile einer begrenzten Anzahl verschiedener Verpackungen, die ähnliche Anforderungen an Handling und Transportmittel stellen, berichten *Jahre* und *Hatteland*.[197] Positive Effekte durch eine Standardisierung werden darüber hinaus neben dem Handling auch in der Sicherung von Ladeeinheiten beschrieben: Prinzipiell gilt das Handling von standardisierten Packmitteln während des Kommissionierens als einfacher und kostengünstiger. Die Einsparungen in der Kommissionierung werden hierbei hauptsächlich durch die Möglichkeit der Automatisierung der Kommissioniersysteme beschrieben.[198] *Anthony* wird in seinen Ausführungen konkreter und beschreibt das Konzept der Standardisierung von Verpackungen im Wesentlichen mit der Vereinheitlichung der Elemente Ladungsträger und Verpackung. Wichtige Wirkungen und Effekte der Standardisierung sieht er hinsichtlich Volumennutzung und Handling, Materialkosten und Bedarf an Lagerflächen.[199] *Johnsson* formuliert den Bedarf der Standardisierung einer Verpackung und beruft sich dabei auch auf eine von ihm durchgeführte Umfrage in schwedischen Unternehmen. In dieser werden u.a. die Forderungen nach verstärktem Einsatz standardisierter Verpackungen und nach Reduzierung von Umverpackungen als wichtigste Entwicklungsaspekte genannt. *Johnsson* schlussfolgert daraus, dass Standardisierung neben Umweltaspekten auf Seiten der Befragten die größte Bedeutung zugemessen wird. Folgerichtig betont er Standardisierung und Modularisierung in seiner Analyse und sieht zusammenfassend beide als wichtige, zukünftige Forschungsaufgabe bei der Integration von Verpackung und Logistik.[200] *Jansen* beschreibt am Beispiel der VDA-Kleinladungsträger (VDA-KLT), wie sie in der Automobilindustrie eine

---

[195] Vgl. Dubiel (1996), S. 245.
[196] Vgl. Bowersox/Closs (1996), S. 437.
[197] Vgl. Jahre/Hatteland (2004), S. 126.
[198] Vgl. Berndt/Thiele (1993), S. 84f. Ähnlich *Twede* speziell für Mehrwegverpackung (vgl. Twede (2000), S. 36).
[199] Vgl. Anthony (1985), S. 723f.
[200] Vgl. Johnsson (1998), S. 123, S. 129 und S. 136, S. 151 und S. 167.

breite Verwendung finden, kurz Vorteile von Verpackungsstandardisierung ohne jedoch einzelne Aspekte zu konkretisieren.[201]

Wie gezeigt, ist die Bedeutung der Standardisierung von Verpackung in der Literatur weitgehend anerkannt. Der Begriff findet eine facettenreiche Verwendung, allerdings ohne dass Effekte einer Standardisierung und deren Wirkungsweisen umfassend benannt und beschrieben werden. Vielmehr werden einzelne Wirkungen (zum Beispiel auf Handling und Automatisierung) angedeutet. Der Quantifizierung oder der monetären Bewertung von Standardisierung in einem Verpackungssystem hat sich keiner der Autoren gewidmet. Gleichzeitig wird in vielen Quellen die Bedeutung der Abmaße und Gestaltung von Verpackung untereinander und des Zusammenspiels zwischen Verpackungen und Ladungsträger thematisiert. Ein Zusammenhang relevanter Aspekte wird jedoch nicht hergestellt.

Dementsprechend ist die notwendige Konkretisierung an dieser Stelle vorzunehmen. Sie lässt sich aus dem zuvor vorgestellten Verständnis der Standardisierung ableiten. Die beiden Unterziele der *Vereinheitlichung* und der *Regelgebundenheit* werden getrennt voneinander im Hinblick daraufhin untersucht, ob sie Ansätze bieten, mit deren Hilfe das Zusammenwirken von Verpackungen auf gemischten Ladeeinheiten, mit anderen Worten die Interoperabilität von Verpackungen, beschrieben und quantifiziert werden kann (vgl. Abbildung 11).

Abbildung 11: Unterziele von Standardisierung

---

[201] Vgl. Jansen/Krabs (2000), S. 64ff.

In den nächsten beiden Unterkapiteln erfolgt dann eine Interpretation vor dem hier interessierenden verpackungsspezifischen Hintergrund. Die Abbildung 11 zeigt bereits schlagwortartig die Richtung, in welche die Auslegung der Unterziele von Standardisierung erfolgt.

Standardisierung mittels Normung

Um spätere Rückgriffe zu ermöglichen, erfolgt zuerst die Beschäftigung mit der Standardisierung durch Regelgebundenheit im Sinne von Schaffung und Einhaltung von Normen. Es ist zu klären, inwieweit verpackungsrelevante Normen existieren, deren Einhaltung im Hinblick auf die Quantifizierung der Standardisierung eines Verpackungssystems sinnvoll zu verfolgen ist.

In der Literatur ist unbestritten, dass sich durch standardisierte, auf Modulreihen basierende Abmessungen von Ladungsträgern und darauf abgestimmte Dimensionen von Transportverpackungen einerseits und Transportmitteln andererseits unternehmensübergreifend Vorteile für den Materialfluss ergeben.[202] In diesem Zusammenhang kommt der sog. „ISO-Modularität" hohe Bedeutung zu. Speziell die Verpackung betreffend wird auch von „modularer Verpackung" gesprochen. Hintergrund für beide ist ein in DIN 30798 definiertes modulares Raster als ein System rechtwinklig zueinander angeordneter Linien oder Ebenen.[203] Im Falle der Definition von Modulmaßen zur Schaffung von abgestimmten Teilen in der Transportkette beschreibt DIN 30783 ein Flächenraster, welches auf der Modulgröße 600 x 400 mm basiert. Die Ableitung dieses Moduls wurde gewählt, weil dadurch auf Paletten sowohl mit den Abmessungen 800 x 1.200 mm als auch mit 1.000 x 1.200 mm eine wirtschaftliche Flächennutzung möglich ist. Durch Teilung und Vervielfachung des Basismoduls 600 x 400 mm wurde in der DIN 30798 eine Reihe von Teilflächen und Flächenmultimodulen abgeleitet, die innerhalb des Rasters zulässig ist (vgl. Abbildung 12).[204] Die auf den Ladungsträger abzielende internationale und letztlich namensgebende Norm lautet ISO 3676.

---

[202] Vgl. Pfohl (2004), S. 159; Jünemann/Schmidt (2000), S. 25.; Hallier (1988), S. 25.
[203] Vgl. auch Krämer (1978), S. 22f.
[204] Vgl. Krämer (1978), S. 22. Vgl. auch Bahke (1976), S. 96f. und Zinnecker (1976), S. 189f.

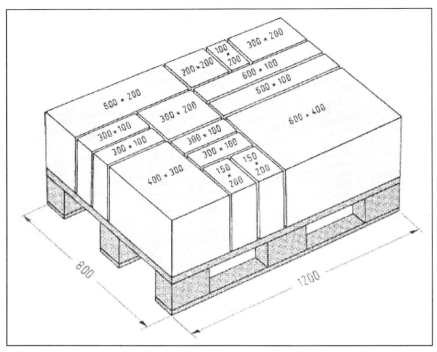

Abbildung 12: Beispiel einer Palette mit modularen Verpackungen[205]

DIN 55510 definiert auf Basis der Palettengrößen 800 x 1200 mm und 1000 x 1200 mm sowie des Flächenmoduls 600 x 400 mm modulare Teilflächen (als ganzzahlige Vielfache oder Teilbare) für Verpackungen, die eine vollständige Nutzung der Palettenfläche gewährleisten (vgl. Abbildung 12). Die Norm fordert ausdrücklich, dass diese einzelnen Modulmaße – zum Beispiel durch Stapeldruck bedingte Veränderungen – nicht überschritten werden dürfen. DIN 55511 leitet auf dieser Basis unter Berücksichtigung von Toleranzen, Wandstärken etc. Abmessungen für Faltschachteln aus Voll- und Wellpappe ab.[206]

Mit diesen aufeinander aufbauenden, nationalen wie internationalen Normen existieren Regeln für die Gestaltung von Verpackung. Diese beziehen sich jedoch ausschließlich auf die Grundfläche. Eine umfassende Normung modularer Raumraster existiert nicht, die Gestaltung der Höhe der Verpackungen ist somit

---

[205] Entnommen aus Pfohl (2004), S. 161.
[206] Vgl. Krämer (1978), S. 22.

nicht vereinheitlicht.[207] Ein Rückgriff auf Empfehlungen zur maximalen Ladehöhe von Paletten[208] bestimmt zwar den auf einem Ladungsträger zur Verfügung stehenden Raum, für das Zusammenspiel der Verpackungen innerhalb einer gemischten Ladeeinheit bietet er jedoch keine Hilfe. Weitere, für den Anwendungsbereich der Distribution frischer Lebensmittel in Deutschland relevante Regeln, Empfehlungen oder gar Normen in Bezug auf die Gestaltung von Verpackung konnten nicht identifiziert werden.

Die Beantwortung der Frage, ob die identifizierten Normen als Grundlage für die Beschreibung der Standardisierung von Verpackungssystemen, anders ausgedrückt, zu Beschreibung des Zusammenspiels von Verpackungen auf gemischten Ladeeinheiten herangezogen werden sollen, hängt letztlich von der Bedeutung dieser Normen für den Anwendungsbereich dieser Arbeit ab. Zumindest für die Praxis im hier relevanten Anwendungsfall der Distribution frischer Lebensmittel in Deutschland kann festgestellt werden, dass der Einsatz ISO-modularer Verpackung ausreichend stark verbreitet ist, um für die weitere Arbeit als Standard bezeichnet zu werden. Im Hinblick auf die Standardisierung des Verpackungssystems ist die Einhaltung dieser Modulmaße durch die Verpackung später in einen Parameter zu überführen und so quantifizierbar zu machen. Vorher widmet sich das nächste Kapitel weiteren gestalterischen Eigenschaften der Verpackung. Zu prüfen ist, ob auch das Unterziel der *Vereinheitlichung* Ansätze zur Bildung von Kennzahlen zur Quantifizierung von Interoperabilität liefern kann.

Standardisierung mittels Vereinheitlichung

Bezogen auf den Anwendungsfall gemischter Ladeeinheiten ist zu konkretisieren, welcher Aspekt einer Transportverpackung zu vereinheitlichen ist. Dazu ist die Situation zu betrachten, in der unterschiedliche Verpackungen miteinander in Berührung kommen. Dies ist regelmäßig im Rahmen der Kommissionierung und der damit verbundenen Bildung neuer logistischer Einheiten gegeben. Dort

---

[207] Diesen Umstand bemängelt der „*Efficient Unit Loads-Report*", vgl. ECR (1997), S.17ff. Ähnlich, als Ergebnis einer Fallstudie, vgl. Zellekens/Gerling (1991), S. 16. Lediglich DIN 55511 und die VDA-Empfehlung 4500 schlagen konkrete Höhen für Faltschachteln aus Voll- und Wellpappe bzw. Kleinladungsträger vor.

[208] Vgl. Kapitel 2.2.3.

werden die einzelnen Verpackungen in nur zum Teil beeinflussbarer Reihenfolge aufeinander angeordnet. Die Reihenfolge ergibt sich primär durch den hinter der Ladeeinheit stehenden Auftragsbezug,[209] eine Optimierung der Kommissionierung erfolgt im Regelfall nicht nach Verpackungskriterien, sondern abgestimmt auf Betriebsstrategien wie Belegungs-, Bearbeitungs-, Bewegungs-, Entnahme-, Nachschub- oder Leergutstrategie. Ziele im Rahmen der Belegungsstrategie sind gute Platznutzung, kurze Wege und geringer Nachschubaufwand.[210] Es besteht kein unmittelbarer Zusammenhang zwischen Verpackungseigenschaften und der Kommissionierreihenfolge. Damit ergibt sich die Anordnung der Verpackungen auf der neu zu bildenden Ladeeinheit aus dem Blickwinkel des Verpackungssystems zufällig und der Schnittstelle zwischen den Verpackungen kommt eine entsprechende Bedeutung zu.[211]

Die Art und Weise, in der eine untere mit einer oberen Verpackung interagiert, soll hier dementsprechend weiter untersucht werden. In der Literatur findet sich zur Beschreibung dieses Zusammenhangs der Begriff der *Kompatibilität*. Dieser drückt allgemein die Verträglichkeit verschiedener Objekte aus. Abermals unter Rückgriff auf die Informatik beschreibt Kompatibilität die Möglichkeit, verschiedene Hardwarekomponenten sowie Softwareprodukte zusammen oder aufeinander abgestimmt zu nutzen.[212] Sind Komponenten kompatibel, so sind sie miteinander vereinbar, zusammenpassend bzw. verträglich.[213] Nach *Mevissen* kennzeichnet demgegenüber Inkompatibilität einen Zustand unzureichender gegenseitiger Abstimmung zwischen Systemelementen. Dies kann im äußersten Fall ein Zusammenwirken der Elemente gänzlich verhindern, führt aber in jedem Fall zu einer Leistungsminderung.[214] Bezogen auf die Verpackung beschreibt

---

[209] Vgl. Schulte (2003), S. 326; Stache (1997), S. 63.

[210] Vgl. Gudehus (2000), S. 151.

[211] Der beschriebene Zusammenhang verstärkt sich noch bei der Kommissionierung solcher Waren, die nicht gelagert, sondern im Verfahren des Cross-Docking bestellmengengenau empfangen und unmittelbar nach Wareneingang zu neuen logistischen Einheiten zusammengestellt werden. Im hier betrachteten Anwendungsbereich frischer Lebensmittel ist dies beispielsweise für die Distribution von Frischfleisch, Fleisch und Wurstwaren charakteristisch.

[212] Vgl. o.V. (2000b), Stichwort: „Kompatibilität". Vgl. auch o.V. (1999f), Stichwort: „Kompatibilität".

[213] Vgl. o.V. (2003d), Stichwort: „kompatibel" und o.V. (1999g), Stichwort: „kompatibel".

[214] Vgl. Mevissen (1996), S. 30.

Johnsson in einer Fallstudie des schwedischen Unternehmens IKEA die Auswirkungen mangelnder Kompatibilität auf die Volumennutzung, insbesondere bei gemischten Ladeeinheiten. Als Auswirkungen nennt er erhöhte Schadensquoten sowie längere Handlingzeiten beim Bewegen der Ladeeinheit durch geringere Stabilität.[215]

Unter Rückgriff auf die in begrenztem Umfang existierende Literatur soll im nächsten Kapitel das Kompatibilitätsverständnis dieser Arbeit entwickelt werden.

4.1.3 Kompatibilität als Grundlage der Standardisierung durch Vereinheitlichung

In Übereinstimmung mit *Mevissen*[216], *Birk*[217], dem *Logistikverbund für Mehrweg-Transportverpackungen* der CCG sowie der darauf aufbauenden Anwendungsempfehlungen für die kompatible Stapelung von Mehrwegtransportverpackungen des *International Council for Returnable Transport Items (IC-RTI)*[218] setzt sich die Kompatibilität von Verpackungen aus zwei Aspekten zusammen. Er werden eine dimensionale und eine handhabungstechnische Ausprägung unterschieden.

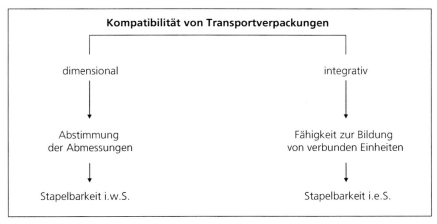

Abbildung 13: Kompatibilität von Transportverpackungen

Beide werden nun vorgestellt und weiter untersucht. Um die Schnittstellen zwischen den Verpackungen stärker zu betonen wird an Stelle von handhabungs-

---

[215] Vgl. Johnsson (1998), S. 86f.
[216] Vl. Mevissen (1996), S. 26ff.
[217] Vgl. Birk (1999), S. 152ff.
[218] Vgl. CCG (2004), S. 3.

technischer hier von integrativer Kompatibilität gesprochen. Abbildung 13 stellt den Zusammenhang graphisch dar.

Dimensionale und integrative Kompatibilität

Die *dimensionale Kompatibilität* beschreibt die Abstimmung der Abmessungen der Verpackungen untereinander sowie zwischen Verpackungen und Ladungsträger.[219] Weisen zwei Verpackungen identische Außenabmessungen auf, so können sie unter Berücksichtigung der Quaderförmigkeit der hier betrachteten Verpackungen zumindest in ruhendem Zustand aufeinander angeordnet werden. Dasselbe gilt für Verpackungen unterschiedlicher Abmessungen, sofern diese ISO-Modularität besitzen. Dementsprechend soll dieser Zustand als Stapelbarkeit im weiteren Sinne bezeichnet werden.

Neben der Synchronisation der Abmessungen ist als weiteres Attribut der Kompatibilität die Gestaltung der Schnittstellen zu nennen. Die *integrative Kompatibilität* beschreibt die Fähigkeit von Verpackungen zur Bildung von mehr oder weniger fest verbundenen Einheiten.[220] Um diese herzustellen, müssen die obere und die untere Verpackung irgendeine Art von Verbindung eingehen, welche über ein bloßes Aufeinanderstellen hinausgeht. Abbildung 14 stellt unterschiedliche Gestaltungen dieser Schnittstelle zwischen Verpackungen vor. Die integrative Kompatibilität kann als Stapelbarkeit im engeren Sinne bezeichnet werden.

Stapelbarkeit von Verpackungen als Konkretisierung von Kompatibilität

Dem Attribut der Stapelbarkeit als Ausprägung von Kompatibilität von Verpackungen kommt in der Literatur sowie in der weiteren Arbeit eine hohe Bedeutung für das Zusammenwirken von Verpackungen, mithin für die Effizienz

---

[219] Sie bezieht sich somit auf die strikte Einhaltung gewisser Außenabmessungen gegenüber einer möglichen Abstimmung einheitlicher Innenabmessungen.

[220] Integrativ bedeutet, eine Integration darstellend (vgl. o.V. (2003e), Stichwort: „integrativ"). Eine Integration beschreibt im Allgemeinen die Herstellung einer Einheit bzw. die Eingliederung in ein größeres Ganzes (vgl. o.V. (1999 h) sowie o.V. (2003f), jeweils Stichwort „Integration").

eines Verpackungssystems zu.[221] Deshalb ist der Begriff für die weiteren Überlegungen zuerst zu definieren und anschließend zu vertiefen.

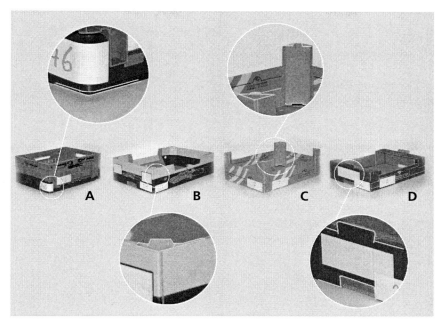

Abbildung 14: Unterschiedliche Gestaltung von Schnittstellen zwischen Verpackungen (Stapelrand und Stapelnocken)

Stapelbar im engeren Sinne sind demnach Verpackungen, die – mit der Toleranz eines gewissen Spiels – ineinander greifen und sich – bedingt durch ein Eintauchen der oberen in die untere Verpackung – in einem gewissen Maße gegen horizontale Bewegungen gegenseitig schützen. Abbildung 15 zeigt diesen Zusammenhang schematisch am Beispiel eines umlaufenden Stapelrands (entspricht Abbildung 14 A). Das Ineinandergreifen der oberen in die untere Verpackung setzt eine entsprechende Gestaltung von oberem Rand und Boden der

---

[221] *Lange* spricht von Verpackungsfehlern bei mangelnder Stapelfähigkeit (vgl. Frerich-Sagurna/Lange (1990), S. 140). *Lambert* formuliert umgekehrt, indem er „guter Verpackung" (good packaging) die Eigenschaft einer stabilen Stapelung zuschreibt (vgl. Lambert/Stock (1999), S. 325). *Öjmertz* betont die Bedeutung der Form der Verpackung für die Stapelfähigkeit (vgl. Öjmertz (1998), S. 25). Die besondere Bedeutung der Stapelbarkeit wird auch in anderen Quellen betont (vgl. Zinnecker (1976), S. 189; Gabathuler (1989), S. 10; Boesch (1989), S. 57; Paine (1992), S. 171; Henriksson (1998), S. 21.

TPV voraus[222] und ist in der Lage, in einem gewissen Maße die horizontale Bewegung der Verpackung (ein „Rutschen" der Packstücke) zu verhindern.[223]

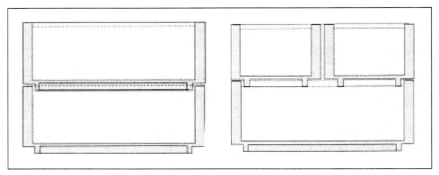

Abbildung 15: Stapelbarkeit durch Ineinandergreifen der Verpackungen[224]

Typisierung von Schnittstellen in Bezug auf eine Stapelbarkeit

Für die weitere Betrachtung soll eine Konkretisierung der Schnittstellen von Verpackungen im Hinblick auf eine mögliche Stapelung erfolgen. Dazu sei nochmals auf Abbildung 14 verwiesen. Es ist die Frage zu beantworten, ob alle vier hier dargestellten Typen von Schnittstellen in Bezug auf die Stapelung von Verpackungen auf gemischten Ladeeinheiten vergleichbar sind. Mit anderen Worten ist zu klären, ob sie in gleichem Maße in der Lage sind, durch das Eintauchen der oberen in die untere Verpackung eine horizontale Bewegung des oberen Packstücks zu verhindern.

Diese Frage ist grundsätzlich für jede mögliche Kombination von Verpackungen zu beantworten. Mit Hinblick auf die praktische Anwendung sei an dieser Stelle darauf hingewiesen, dass besonders für Einwegverpackungen eine Stapelbarkeit jenseits des eigenen Typs oder Musters im Regelfall nicht möglich ist.[225] Abbildung 16 bringt die mangelnde Einheitlichkeit existierender Ausprägungen von Schnittstellen bei Einwegtransportverpackung in der Praxis plastisch mit Hilfe von Aufnahmen gemischter Ladeeinheiten in einem Handelszentrallager zum Ausdruck. Die gezeigte Auswahl ließe sich beliebig verlängern.

---

[222] Vgl. für Mehrwegverpackungen die IC-RTI Empfehlungen bzgl. der Parameter „Eintauchtiefe" und „Stapelspiel" (vgl. EHI (2001), S. 27 und insbesondere S. 29.).

[223] Vgl. Stache (1997), S. 65.

[224] In Anlehnung an EHI (2001), S. 27.

[225] Vgl. o.V. (2005a), S. 14f.

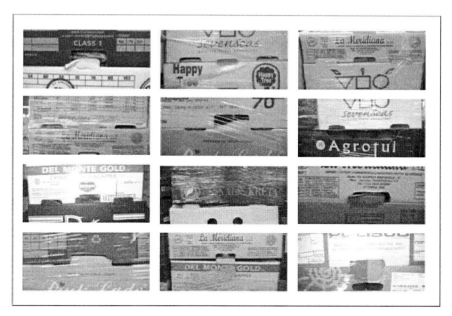

Abbildung 16: Mangelnde Einheitlichkeit existierender Ausprägungen von Schnittstellen bei Einwegtransportverpackung in der Praxis

Vor diesem Hintergrund kann vereinfachend davon ausgegangen werden, dass Einwegverpackungen allenfalls auf sich selbst stapelbar sind, was eine Beantwortung der eingangs gestellten Frage erheblich erleichtert. So ist an dieser Stelle nur noch zu untersuchen, ob solche Verpackungen, die irgendeine Art von Stapelhilfe aufweisen (vgl. Abbildung 14), das Kriterium einer Stapelung im engeren Sinne in dem Augenblick erfüllen, in dem sie auf sich selbst gestapelt werden.

Dieser Frage soll nun nachgegangen werden, da sie entscheidenden Einfluss auf die Quantifizierung von Zustandsbeschreibungen des Verpackungssystems hat (vgl. Kapitel 4.2.2). Dazu wurde eine Versuchsreihe konzipiert und im Verpackungsprüflabor des Fraunhofer IML durchgeführt. Diese hatte zum Ziel, die benötigte Scherkraft zu messen, welche aufgewandt werden muss, um die obere von zwei Verpackungen von der unteren abzuscheren. Es wurden Steigen mit einem Füllgewicht von 5kg befüllt. Zusätzlich wurden auf die obere Verpackung weitere 20kg aufgebracht, um so die Situation in der Mitte einer gemischten Ladeeinheit realitätsnäher nachzubilden. Anschließend wurde auf einer Fläche von 50x450 mm parallel zum Boden so lange gegen die obere Verpackung gedrückt, bis diese um mindestens 50 mm versetzt und damit von der

4 Die Interoperabilität von Transportverpackungen

unteren abgeschert wurde. Die dabei benötige Maximalkraft wurde gemessen. Versuchsaufbau und -durchführung sind kurz in Abbildung 17 und ausführlich im Versuchsprotokoll im Anhang 2 beschrieben.

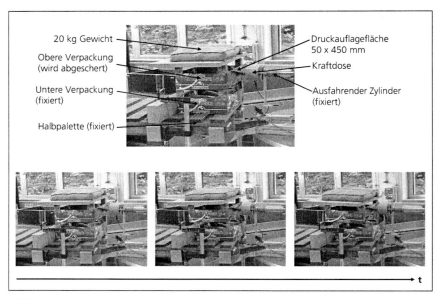

Abbildung 17: Versuchsdurchführung

Abbildung 18 zeigt die Mittelwerte der jeweils gemessenen Maximalkraft.

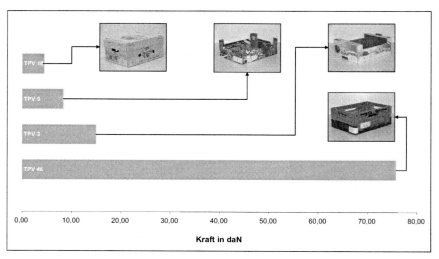

Abbildung 18: Notwendige Horizontalkraft zum Abscheren einer oberen von einer unteren Verpackung

Der Versuch wurde in Anlehnung an DIN 15141 Teil 2 und DIN 15158 Teil 1 jeweils dreimal durchgeführt. Zur Anwendung kamen vier in der Distribution frischer Lebensmittel häufig eingesetzte Typen von Transportverpackungen.

Ergebnis des Versuchs ist, dass in Bezug auf die notwendige Kraft zum Erreichen einer Horizontalverschiebung deutliche Unterschiede bestehen. Die vier gezeigten Typen von Schnittstellen können in zwei Kategorien eingeteilt werden:

- TPV 18, 5 und 3: benötigte Maximalkraft < 15 daN
- TPV 46: benötigte Maximalkraft > 75 daN

Diese Werte bedürfen der Interpretation, insbesondere ist zu prüfen, ob eine Ungleichbehandlung der beiden Gruppen im weiteren Verlauf der Arbeit gerechtfertigt werden kann. Dazu ist auf die im Rahmen der physischen Distribution auftretenden Belastungen abzustellen. Fraglich ist, ob relevante Situationen vorliegen, in denen das Standhalten einer horizontal einwirkenden Kraft von mehr als 15 daN, aber gleichzeitig weniger als rund 75 daN für eine schadensfreie Distribution erfolgsentscheidend ist. Eine Annäherung an diese Frage kann unter Rückgriff auf die in VDI 2700 genannten maximal zu erwartenden Belastungen beim Straßentransport versucht werden. Dort sind Beschleunigungen von 0,8g in Fahrtrichtung und 0,5g quer zur Fahrtrichtung genannt. Tabelle 5 zeigt für zwei Packstücke mit einem Bruttogewicht von 10 kg bzw. 20 kg die resultierenden Kräfte (gerundet).

Tabelle 5: Maximal zu erwartende Kräfte im Straßentransport für ausgewählte Packstücke (gerundet)

Beschleunigung \ Gewicht	10 kg	20 kg
0,5 g	50 N	100 N
0,8 g	80 N	160 N

Die in diesem Beispiel auftretende Maximalkraft von 160 N übersteigt die in Abbildung 18 als unteren Schwellenwert identifizierte Kraft von 15 daN (150 N). Gleichzeit liegt sie weit von dem oberen Schwellenwert bei rund 75 daN entfernt. Dieser würde erst bei einem Mehrfachen der Beschleunigung bzw. des Gewichts erreicht.

Mit Verweis auf weitere notwendige empirische Untersuchungen wird zusammenfassend festgestellt, dass eine Unterscheidung von Verpackungen in Bezug auf ihre Schnittstelle sinnvoll erscheint. In diesem Zusammenhang werden in Anlehnung an *Lützebauer* die beiden Begriffe des *Stapelrands* und der *Stapelnocken* unterschieden. *Lützebauer* verwendet die Begriffe zur Typisierung von Kleinladungsträgern (KLT). Stapelnocken definiert er als nur bedingt geeignet, die KLT gegen ein seitliches Verrutschen zu sichern.[226] Mit Hilfe von Abbildung 14 lassen sich die Begriffe ohne weiteres auf die hier im Mittelpunkt stehenden Verpackungen übertragen (Stapelrand = A, Stapelnocken = B, C und D). Eine Stapelung im engeren Sinne dieser Arbeit ist nur bei Vorliegen eines Stapelrands möglich.

Unter Bezugnahme auf die oben bereits abgeleitete, zufällige Anordnung der Verpackungen im Rahmen der Bildung gemischter Ladeeinheiten schließt sich der Kreis: Die Kompatibilität von Verpackungen, ausgedrückt durch ihre Stapelbarkeit im engeren Sinne, ist ein geeignetes Maß für die *Vereinheitlichung* von Verpackung vor dem in dieser Arbeit zu thematisierenden Hintergrund der *Standardisierung*. Im folgenden Kapitel werden basierend auf diesen Gedanken entsprechende Parameter bestimmt.

4.2 Kennzahlen zur Quantifizierung der Interoperabilität

Die Überlegungen zur Quantifizierung der Interoperabilität von Verpackungen innerhalb von gemischten Ladeeinheiten sind nun in Parameter zu übersetzen. Abbildung 19 setzt an der im letzten Kapitel erarbeiteten Gliederung der Standardisierung in die beiden Ziele der Regelgebundenheit und der Vereinheitlichung an. Insgesamt werden aus der Standardisierung von Verpackungssystemen drei Parameter abgeleitet. Während sich der ISO-Modulgrad und der Kompatibilitätsgrad unmittelbar aus den Ausführungen ergeben, so gilt dies nicht für den Schwachstellengrad. Die Bedeutung dieses Parameters ist vielmehr erst bei Durchführung der in Kapitel 5.3 beschriebenen Simulationen von physikalischen Belastungen im Prüflabor deutlich geworden. Nichtsdestoweniger lässt auch er sich in die aufgespannte Systematik einordnen. Alle drei Parameter sind in den folgenden Kapiteln zu beschreiben.

---

[226] Vgl. Lützebauer (1994), S. 42f.

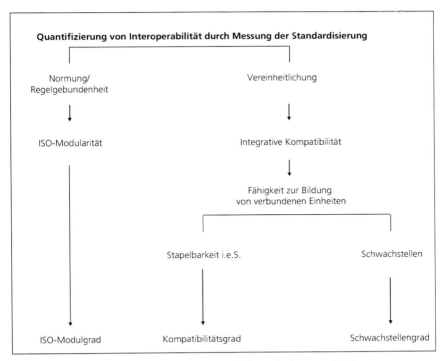

Abbildung 19: Ableitung von Parametern zur Beschreibung der Interoperabilität von Verpackungen

Vor der Definition der Parameter sei im Zusammenhang mit der *Anknüpfung* einer solchen Zustandsbeschreibung auf Kapitel 3.1.3 verwiesen. Die Interoperabilität von Verpackungen ist hier als ein Teilsystem des Verpackungssystems definiert, welches sich für jede einzelne Lieferkette bestimmt. Dementsprechend knüpfen auch die drei Parameter aus Abbildung 19 an die einzelne Lieferkette an. Zusätzlich können sie für jede untersuchte Periode neue Werte annehmen. Damit kommt allen drei Parametern der Charakter eines Mittelwerts zu, welcher Geltung für die Menge der in einer Lieferkette zusammentreffenden Verpackungen in einer Periode besitzt. Für die Wahl der Perioden ergibt sich daraus die Forderung einer geeigneten Abgrenzung: Die Zusammensetzung der Packstücke innerhalb einer Periode soll wenig schwanken.

4.2.1 Ermittlung des ISO-Modulgrads

Wie gezeigt, ist die Normung ein erstes Ziel von Standardisierung. In Kapitel 4.1.2 ist bereits die sog. ISO-Modularität von Verpackung und Ladungsträgern vorgestellt worden. Im Mittelpunkt steht das aus den Abmessungen von Industrie-

und Europalette abgeleitete Flächenmaß 600x400 mm. Im Hinblick auf die Standardisierung des Verpackungssystems ist die Einhaltung dieser Modulmaße durch die Verpackung in einen Parameter zu überführen. Dies erfolgt, indem der Anteil ISO-modularer Verpackungen an der Summe aller Verpackungen bestimmt wird. Grundlage ist jeweils die Gesamtheit aller Verpackungen in der Periode.

Da der ISO-modulare Raster ausschließlich Länge und Breite der Verpackung normiert, existiert eine Vielzahl unterschiedlicher Verpackungshöhen. Der mit dem ISO-Modulgrad zu beschreibende Anteil kann dementsprechend nicht über eine Betrachtung der *Anzahl* von Verpackungen erfolgen. Vielmehr muss eine „Gewichtung" jeder Verpackung mit ihrer Höhe vorgenommen werden, so dass der ISO-Modulgrad den Anteil des *Volumens* ISO-modularer Verpackung am gesamten Volumen aller Verpackungen beschreibt.

Bei der Bestimmung des ISO-Modulgrads ($I°$) wird davon ausgegangen, dass insgesamt $I = 1..I^{ges}$ Verpackungen zum Einsatz kommen. Davon ist die Menge der ISO-modularen Verpackungen bestimmt durch I^{ISO} als Teilmenge von I^{ges} ($I^{ISO} \subseteq I^{ges}$). Schließlich sind sowohl die Anzahl aller Verpackungen ($\sum_{i \in I} ANZ_i$) als auch die Anzahl der ISO-modularen Verpackungen ($\sum_{\substack{i \in I^{ISO} \\ I^{ISO} \subseteq I}} ANZ_i$) bekannt. Der ISO-Modulgrad ($I°$) ergibt sich nach:

$$(4.1) \quad I° = \frac{\sum_{\substack{i \in I^{ISO} \\ I^{ISO} \subseteq I}} (VOL_i \cdot ANZ_i)}{\sum_{i \in I} (VOL_i \cdot ANZ_i)}$$

$I°$: ISO-Mudulgrad

I : Anzahl unterschiedlicher Verpackungen

I^{Iso} : Menge der ISO-Modularen Verpackungen, Teilmenge von I

VOL_i : Volumen der Verpackung i

ANZ_i : Anzahl der Verpackung i

Das Volumen einer Verpackung i (VOL_i) ergibt sich durch Multiplikation der Außenabmessungen der Verpackung:

(4.2) $\quad VOL_i = l_i \cdot b_i \cdot h_i$

VOL_i : Volumen der Verpackung i
l_i : Länge der Verpackung i
b_i : Breite der Verpackung i
h_i : Höhe der Verpackung i

Der ISO-Modulgrad liegt stets zwischen null und eins. Je höher er ausfällt, desto größer ist der Anteil des verpackten Volumens, welches dem ISO-Modulmaß entspricht.

4.2.2 Ermittlung des Kompatibilitätsgrads

Die Vereinheitlichung eines Verpackungssystems soll über die Kompatibilität der eingesetzten Verpackungen gemessen werden. Diese wird verstanden als Stapelbarkeit im engeren Sinne nach Kapitel 4.1.3. Der Kompatibilitätsgrad setzt bei der Bildung gemischter Ladeeinheiten im Zentrallager des Handelsunternehmens an. Im Zusammenhang mit den Ausführungen zur Verpackungsstandardisierung durch Vereinheitlichung in Kapitel 4.1.2 wurde bereits die Situation der Bildung gemischter Ladeeinheiten beschrieben. Es wurde deutlich, dass Verpackungseigenschaften in der Regel keinen Einfluss auf die Kommissionierreihenfolge nehmen. Diese ist für die weiteren Ausführungen vielmehr als von der Verpackung nicht vorbestimmt zu unterstellen. Damit ergibt sich die auch Anordnung der Verpackungen auf der neu zu bildenden Ladeeinheit in dieser Hinsicht zufällig.

Der Kompatibilitätsgrad ($K°$) beschreibt die Wahrscheinlichkeit, mit der eine Verpackung im Rahmen der Kommissionierung eines durchschnittlichen Auftrags auf eine vorher gegriffene Verpackung stapelbar ist. Damit kann dieser Parameter als ein Maß für die Homogenität der mittleren Ladeeinheit der Lieferkette in der Periode interpretiert werden. Konkret beschreibt der Kompatibilitätsgrad, welches Maß an Kompatibilität für eine Ladeeinheit im Rahmen eines Kommissionierauftrags *zu erwarten* ist, wenn ausschließlich die Anzahl und die Art der zu kommissionierenden Verpackungen bekannt sind, nicht aber die Reihenfolge der Kommissionierung.[227]

In dieser Form wird der Kompatibilitätsgrad folgenden, in der Praxis bei der Kommissionierung eines Auftrags häufig anzutreffenden Situationen gerecht:

- Die Anordnung der Artikel in den Kommissioniergängen erfolgt nicht anhand von verpackungslogistischen Gesichtspunkten sondern orientiert sich beispielsweise an der Auftragsstruktur und dem Ziel der Wegeoptimierung.

- Regelmäßig erfolgt die Bestellung und Kommissionierung von mehr als einer Verpackung pro Artikel. Unterstellt man in der Praxis den häufigen Fall, dass identische Verpackungen zu sich selbst stapelbar sind (vgl. Kapitel 4.1.3), so verringert dieser Zusammenhang die Heterogenität der Ladeeinheit und erhöht dementsprechend den Kompatibilitätsgrad.

- Aufgrund der nicht vorhandenen Standardisierung der Höhen der eingesetzten Verpackungen kommt es in Verbindung mit der Heterogenität des Verpackungssystems ausschließlich zur Säulenstapelung. Eine stabilitätserhöhende Verbundstapelung ist ausgeschlossen.

- In der Praxis kommen Flurförderzeuge zum Einsatz, die in der Lage sind, bis zu drei Europaletten gleichzeitig zu transportieren. Damit ergibt sich für den Kommissionierer die Möglichkeit der Bildung mehrerer Säulen und damit die Möglichkeit der gezielten Stapelung einer gegriffenen Verpackung auf die passende Säule. Dieser Zusammenhang erhöht wiederum die Homogenität der Ladeeinheit und erhöht entsprechend den Kompatibilitätsgrad.

Bei der Ermittlung des Kompatibilitätsgrads wird von folgender Situation ausgegangen:

- Das zu verpackende Sortiment besteht aus $J = 1..J^{ges}$ Artikeln. Jeder Artikel wird in einer bestimmten Transportverpackung verpackt. Dabei kann für unterschiedliche Artikel auf die gleich Art von Transportverpackungen

---

[227] Bei Kenntnis einer konkreten Ladeeinheit kann der Kompatibilitätsgrad bestimmt werden, indem die Anzahl der kompatiblen Schnittstellen abgezählt und durch die Gesamtanzahl der Schnittstellen dividiert wird. Dabei handelt es sich nicht länger um einen Erwartungswert, sondern die Beschreibung *einer tatsächlich gebildeten* Ladeeinheit. In der Praxis ist solch ein Wert zwar ex post ermittelbar, für eine hier im Vordergrund stehende Planrechnung wäre er jedoch nicht dienlich.

zurückgegriffen werden. Insgesamt werden im Rahmen der Kommissionierung $I = 1..I^{ges}$ unterschiedliche TPV-Typen eingesetzt.

- Die Anzahl der TPV je Artikel $ANZ_{i,j}$ und die gesamte Anzahl aller zu kommissionierenden TPV pro Auftrag $\sum_{i \in I} \sum_{j \in J} ANZ_{i,j}$ ist bekannt.

- Sofern von einem Artikel in einer Verpackung pro Auftrag mehr als eine Einheit zu kommissionieren ist, so erfolgt dies immer unmittelbar nacheinander, d.h. ohne dass zwischendurch eine andere TPV gegriffen wird.

- Unabhängig davon, welchen Artikel sie enthalten, werden die unterschiedlichen TPV in nicht vorbestimmter Reihenfolge kommissioniert. Das bedeutet, dass die Reihenfolge von Einflussgrößen außerhalb des Verpackungssystems wie beispielsweise der Auftragsstruktur und dem Ziel der Wegeoptimierung abhängt.

- Diese nicht vorbestimmte Reihenfolge der TPV bei der Kommissionierung gilt auch für den Fall, dass ein Artikel in mehr als einer unterschiedlichen Verpackung verpackt ist. Die Verteilung dieser unterschiedlichen TPV (mit identischem Artikel) im Kommissionierprozess ist ebenfalls zufällig, d.h. ein Artikel wird nicht zwingend vollständig kommissioniert, wohl aber der Teil des Artikels, der jeweils in einer TPV$_i$ verpackt ist.

- Der gesamte Auftrag wird während eines Gangs durch das Lager vollständig kommissioniert.

- Im Rahmen seiner Möglichkeiten wird der Kommissionierer versuchen, stabilitätserhöhende Stapelungen vorzunehmen. Das heißt, dass zwei kompatible Verpackungen aufeinander gestapelt werden, sobald dies möglich ist.

- Es wird zwischen der Stapelbarkeit *auf* und *unter* einer zweiten TPV unterschieden. Aus dem einen folgt nicht das andere.

- Transitivität ist nicht gegeben, d.h. wenn TPV$_1$ auf TPV$_2$ und TPV$_2$ auf TPV$_3$ stapelbar ist, folgt nicht, dass TPV$_1$ auch auf TPV$_3$ stapelbar ist.

Die Berechnung des Kompatibilitätsgrades erfolgt in zwei Schritten. Das Vorgehen ist in Abbildung 20 dargestellt. Diese Zweiteilung orientiert sich an *einem* typischen Greifvorgang („Pick") im Rahmen des Kommissionierprozesses, in dem von einer Position mehrere (identische) Verpackungen gegriffen und auf der (einer der) mitgeführten Ladeeinheit(en) abgelegt werden.

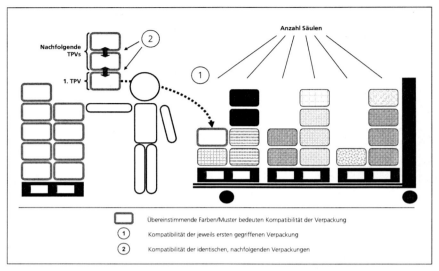

Abbildung 20: Vorgehen bei Ermittlung des Kompatibilitätsgrads

Zuerst wird die Kompatibilität der „ersten" (=unteren) gegriffenen Verpackung zu allen anderen Verpackungen untersucht. Dabei gilt es auch die Anzahl der Säulen auf den zu bildenden Ladeeinheiten zu berücksichtigen. Anschließend wird in einem zweiten Schritt die Kompatibilität der „weiteren" Verpackungen des einen „Picks" untersucht. Dafür ist nur noch zu prüfen, ob die jeweilige Verpackung zu sich selbst kompatibel ist.

Teil 1: Kompatibilität der jeweils ersten gegriffenen Verpackung

Ziel dieses ersten Teils ist die Ermittlung der Wahrscheinlichkeit, dass eine „erste" (untere)Verpackung eines Greifvorgangs auf eine der „letzten" (oberen) Verpackungen der bereits kommissionierten Ladeeinheit gestapelt werden kann. Die Anzahl der letzten oberen Verpackungen ergibt sich aus der Anzahl der Säulen, welche dem Kommissionierer zur Ablage zur Verfügung stehen.

Ausgangspunkt ist eine Kompatibilitätsmatrix KOMP, welche für die I Typen von TPV die Kompatibilität einer TPV_i zu einer anderen TPV_m angibt. Die Matrix KOMP füllt sich dabei wie folgt:

(4.3) $\quad KOMP_{i,m} = \begin{cases} 0, TPV_i \text{ inkompatibel zu } TPV_m \\ 1, TPV_i \text{ kompatibel zu } TPV_m \end{cases} \quad \forall i \in I; j \in J$

Wie bereits angemerkt, so ist Kompatibilität dabei zu verstehen im Sinne von Kapitel 4.1.3, d.h. es liegt Stapelbarkeit im engeren Sinne zweier aufeinander positionierter Verpackungen vor. Im folgenden Beispielfall ist TPV_1 sowohl auf sich selbst als auch auf TPV_2 und TPV_3 stapelbar, TPV_2 ist nur auf TPV_3 und sich selbst stapelbar, TPV_3 sogar nur auf sich selbst.

(4.4)
$$KOMP:\\
\begin{array}{c|ccc} i/m & 1 & 2 & 3 \\ 1 & 1 & 1 & 1 \\ 2 & 0 & 1 & 1 \\ 3 & 0 & 0 & 1 \end{array}$$

Zur Verdeutlichung kann auf dieser Matrix aufbauend eine zweite Matrix KOMP2 erstellt werden. Diese unterscheidet neben den I TPV auch die Menge J der $1..J^{ges}$ Artikel. Damit findet der in der Praxis häufige Fall Berücksichtigung, dass mehr als ein Artikel in einer gegebenen TPV verpackt wird (beispielsweise aufgrund des Einsatzes von Mehrwegverpackung). Für jede Kombination von Verpackung und Artikel wird deren Kompatibilität zu jeder anderen TPV-Artikel-Kombination angegeben. Die Matrix füllt sich dementsprechend ausschließlich mit Nullen und Einsen. Es entsteht die Möglichkeit, sowohl mehrere Artikel in einer Verpackung als auch einen Artikel in mehreren Verpackungen zu berücksichtigen. Für beispielhafte zwei Artikel in TPV_1, drei Artikel in TPV_2 und einen Artikel in TPV_3 ergibt sich also eine 6x6 Matrix KOMP2.

$KOMP2_{i,j,m,n}$ ist gleich 1, wenn $Artikel_j$ in TPV_i zu $Artikel_n$ in TPV_m kompatibel ist, sonst 0. Zusätzlich wird definiert, dass die Hauptdiagonalenelemente unabhängig von ihrer Kompatibilität stets „0" sind. Dies hat den Hintergrund, dass in diesem Teil der Formel nur „erste" Steigen jeder TPV-Artikel Kombination betrachtet werden. Damit füllt sich die Matrix KOMP2 unter Rückgriff auf KOMP nach folgender Formel:

(4.5) $$KOMP2_{i,j,m,n} = \begin{cases} 0, \text{ für } i = m \text{ und } j = n \\ KOMP_{i,m}, \text{sonst} \end{cases} \quad \forall i, m \in I; j, n \in J$$

und führt im Beispielfall zu:

$KOMP2$:

(4.6)

$(i,j)/(m,n)$	(1,1)	(1,2)	(2,1)	(2,2)	(2,3)	(3,1)
(1,1)	0	1	1	1	1	1
(1,2)	1	0	1	1	1	1
(2,1)	0	0	0	1	1	1
(2,2)	0	0	1	0	1	1
(2,3)	0	0	1	1	0	1
(3,1)	0	0	0	0	0	0

Als nächstes wird die Verwendungshäufigkeit V_i einer TPV_i eingeführt. Diese entspricht der Anzahl unterschiedlicher Artikel, welche in TPV_i verpackt werden. Werden in TPV_1 Artikel$_1$, Artikel$_2$ und Artikel$_3$ verpackt, so beträgt die Anzahl der Verwendungszwecke und damit die Verwendungshäufigkeit V_1 genau 3. Mittels V_i wird es möglich, die Matrix KOMP2 für die weiteren Schritte zu vereinfachen bzw. letztlich auf ein Aufstellen von KOMP2 zu verzichten.

Ziel ist nun in einem ersten Schritt die Ermittlung der Wahrscheinlichkeit w, dass eine „erste" Verpackung auf einen vorhergehenden Typ von Verpackung stapelbar ist. Betrachtet wird somit die Kombination von zwei Packstücken. An dieser Stelle wird noch nicht eine Mehrzahl von Säulen betrachtet, es existiert vielmehr nur *ein* vorhergehender Typ von Verpackung. Dieser kann als Typ der als letztes gegriffenen Verpackung interpretiert werden. Die Wahrscheinlichkeit w, mit der die aktuelle zur letzten gegriffenen Verpackung kompatibel ist, ergibt sich nun, indem die Anzahl aller kompatiblen Kombinationen von Packstücken ins Verhältnis gesetzt wird zur Gesamtsumme aller Kombinationsmöglichkeiten der Packstücke. Dies kann durch Abzählen der „Einsen" bzw. aller Elemente der Matrix KOMP2 erfolgen. Die Elemente der Hauptdiagonale sind weiterhin annahmegemäß gleich 0 (vgl. Gleichung (4.5)), da der Fall, dass eine TPV im gleichen Einsatzfall auf sich selbst trifft, erst im zweiten Teil der Gesamtformel aufgegriffen wird.

Unter Rückgriff auf die Verwendungsmöglichkeit V_i kann dies vereinfacht werden: Konkret kann mit Hilfe von V_i ohne weiteren Rückgriff auf KOMP2 die Anzahl der kompatiblen Packstückkombinationen berechnet werden:

(4.7) $\quad \sum_{i \in I} \sum_{\substack{m \in I \\ m \neq i}} KOMP_{i,m} \cdot V_i \cdot V_m + \sum_{i \in I} KOMP_{i,i} \cdot V_i \cdot (V_i - 1)$

$\quad I, M \quad$: Anzahl unterschiedlicher Verpackungen

$KOMP_{i,m}$: Kompatibilität von TPV i zu TPV m

V_i : Verwendungshäufigkeit einer TPV i

Die Anzahl *aller* Kombinationsmöglichkeiten ergibt sich durch Quadrierung der Anzahl von Packstücktypen. Dies entspricht der quadrierten Summe der Verwendungshäufigkeiten aller Verpackungen. Unter bewusster Auslassung der Hauptdiagonalelemente ergibt sich folgende Anpassung:

(4.8) $$\sum_{i \in I} V_i \cdot \left(\sum_{i \in I} V_i - 1 \right)$$

I : Anzahl unterschiedlicher Verpackungen

V_i : Verwendungshäufigkeit einer TPV i

Die Division von (4.7) durch (4.8) liefert nun die Wahrscheinlichkeit w, dass eine „erste" gegriffene Verpackung auf die vorhergehende stapelbar ist:

(4.9) $$w = \frac{\sum_{i \in I} \sum_{\substack{m \in I \\ m \neq i}} KOMP_{i,m} \cdot V_i \cdot V_m + \sum_{i \in I} KOMP_{i,i} \cdot V_i \cdot (V_i - 1)}{\sum_{i \in I} V_i \cdot \left(\sum_{i \in I} V_i - 1 \right)}$$

w : Wahrscheinlichkeit, dass eine „erste" gegriffene Verpackung auf die vorhergehende stapelbar ist

I, M : Anzahl unterschiedlicher Verpackungen

$KOMP_{i,m}$: Kompatibilität von TPV i zu TPV m

V_i : Verwendungshäufigkeit einer TPV i

Abbildung 21 erläutert diese Formel, indem sie den Bezug der drei Bestandteile zur Matrix KOMP2 herstellt. Es sei jedoch darauf hingewiesen, dass die Formel gerade nicht auf diese Matrix, sondern auf die kleinere Matrix KOMP sowie die Verwendungshäufigkeit zurückgreift.

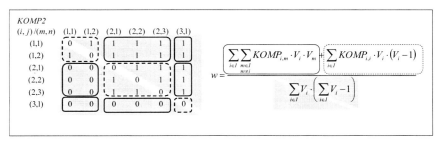

Abbildung 21: Grafische Erläuterung des Zusammenhangs zwischen *KOMP2* (Matrix) und *w* (Formel)

4 Die Interoperabilität von Transportverpackungen

Nun erfolgt die Erweiterung von einem auf mehrere Stapel. Hierzu wird in einem ersten Schritt die Gegenwahrscheinlichkeit *gw* (*gw=1-w*) gebildet. Diese gibt an, in wie viel Prozent der Fälle eine Verpackung *gerade nicht* auf die vorhergehende gestapelt werden kann.

$$(4.10) \quad gw = 1 - w = 1 - \frac{\sum_{i \in I} \sum_{\substack{m \in I \\ m \neq i}} KOMP_{i,m} \cdot V_i \cdot V_m + \sum_{i \in I} KOMP_{i,i} \cdot V_i \cdot (V_i - 1)}{\sum_{i \in I} V_i \cdot \left(\sum_{i \in I} V_i - 1 \right)}$$

gw : Gegenwahrscheinlichkeit zu w

w : Wahrscheinlichkeit, dass eine „erste" gegriffene Verpackung auf die vorhergehende stapelbar ist

I, M : Anzahl unterschiedlicher Verpackungen

$KOMP_{i,m}$: Kompatibilität von TPV i zu TPV m

V_i : Verwendungshäufigkeit einer TPV i

Als nächstes wird berücksichtigt, dass aufgrund mehrerer Ladungsträger bzw. der Möglichkeit der Bildung mehrerer Stapel auf einem Ladungsträger mehr als eine Säule zum Absetzen der gegriffenen Verpackungen zur Verfügung steht (vgl. Abbildung 20). Die Anzahl zu berücksichtigender Stapel ergibt sich durch Multiplikation der ganzzahligen durchschnittlichen Anzahl Ladeeinheiten pro Kommissionierauftrag (ALK) mit der Anzahl möglicher Säulen pro Ladungsträger (ASL). Somit ergibt sich die Anzahl der Stapel S nach:

$$(4.11) \quad S = ALK \cdot ASL$$

S : Anzahl zu berücksichtigender Stapel

ALK : mittlere Anzahl Ladeeinheiten pro Kommissionierauftrag

ASL : Anzahl möglicher Säulen pro Ladungsträger

Damit ergibt sich die Wahrscheinlichkeit, dass eine Verpackung auf *keinen* der S Stapel passt (gw^S):

$$(4.12) \quad gw^S = \left(1 - \frac{\sum_{i \in I} \sum_{\substack{m \in I \\ m \neq i}} KOMP_{i,m} \cdot V_i \cdot V_m + \sum_{i \in I} KOMP_{i,i} \cdot V_i \cdot (V_i - 1)}{\sum_{i \in I} V_i \cdot \left(\sum_{i \in I} V_i - 1 \right)} \right)^S$$

gw^S : Wahrscheinlichkeit, dass eine Verpackung auf *keinen* der S Stapel passt

S : Anzahl zu berücksichtigender Stapel

I, M : Anzahl unterschiedlicher Verpackungen

$KOMP_{i,m}$: Kompatibilität von TPV i zu TPV m

V_i : Verwendungshäufigkeit einer TPV i

Hiervon wiederum die Gegenwahrscheinlichkeit ($ggw^S=1-gw^S$) gibt an, wie groß die Wahrscheinlichkeit ist, dass eine TPV mindestens auf einen Stapel passt, was genau die gewünschte Größe ist.

$$(4.13) \quad ggw^S = 1 - \left(1 - \frac{\sum_{i \in I}\sum_{\substack{m \in I \\ m \neq i}} KOMP_{i,m} \cdot V_i \cdot V_m + \sum_{i \in I} KOMP_{i,i} \cdot V_i \cdot (V_i - 1)}{\sum_{i \in I} V_i \cdot \left(\sum_{i \in I} V_i - 1\right)}\right)^S$$

ggw^S : Gegenwahrscheinlichkeit zu gw^S

S : Anzahl zu berücksichtigender Stapel

I, M : Anzahl unterschiedlicher Verpackungen

$KOMP_{i,m}$: Kompatibilität von TPV i zu TPV m

V_i : Verwendungshäufigkeit einer TPV i

Aufgrund der Unterscheidung in jeweils „erste" und „nachfolgende" TPV im Rahmen der Kommissionierung eines Auftrags, müssen die ermittelten Einzelwahrscheinlichkeiten bei der Berechnung des Kompatibilitätsgrads entsprechend ihrem Aufkommen gewichtet werden. Als Gewicht dient die Anzahl der jeweils „ersten" und der „nachfolgenden" TPV *im Verhältnis zur Gesamtzahl der TPV eines Auftrags.*

$$(4.14) \quad TEIL_1 = \frac{\sum_{i \in I} V_i}{\sum_{i \in I}\sum_{j \in J}(ANZ_{i,j})} \cdot \left(1 - \left(1 - \frac{\sum_{i \in I}\sum_{\substack{m \in I \\ m \neq i}} KOMP_{i,m} \cdot V_i \cdot V_m + \sum_{i \in I} KOMP_{i,i} \cdot V_i \cdot (V_i - 1)}{\sum_{i \in I} V_i \cdot \left(\sum_{i \in I} V_i - 1\right)}\right)^S\right)$$

I, M : Anzahl unterschiedlicher Verpackungen

J : Anzahl unterschiedlicher Artikel

V_i : Verwendungshäufigkeit einer TPV i

$ANZ_{i,j}$: Anzahl der TPV i für Artikel j

$KOMP_{i,m}$: Kompatibilität von TPV i zu TPV m

S : Anzahl zu berücksichtigender Stapel

Teil 2: Kompatibilität der identischen, nachfolgenden Verpackungen

Einleitend soll noch einmal auf das bereits in Anspruch genommene Beispiel des *einen* betrachteten Greifvorgangs im Rahmen der Kommissionierung zurückgegriffen werden. Nachdem sich der Teil 1 ausschließlich mit der „ersten" gegriffenen Verpackung befasst hat, stehen nun die weiteren Verpackungen dieses Greifvorgangs im Mittelpunkt (vgl. Abbildung 20).

Diese sind definitionsgemäß identisch, so dass sich dieser Teil vereinfacht.

Die „weiteren" Verpackungen (des Greifvorgangs) entsprechen der Anzahl aller Verpackungen, abzüglich der jeweils „ersten" Verpackung pro TPV-Artikel Kombination ($ANZ_{i,j}-1$).

Da diese Verpackungen sich stets gleich verhalten, fällt der zweite Teil entsprechend einfacher aus. Zur Verdeutlichung: An dieser Stelle wird nicht die vereinfachende Annahme getroffen, dass identische Kisten stets auf sich selbst stapelbar sind. Vor dem Hintergrund der „strengen" Anforderungen an die Kompatibilität („Eintauchen" der oberen in die untere Verpackung mittels Stapelrand) entspräche diese Vereinfachung auch nicht der praktischen Anwendung. Deshalb wird für jede TPV_i wieder auf die Kompatibilitätsmatrix zurückgegriffen. Grundsätzlich wird für jede TPV_i die Summe der über alle Artikel eingesetzten und kompatiblen Verpackungen, abzüglich der jeweils „ersten" Verpackungen, gebildet. Diese Anzahl kompatibler Verpackungen wird dann ins Verhältnis zur Gesamtanzahl an Verpackungen gesetzt.

(4.15) $$TEIL_2 = \frac{\sum_{i \in I}\left(\sum_{j \in J} ANZ_{i,j} - V_i\right) \cdot KOMP_{i,i}}{\sum_{i \in I}\sum_{j \in J}(ANZ_{i,j})}$$

I : Anzahl unterschiedlicher Verpackungen

J : Anzahl unterschiedlicher Artikel

$ANZ_{i,j}$: Anzahl der TPV i für Artikel j

V_i : Verwendungshäufigkeit einer TPV i

$KOMP_{i,i}$: Kompatibilität von TPV i zu TPV i

Schließlich werden beide Teile zum Kompatibilitätsgrad addiert:

(4.16) $$K° = \frac{\sum_{i \in I} V_i}{\sum_{i \in I}\sum_{j \in J}(ANZ_{i,j})} \cdot \left(1 - \left(1 - \frac{\sum_{i \in I}\sum_{\substack{m \in I \\ m \neq i}} KOMP_{i,m} \cdot V_i \cdot V_m + \sum_{i \in I} KOMP_{i,i} \cdot V_i \cdot (V_i - 1)}{\sum_{i \in I} V_i \cdot \left(\sum_{i \in I} V_i - 1\right)}\right)^S\right) + \frac{\sum_{i \in I}\left(\sum_{j \in J} ANZ_{i,j} - V_i\right) \cdot KOMP_{i,i}}{\sum_{i \in I}\sum_{j \in J}(ANZ_{i,j})}$$

$K°$: Kompatibilitätsgrad

V_i : Verwendungshäufigkeit einer TPV i
I, M : Anzahl unterschiedlicher Verpackungen
J : Anzahl unterschiedlicher Artikel
V_i : Verwendungshäufigkeit einer TPV i
$ANZ_{i,j}$: Anzahl der TPV i für Artikel j
$KOMP_{i,m}$: Kompatibilität von TPV i zu TPV m
S : Anzahl zu berücksichtigender Stapel

Der Kompatibilitätsgrad liegt immer zwischen null und eins. Je näher er bei eins liegt, desto kompatibler verhalten sich die aufeinander treffenden Verpackungen zueinander. Anders ausgedrückt, je näher der Kompatibilitätsgrad bei eins liegt, desto wahrscheinlicher ist es, dass zueinander kompatible Verpackungen im Rahmen der Bildung der gemischten Ladeeinheit aufeinander positioniert werden.

4.2.3 Ermittlung des Schwachstellengrads

Der Schwachstellengrad *(S°)* wird ebenfalls aus der integrativen Kompatibilität im Rahmen der Standardisierung von Verpackungssystemen abgeleitet (vgl. Abbildung 19). Im Gegensatz zum Kompatibilitätsgrad, der an die Auftrittswahrscheinlichkeit von besonders belastbaren Schnittstellen zwischen potenziell aufeinander positionierten Verpackungen anknüpft, erlaubt dieser Parameter eine Aussage über die Zusammensetzung des „nicht kompatiblen Teils" des Verpackungssystems. Hintergrund ist, dass besonders in den Fällen, in denen der Kompatibilitätsgrad niedrig ist, ohne Rückgriff auf weitere Parameter ein Großteil des Verpackungssystems nicht beschrieben werden könnte. Dabei nimmt der Schwachstellengrad nicht eine pauschale Beschreibung der Gesamtheit der nicht kompatiblen Verpackungen vor, sondern wie der Name es andeutet, trifft er eine Aussage über besonders schwache Schnittstellen.

Auch der Schwachstellengrad beschreibt einen durchschnittlichen Auftrag. Sinnvollerweise beziehen sich Kompatibilitäts- und Schwachstellengrad auf dieselbe Datenbasis.

Als Schwachstelle soll das Zusammentreffen einer oberen Verpackung aus Voll- oder Wellpappe mit einer unteren Verpackung aus Kunststoff verstanden werden. „Schwach" wird dabei unter Rückgriff auf die Fähigkeit zur Bildung einer verbundenen Einheit interpretiert: Eine schwache Schnittstelle ist demnach besonders

4 Die Interoperabilität von Transportverpackungen

wenig belastbar, bzw. für das Auftreten von unzulässigem Verrutschen besonders anfällig. Derartig schwache Schnittstellen ergeben sich vor allem aus zwei Gründen:

- **Vergleichsweise niedriger Reibwert der Reibpartner**

  Wie die Tabelle 6 zeigt, so ist der im Rahmen der Ladungs- und Ladeeinheitensicherung einschlägige Gleitreibkoeffizient[228] von Well- oder Vollpappe auf Kunststoff (HD-PE) nur rund halb so hoch wie bei Materialpaarungen mit Pappe.

Tabelle 6: Gleitreibungszahlen ausgewählter Materialpaarungen[229]

Gleitreibungszahl μ	Wellpappe	Vollpappe	Kunststoff
Wellpappe auf...	0,40	0,41	0,22
Vollpappe auf...	0,37	0,38	0,21

- **Vergleichsweise geringe maximal zulässige Verschiebung**

  Abbildung 22 zeigt schematisch die unterschiedliche Gestaltung der unteren Verpackung (Draufsicht).

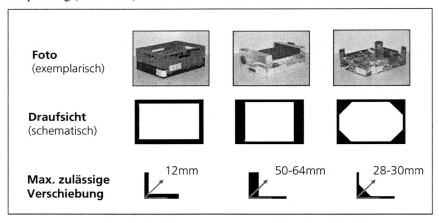

Abbildung 22: Maximal zulässige Verschiebung einer oberen Verpackung in Abhängigkeit der Packmittelgeometrie der unteren Verpackung

---

[228] Vgl. BAM (2004), S. 32.

[229] Eigene Messung. In der Tabelle findet sich der Mittelwert von fünf Messungen. Das Prüfprotokoll findet sich in Anhang 18.

Für die drei unterschiedenen Typen wurde ferner die maximal zulässige Verschiebung der oberen Verpackung bestimmt. Dies ist die Verschiebung, nach der sich ein Versagensfall, hier in Form eines Eintauchens der oberen in die untere Verpackung, einstellt. Da parallele Verschiebungen zu den Seitenwänden unschädlich sind, wurde die maximal zulässige Verschiebung in einem 45° Winkel gemessen. Es zeigt sich, dass die maximal zulässige Verschiebung im Fall einer Kunststoff-Mehrwegverpackung um das Drei- bis Vierfache geringer ausfällt als bei einem Karton aus Voll- oder Wellpappe.

Es ist soweit ersichtlich, warum das Zusammentreffen einer unteren Kunststoffverpackung mit einem oberen Karton (Pappe, Wellpappe) als Schwachstelle bezeichnet werden kann: Erstens ist eine vergleichsweise geringe Kraft nötig, um die obere Verpackung aus einem ruhenden in den gleitenden Zustand zu bringen und zweitens tritt nach einer vergleichsweise kurzen Verschiebung bereits ein Versagensfall ein.

Der Schwachstellengrad beschreibt nun die Wahrscheinlichkeit, mit der im Rahmen des Kommissionierprozesses schwache Schnittstellen entstehen. Damit sind die Ausgangssituation und das Vorgehen bei der Bildung mit dem Aufstellen des Kompatibilitätsgrads identisch. In Bezug auf die zugrunde liegenden Annahmen sei auf Kapitel 4.2.2 verwiesen. Darüber hinaus gelten folgende zusätzliche Annahmen:

- Zwischen identischen Verpackungen gibt es keine schwachen Schnittstellen. Dies ist insofern nachvollziehbar, als der Ausschluss von Schwachstellen im Interesse eines Packmittelherstellers unterstellt werden kann.
- Hat der Kommissionierer die Wahl zwischen der Bildung einer schwachen Schnittstelle und der Positionierung der gegriffenen Verpackung auf einem anderen Stapel, so wird er stets die schwache Schnittstelle vermeiden.

Im Gegensatz zur Intention der Erzielung eines möglichst hohen Kompatibilitätsgrades gilt es Schwachstellen jedoch nach Möglichkeit zu vermeiden. Im Rahmen des Kommissionierungsprozesses kann die Bildung einer Schwachstelle folglich solange vermieden werden, wie sich Möglichkeiten zur Positionierung auf alternativen Stapeln, welche keine Bildung von neuen Schwachstellen hervorrufen, bieten. Es kommt demzufolge nur dann zur Ausprägung einer weiteren Schwachstelle, wenn sämtliche Stapelmöglichkeiten, die sich dem

Kommissionierer bieten, die Bildung einer Schwachstelle hervorrufen. Dieses wird in dem nachfolgend dargestellten mathematischen Modell berücksichtigt und grenzt die Modellierung des Schwachstellengrades entscheidend von der des Kompatibilitätsgrades ab.

In einer Schwachstellenmatrix WEAK ist abzulesen, bei welcher Kombination von TPV *i* auf TPV *m* es zu einer bzw. keiner Bildung einer Schwachstelle kommt. Dabei wird einer Konstellation zweier gestapelter TPV genau dann der Wert 1 zugewiesen, wenn es *nicht* zur Ausprägung einer Schwachstelle kommt, und 0 sonst. Im Beispiel führt lediglich das Positionieren von TPV3 auf TPV2 zu einer Schwachstelle:

(4.17)
$$\begin{array}{c} WEAK \\ \begin{array}{c|ccc} i/m & 1 & 2 & 3 \\ 1 & 1 & 1 & 1 \\ 2 & 1 & 1 & 1 \\ 3 & 1 & 0 & 1 \end{array} \end{array}$$

Durch die mögliche Verwendung einzelner Verpackungen für mehrere Artikel ist auch bei der Ermittlung des Schwachstellengrads auf das Packstück als Kombination von Verpackung und Inhalt abzustellen. Dies erfolgt durch die Kombination der Matrix WEAK mit der Verwendungshäufigkeit V_i einer Verpackung *i*.

Die quadrierte Anzahl aller summierten Verwendungshäufigkeiten $\left(\sum_{i \in I} V_i\right)^2$ entspricht damit der Anzahl möglicher Kombinationen von einem unteren mit einem oberen Packstück. Dabei kommt es zur Bildung einer Schnittstelle zwischen beiden Packstücken. Mit anderen Worten entspricht der Ausdruck der Anzahl möglicher Ausprägungen von Schnittstellen.

Die Anzahl aller Kombinationen von Packstücken ($\sum_{i \in I} \sum_{m \in I} WEAK_{i,m} \cdot V_i \cdot V_m$), welche keine Schwachstellen darstellen, dividiert durch die Anzahl aller Kombinationen von Packstücken $\left(\sum_{i \in I} V_i\right)^2$ ergibt dann die Wahrscheinlichkeit w_{kS}, mit der eine Verpackung zusammen mit einer vorhergehenden Verpackung gerade keine Schwachstelle bildet:

(4.18)
$$w_{kS} = \frac{\left(\sum_{i \in I} \sum_{m \in I} WEAK_{i,m} \cdot V_i \cdot V_m\right)}{\left(\sum_{i \in I} V_i\right)^2}$$

w_{ks} : Wahrscheinlichkeit, mit der eine Verpackung zusammen mit einer vorhergehenden Verpackung keine Schwachstelle bildet

I, M : Anzahl unterschiedlicher Verpackungen

$WEAK_{i,m}$: Keine Schwachstelle bei Platzierung von TPV i auf TPV m

V_i : Verwendungshäufigkeit einer TPV i

Die Gegenwahrscheinlichkeit ($gw_{kS} = 1 - w_{kS}$) drückt aus, mit welcher Wahrscheinlichkeit es zur Ausprägung einer Schwachstelle kommt. Durch die Potenzierung dieser Gegenwahrscheinlichkeit mit der Anzahl zur Verfügung stehender Säulen S wird nun angegeben, mit welcher Wahrscheinlichkeit es bei *allen* Säulen zur Bildung einer schwachen Schnittstelle kommt ($(gw_{kS})^S$). Dies ist gerade die gesuchte Größe, welche angibt, mit welcher Wahrscheinlichkeit sich eine Bildung von Schwachstellen für den Kommissionierer nicht mehr vermeiden lässt. Damit ergibt sich der Schwachstellengrad zu:

(4.19)
$$S° = \left(1 - \frac{\left(\sum_{i \in I}\sum_{m \in I} WEAK_{i,m} \cdot V_i \cdot V_m\right)}{\left(\sum_{i \in I} V_i\right)^2}\right)^S$$

$S°$: Schwachstellengrad

I, M : Anzahl unterschiedlicher Verpackungen

$WEAK_{i,m}$: Keine Schwachstelle bei Platzierung von TPV i auf TPV m

S : Anzahl zu berücksichtigender Stapel

V_i : Verwendungshäufigkeit einer TPV i

Der Schwachstellengrad kann Werte zwischen 0 und kleiner 0,5 annehmen: $\{S° \mid 0 \leq S < 0{,}5\}$. Wie der Klammerausdruck zeigt, handelt es sich um ein halboffenes Intervall, d.h. $S°$ ist stets kleiner als 0,5. Dies folgt aus der oben genannten Annahme, nach der identische Verpackungen keine Schwachstellen ausprägen. Dementsprechend besteht die Hauptdiagonale der Matrix WEAK ausschließlich aus Einsen. Aus der Definition von Schwachstelle als Positionierung einer Papp- oder Wellpappverpackung *auf* einer Kunststoffverpackung folgt ferner, dass der umgekehrte Fall (Kunststoff auf Pappe) gerade keine Schwachstelle darstellt. Damit kommt in der Matrix zu jeder Schwachstelle (0) automatisch eine starke Ausprägung (1). Im Ergebnis ist die Matrix stets zu mehr als der Hälft mit Einsen gefüllt. Damit kann der Schwachstellengrad nur Werte zwischen Null und kleiner 0,5 annehmen.

Je näher der Schwachstellengrad bei 0,5 liegt, umso weniger gut harmonieren die aufeinander treffenden Verpackungen miteinander. Anders ausgedrückt, je näher der Schwachstellengrad bei 0,5 liegt, desto wahrscheinlicher ist es, dass Verpackungen im Rahmen der Bildung der gemischten Ladeeinheit aufeinander positioniert werden (müssen), welche Schwachstellen ausprägen.

5 Empirischer Nachweis der Wirkmechanismen von Interoperabilität

Nachdem in Kapitel 4 das Konzept der Interoperabilität von Verpackungen hergeleitet und durch die drei Parameter *ISO-Modulgrad (I°)*, *Kompatibilitätsgrad (K°)* und *Schwachstellengrad (S°)* quantifizierbar gemacht wurde, gilt es nun, die Wirkmechanismen dieser Parameter einer empirischen Prüfung zu unterziehen. Diesbezüglich wird auf die in Kapitel 4.1 aufgestellten Annahmen zurückgegriffen. Konkret soll die Wirkung der Interoperabilität auf *Volumennutzung*, *Greifzeit im Rahmen der Kommissionierung* und *Stabilität* der gemischten Ladeeinheit empirisch nachgewiesen werden. Abbildung 23 gibt die Beziehung zwischen den drei Parametern und den insgesamt vier untersuchten Zusammenhängen wieder.

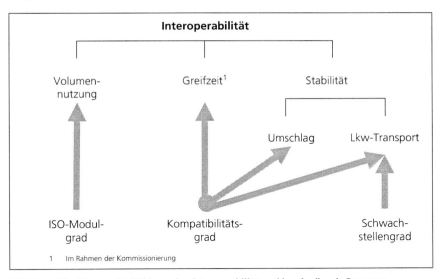

Abbildung 23: Untersuchte Wirkung der Interoperabilität und beschreibende Paramter

Der empirische Nachweis soll mit Hilfe der linearen Regressionsanalyse erbracht werden. Dafür werden in den Kapiteln 5.1 und 5.2 im Rahmen von Feldversuchen gewonnene Datensätze ausgewertet. Diese werden in Kapitel 5.3 um Simulationen physikalischer Belastungen unter Laborbedingungen ergänzt. Die für die Kapitel 5.1 und 5.2 benötigten empirischen Daten konnten in Zusammenarbeit mit zwei überregional tätigen Handelsunternehmen ermittelt und in insgesamt zwei Handelszentrallagern erhoben werden. Betrachtet wurde das Obst- und Gemüsesortiment. Die in Kapitel 5.3 beschriebenen Simulationen von Belastungen wurden im Verpackungsprüflabor des Fraunhofer IML in Dortmund durchgeführt. Die dabei zum Einsatz kommenden Verpackungen stammen ebenfalls aus der Distribution von frischem Obst und Gemüse.

5.1 Wirkung des ISO-Modulgrads auf das Nutzvolumen der gemischten Ladeeinheit

Der Volumennutzungsgrad (VNG) einer Ladeeinheit gibt den Anteil des Volumens der Packstücke am Gesamtvolumen an, welcher vom Ladungsträger bereitgestellt wird.[230] Der Gegenwert ($1-VNG$) beschreibt das nicht genutzte Residualvolumen. Der Volumennutzungsgrad einer Ladeeinheit berechnet sich dementsprechend durch Division der summierten Volumina aller Packstücke der Ladeeinheit ($\sum_{i \in I} l_i \cdot b_i \cdot h_i$) durch das vom Ladungsträger ($l_{LT} \cdot b_{LT}$) unter Berücksichtigung der Ladehöhe (h_{LH}) zur Verfügung gestellten Volumens nach folgender Formel:

$$(5.1) \quad VNG = \frac{\sum_{i \in I} l_i \cdot b_i \cdot h_i}{l_{LT} \cdot b_{LT} \cdot h_{LH}}$$

VNG	: Volumennutzungsgrad
I	: Anzahl unterschiedlicher Verpackungen
l	: Länge
b	: Breite
h	: Höhe
LT	: Ladungsträger
LH	: Ladehöhe

Da die Ladeeinheit bis zu ihrer Auflösung zum Objekt sämtlicher Transport-, Umschlag- und Lagervorgänge wird (vgl. Kapitel 4.1), nimmt der erreichte Volumennutzungsgrad direkten Einfluss auf die Effizienz all dieser Handhabungen: Mit steigender Volumennutzung werden bei gleicher Menge weniger Ladeeinheiten gebildet und durch die Lieferkette bewegt. Entsprechend kommt es zu einer geringeren Anzahl von Prozesswiederholungen. Es soll nun der

---

[230] Vgl. Lange (1998), S. 174.

Frage nachgegangen werden, ob diese Effizienz durch die Interoperabilität von Verpackungen beeinflusst wird. Konkret ist zu prüfen, ob die Aussage gilt, dass für schwach-heterogene, quaderförmige Packstücke mit steigendem ISO-Modulgrad das realisierte Nutzvolumen einer Ladeeinheit, ausgedrückt durch den Volumennutzungsgrad, steigt.

5.1.1 Versuchsaufbau und Durchführung

Mittels einer linearen Regressionsanalyse soll untersucht werden, ob und inwieweit die abhängige Variable „Volumennutzungsgrad" von der unabhängigen Variablen „ISO-Modulgrad" beeinflusst wird. Die dafür auszuwertenden Daten liegen in Form von 117 Kommissionieraufträgen eines auf die Distribution von frischem Obst und Gemüse spezialisierten Handelszentrallagers vor. Dabei handelt es sich um die Gesamtheit der Bestellungen aller von diesem Lager aus belieferten Filialen eines Wochentages mittlerer Auslastung. Für jeden Auftrag ist die Anzahl der Positionen und für jede Position der Typ und die Anzahl der zu kommissionierenden Verpackungen bekannt. Die Gesamtheit der zum Einsatz kommenden Verpackungen kann unter Rückgriff auf Kapitel 1.4 als schwach heterogen und quaderförmig bezeichnet werden. Im Anhang 1 befindet sich eine Aufstellung aller Verpackungen mit Stammdaten und Zuordnung zu den Artikeln.

Die Versuchsdurchführung erfolgt mit Hilfe einer Software,[231] welche die Anordnung der Verpackungen auf Paletten optimiert. Dafür generiert die Software Packmuster gemischter Ladeeinheiten. Formal betrachtet handelt es sich bei dieser Fragestellung um ein klassisches Packproblem.[232] Zur Lösung greift die Software auf ein analytisches Verfahren in Form einer Heuristik[233] von *Li* zurück. Die Zielfunktion des Algorithmus ist die Minimierung der Anzahl der gebildeten Ladeeinheiten. Es handelt sich um die Weiterentwicklung eines Verfahrens zur

---

[231] Bei der Software handelt es sich um das Programm *Puzzle UNIT,* welches am Fraunhofer IML zur Packmustergenerierung entwickelt wurde.

[232] Für eine Systematisierung existierender *„Packing Problems"* unter denen das *„Pallet Loading Problem"* ein bekanntes darstellt, vgl. Dyckhoff (1990), S. 145ff.

[233] Per Definition ist nicht bekannt, ob eine Heuristik tatsächlich die optimale oder nur eine hinreichend gute Lösung liefert. Sofern in diesem Abschnitt die Begriffe *optimal* oder *maximal* zur Beschreibung der Ergebnisse der Heuristik benutzt werden, so geschieht dies mit dem Ziel, den Sachverhalt sprachlich nicht unnötig zu komplizieren.

Beladung von Laderäumen mit beliebigen heterogenen quaderförmigen Ladeobjekten für den Lkw-Transport.[234] Die Erweiterung für den Einsatz zur Bildung von Ladeeinheiten liegt in der Berücksichtigung zusätzlicher Anforderungen wie Geometrie, Abmessungen, Gewicht und Tragfähigkeit der Packobjekte sowie besonders in der Erweiterung der Betrachtung von einer auf mehrere zu bildende Lagen.[235] Für den Einsatz im Rahmen dieser Arbeit kommt die Software derart modifiziert zum Einsatz, dass ausschließlich die Geometrien der Packstücke berücksichtigt werden. Da der Großteil der verwendeten Verpackungen vom Typ Steige und damit an der Oberseite geöffnet ist (vgl. Kapitel 2.2.2), wird als Restriktion eingeführt, dass die Verpackung nur auf ihrer Grundfläche stehend, also nicht gekippt angeordnet werden darf. Als Ladungsträger wird die Europalette mit einer maximalen Ladehöhe von 1.800 mm gewählt. Ergebnis der Berechnung ist eine maximale Verdichtung der Verpackungen, so dass eine minimale Anzahl von Ladeeinheiten gebildet wird. Damit wird das Volumen jeder Europalette durch die Anordnung der Aufträge maximal ausgenutzt. Die verwendete Heuristik arbeitet dabei derart, dass die zuerst gebildete Ladeeinheit die höchste Zielerreichung aufweist. Beispielhaft zeigt Abbildung 24 das Ergebnis einer Berechung für einen Auftrag mit insgesamt vier Ladeeinheiten. Die ersten drei Paletten sind maximal beladen. Deutlich erkennbar ist die geringer werdende Volumennutzung.

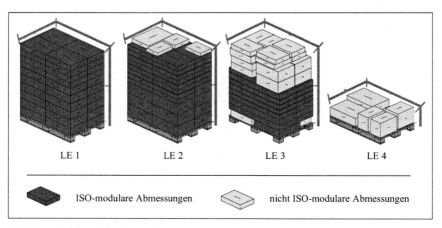

Abbildung 24: Ergebnis der Heuristik von *Li* und weitere Verwendung innerhalb dieser Arbeit

---

[234] Vgl. Li (2003), S. 75ff.

[235] Vgl. o.V. (2005b), o.S.

Im Rahmen der Datenaufbereitung wird die jeweils letzte Palette eines Auftrags besonders behandelt. Im Gegensatz zu allen anderen wird bei dieser der Volumennutzungsgrad nicht mit Hilfe der vorgegebenen, maximalen Ladehöhe (1.800 mm) sondern unter Berücksichtigung der tatsächlich realisierten Ladehöhe berechnet (vgl. LE 4 in Abbildung 24). Durch diese Maßnahme wird sichergestellt, dass sich alle in die Regressionsanalyse eingehenden Volumennutzungsgrade, unabhängig von der Auftragsstruktur ergeben. Nicht vollständig befüllte, letzte Ladeeinheiten nehmen keinen Einfluss. Die Auftragsstruktur als eine den Volumennutzungsgrad sonst maßgeblich mitbestimmende Größe, welche ihren Ursprung aber gerade nicht in der Wahl der Verpackung hat, kann somit für die durchzuführende Regression vollständig ausgeklammert werden.

Nach Bildung optimaler Ladeeinheiten mittels der genannten Heuristik und Vornahme der geschilderten Anpassungen teilen sich die 117 untersuchten Aufträge in insgesamt 546 Ladeeinheiten. Für jede Ladeeinheit können unter Rückgriff auf die Verpackungsstammdaten und die von der Optimierungssoftware erzeugten Packlisten erstens der ISO-Modulgrad und zweitens der Volumennutzungsgrad bestimmt werden. Die Wertepaare finden sich im Anhang 4.

5.1.2 Ergebnisse

Abbildung 25 zeigt das Streudiagramm der 546 Wertepaare zusammen mit dem Ergebnis einer linearen Einfachregression. Die Regressionsfunktion ergibt sich zu:

(5.2) $\quad y = 32{,}025 \cdot I° + 67{,}207$

Das korrigierte Bestimmtheitsmaß ($\bar{r}^2$) lautet $\bar{r}^2 = 0{,}756$. Die Schätzung dieser (und aller weiteren) Regressionsfunktionen erfolgte mit Hilfe der Statistiksoftware SPSS Version 12.0. Wie der ausführlichen statistischen Auswertung in Anhang 5 zu entnehmen ist, liegen sämtliche Voraussetzungen für die Durchführung einer linearen Regression vor.

Das Streudiagramm zeigt, dass der Volumennutzungsgrad offensichtlich mit dem ISO-Modulgrad positiv korreliert. Ferner ist ein linearer Zusammenhang ersichtlich.

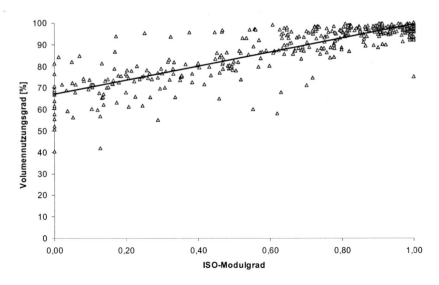

Abbildung 25: Volumennutzungsgrad in Abhängigkeit des ISO-Modulgrads (Streudiagramm und Regressionsgerade)

Zur Beurteilung der statistischen Signifikanz des Regressionskoeffizienten (b), welcher die Wirkung des ISO-Modulgrads auf den Volumennutzungsgrad (hier: b = 32,025) quantifiziert, wird der aus der Regression ermittelte t-Wert = 41,127 einem kritischen Wert gegenübergestellt (t-Test). Bei einer Irrtumswahrscheinlichkeit von 5% (bzw. einer Vertrauenswahrscheinlichkeit von 95%) ergibt sich ein kritischer t-Wert von 1,96. Der aus der Regression ermittelte t-Wert übersteigt den kritischen Wert erheblich. Analog ergibt sich für die Regressionskonstante ein t-Wert von 109,605. Auch dieser übersteigt deutlich den kritischen t-Wert von 1,96. Somit hat bei einer Vertrauenswahrscheinlichkeit von 95% der ISO-Modulgrad einen statistisch signifikanten Einfluss auf den Volumennutzungsgrad.

5.1.3 Interpretation

Dieser Zusammenhang kann statistisch wie folgt interpretiert werden: Mit Erhöhung des ISO-Modulgrads um einen Prozentpunkt steigt der Volumennutzungsgrad um 0,32%. Setzt sich ein Verpackungssystem vollständig ohne ISO-modulare Verpackung zusammen, so kann lediglich ein Volumennutzungsgrad von 67% erreicht werden. Demgegenüber führt eine ausschließliche Verwendung

ISO-modularer Verpackung zu einem Volumennutzungsgrad von rund 99%.[236] Anhand der drei in Abbildung 26 beispielhaft dargestellten Ladeeinheiten für Volumennutzungsgrade von rund 80%, 90% und 100% sind die Wirkungen der Interoperabilität plastisch nachzuvollziehen.

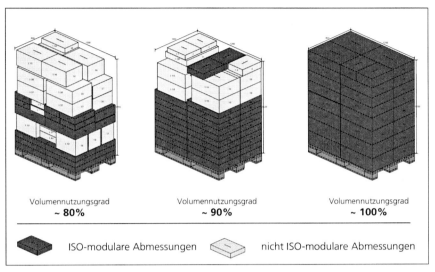

Abbildung 26: Exemplarische Darstellung ausgewählter Ladeeinheiten

Im Hinblick auf eine kritische Prüfung der inhaltlichen Sinnhaftigkeit[237] der berechneten Ergebnisse sei auf eine grundlegende Annahme der beabsichtigten Interpretation eingegangen. Danach lässt sich eine steigende Volumennutzung der Ladeeinheit in sinkende Kosten übertragen. Dieser Wirkung liegt die Annahme zugrunde, dass eine Steigerung des Anteils ISO-modularer Verpackungen entweder in genau demselben Umfang zu einer Steigerung des Verpackungs-*inhalts* führt, wie sich Δ ISO-Modulgrad nach obiger Regression in einen erhöhten Volumennutzungsgrad (Δ VNG) überträgt oder die *Höhe* der Verpackung entsprechend reduziert werden kann. Mit anderen Worten überträgt sich ein Vergrößern einer nicht ISO-modularen Verpackung zu Gunsten ISO-modularer Abmessungen nur dann in die gewünschte Kostenwirkung, wenn entweder eine Nutzung des nun zusätzlich zur Verfügung stehenden „verpackten Raums" stattfindet, wenn also in der veränderten Verpackung entsprechend mehr

---

[236] Die Abweichung von 100% erklärt sich aus der nicht genormten Höhe und den damit verbundenen Abweichungen zur definierten Ladehöhe von 1.800 mm.

[237] Vgl. Albers/Skiera (1999), S. 213f.

Ware transportiert wird oder sich das zu Verfügung stehende Volumen aufgrund einer geringeren Höhe nicht ändert. Zahlreiche Beispiele aus dem dieser Arbeit zugrunde liegenden Anwendungsbereich der Distribution von frischen Lebensmitteln bestätigen die Haltbarkeit dieser Annahme.

Zusammenfassend kann die eingangs aufgestellte Hypothese, nach der mit steigendem ISO-Modulgrad ein höherer Volumennutzungsgrad einhergeht, als bestätigt gelten.

5.2 Wirkung des Kompatibilitätsgrads auf die Greifzeit bei der Bildung gemischter Ladeeinheiten

Die auftragsbezogene Kommissionierung stellt einen wesentlichen Teil der Wertschöpfung in einem Handelszentrallager dar.[238] VDI 3590 Blatt 1 definiert Kommissionieren als das Zusammenstellen von Artikeln aus einem bereitgestellten Sortiment aufgrund von Bedarfsinformationen. In diesem Kapitel ist zu untersuchen, ob diese Wertschöpfung durch die Interoperabilität der auf einer Ladeeinheit zusammengeführten Verpackungen beeinflusst wird. Eine solche Beeinflussung könnte im Zeitbedarf liegen, welcher benötigt wird, um eine Ladeeinheit zu kommissionieren (vgl. Kapitel 4.1). Für eine vertiefende Untersuchung ist die Kommissionierzeit zur sog. Greifzeit zu präzisieren. Diese ist definiert als der Zeitanteil, der zur eigentlichen Vereinzelung der benötigten Artikelmenge vom Bereitstellungsplatz der Ware aufgebracht werden muss.[239] Die Greifzeit setzt sich mit der Basis-, Tot- und Wegzeit zur Kommissionierzeit zusammen.

Als Hypothese wird formuliert, dass stapelbare Verpackungen immer dann schneller kommissioniert werden können, wenn es tatsächlich zu einer Stapelung im engeren Sinne nach Kapitel 4.1.3 kommt. Der Grund für die geringere Kommissionierzeit ist darin begründet, dass nicht stapelbare Verpackungen im Laufe des Kommissionierprozesses zumindest teilweise umgestellt und damit neu auf der Ladeeinheit angeordnet, also doppelt angefasst werden müssen. Bereits tatsächlich gestapelte Verpackungen können hingegen durch eine Veränderung

---

[238] Vgl. Saghir (2004), S. 21; Stache (1997), S. 63.
[239] Vgl. Schulte (2003), S. 326; Gudehus (1973), S. 46.

der Lage nicht in ihrer Position verbessert werden: ein doppeltes Anfassen entfällt.

Um diesen Zusammenhang quantifizieren zu können, muss zunächst eine Voruntersuchung durchgeführt werden. Dabei handelt es sich um eine Zeitstudie mit dem Ziel, Vorgabezeiten für die Greifzeit von gestapelten und nicht gestapelten Verpackungen zu ermitteln.

5.2.1 Voruntersuchung in Form einer Zeitstudie

Versuchsaufbau

Um die beschriebene Wirkung zu testen, wurde eine Zeitstudie nach REFA-Methodenlehre durchgeführt. Die Zeitmessung erfolgte in einem Handelszentrallager bei der Kommissionierung von frischem Obst und Gemüse. Dabei wurde nach dem Prinzip „Mann zur Ware" mit Hilfe eines Horizontal-Kommissionierers kommissioniert. Konkret wurde der in der Abbildung 27 als Greifzeit hervorgehobene Zeitraum gemessen. Zur eindeutigen Abgrenzung wurde als Start- bzw. Endpunkt das Loslassen bzw. Greifen der Lenkvorrichtung des Kommissionierfahrzeugs gewählt. Für jeden Messwert wurde festgehalten, ob eine Stapelung im engeren Sinne beim Absetzen der Ware tatsächlich erfolgte oder nicht. In die zweite Gruppe von Messwerten fielen damit alle vorgenommenen Umstapelvorgänge.

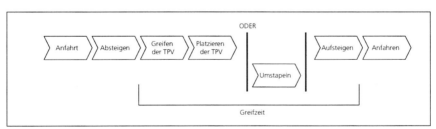

Abbildung 27: Greifzeit im Rahmen des Kommissionierprozesses

Die Greifzeit ist prinzipiell von mehreren Faktoren abhängig. Dazu zählen Anordnung und Geometrie der Entnahmeorte, Volumen der Greifeinheit, Artikelgewicht und Anzahl der Greifeinheiten.[240] Diese Einflussgrößen stehen

---

[240] Vgl. Schulte (2003), S. 326.

hier gerade nicht im Vordergrund, deshalb wurde eine Messreihe konzipiert, welche diese Faktoren weitestgehend eliminiert.

Da für alle Messwerte eine unveränderte Kommissionierstrategie verfolgt wurde (Mann zur Ware, Einsatz Horizontal-Kommissionierer, Entnahmeort Europalette), lag eine weitestgehend *konstante Geometrie* der Entnahmeorte vor. In Bezug auf das Volumen der Greifeinheiten sei auf die Ausführungen in Kapitel 1.4 verwiesen. Hier wird aufgezeigt, dass es sich bei Verpackungen, wie sie in der Distribution von frischem Obst und Gemüse zum Einsatz kommen, um ein *schwach heterogenes Verpackungssortiment* handelt. Zusätzlich wurden nur Messwerte betrachtet, welche sich auf Verpackungen mit einer Grundfläche von 600x400mm beziehen (ISO-Modulmaß), so dass die Homogenität der gegriffenen Objekte in Bezug auf ihre Abmessungen nochmals steigt. In Bezug auf das *Artikelgewicht* gilt, dass besonders schwere Packstücke (>15 kg) nicht in die Messung einbezogen wurden.

Versuchsdurchführung

Im Rahmen der Zeitstudie wurden zwei Ablaufabschnitte (AA) definiert: „Greifzeit im Rahmen des Kommissionierprozesses für tatsächlich gestapelte" und „nicht gestapelte Verpackungen". Für beide wurden im Rahmen von Vor-Ort-Beobachtungen sog. Einzelzeiten nach REFA-Methodenlehre gemessen. Insgesamt wurden 200 Messwerte aufgezeichnet, wobei für jeden Messwert festgehalten ist, ob die gegriffene Verpackung tatsächlich gestapelt werden konnte oder nicht. Die Messwerte sind vollständig im Anhang 6 aufgeführt. Die zur Beurteilung des Stichprobenumfangs erforderliche Vertrauenswahrscheinlichkeit ($1-\alpha$) wurde auf 95% festgelegt. Zur Normierung der Entnahmemengen wurde die nach Abbildung 27 ermittelte Zeit durch die Anzahl der Greifeinheiten dividiert, so dass das Bezugsobjekt der ermittelten Vorgabezeiten die einzelne Verpackung ist.[241]

Verteilzeiten und sonstige Zuschläge, wie sie im Rahmen einer Zeitstudie Berücksichtigung finden können, wurden nicht betrachtet, da eine Verwendung der ermittelten Vorgabezeiten nicht für die Personalsteuerung, sondern lediglich als Planzeit im Rahmen dieser Arbeit beabsichtigt ist. Ebenfalls wurden keine

---

[241] Es ergibt sich die sog. Greifzeit pro Entnahmeeinheit (vgl. Gudehus (1973), S. 48).

Bewertungen des Leistungsgrades vorgenommen: Die ausgewiesenen Zeiten entsprechen in vollem Umfang dem bei der Durchführung festgestellten Zeitbedarf.

Datenanalyse und Ergebnisse

Die Ergebnisse der Zeitstudie sind für beide Ablaufabschnitte in Abbildung 28 zusammengefasst. Die sog. Vorgabezeit ergibt sich als Mittelwert aller Messwerte. Die Vorgabezeit für nicht gestapelte Verpackungen liegt bei 12,4 Sekunden, für gestapelte Verpackungen hingegen bei 8,8 Sekunden. Die Güte dieser Mittelwerte wird durch Streuungsmaße und die Größe des Konfidenzintervalls beurteilbar: Die Variationszahl drückt die Standardabweichung in Prozent des Mittelwerts aus und ist damit ein Maß für die relative prozentuale Streuung. Für beide Ablaufabschnitte liegt sie bei rund 35%. Epsilon (ε) gibt das in Abhängigkeit der geforderten Vertrauenswahrscheinlichkeit bestimmte Konfidenzintervall (Vertrauensbereich) in Prozent des Mittelwerts an. Dies ist das Intervall um den Mittelwert, in dem mit einer Wahrscheinlichkeit von 95% der wahre Mittelwert der Grundgesamtheit liegt. Mit einem Epsilon von 14,5% bzw. 12,4% erfüllen beide Epsilon Werte die Güteanforderungen an eine Zeitstudie, basierend auf Ablaufabschnittszeiten nach REFA-Methodenlehre. Erst bei Werten von $\varepsilon > 20\%$ wird bei der Durchführung von Zeitstudien von einer hohen Messunsicherheit gesprochen. Zur Verdeutlichung: Ein $\varepsilon < 5\%$ ist nur bei Prozessen in Serienfertigung realistisch zu erreichen.[242]

Nr.	AA-Nr.	Ablauftext			
1	1.1	Greifzeit im Rahmen des Kommissionierprozesses für tatsächlich *nicht* gestapelte Verpackungen			
Leistungsgrad	100	sonst. Zuschläge	0	Vertrauensbereich	1,80
Grundzeit	12,4	Zeit je Einheit	12,4	Epsilon	14,5%
Erholungszeit	0	Vorgabezeit	12,4	StdAbw.	4,5
Verteilzeit	0	Stichprobenumfang	100	Variationszahl	36,4%

Nr.	AA-Nr.	Ablauftext			
2	1.2	Greifzeit im Rahmen des Kommissionierprozesses für tatsächlich gestapelte Verpackungen			
Leistungsgrad	100	sonst. Zuschläge	0	Vertrauensbereich	1,09
Grundzeit	8,8	Zeit je Einheit	8,8	Epsilon	12,4%
Erholungszeit	0	Vorgabezeit	8,8	StdAbw.	2,73
Verteilzeit	0	Stichprobenumfang	100	Variationszahl	31,1%

Abbildung 28: Ergebnisse der Zeitstudie nach REFA Methodenlehre

---

[242] Vgl. REFA (1997), S. 173.

Interpretation

Ein Vergleich der beiden Vorgabezeiten zeigt, dass diese deutlich voneinander abweichen. Die Greifzeit im Rahmen des Kommissionierprozesses ist bei nicht gestapelten Verpackungen rund 40% länger als bei solchen Verpackungen, die tatsächlich gestapelt wurden. Somit verlängert sich die Durchlaufzeit der zu kommissionierenden Ladeeinheit bei der Kommissionierung. Die Vermutung, dass stapelbare Verpackungen genau dann schneller kommissioniert werden können, wenn eine Stapelung der gegriffenen auf eine vorher kommissionierte untere Verpackung tatsächlich erfolgt, wird somit durch diese Messreihe bestätigt.

5.2.2 Hauptuntersuchung zur Wirkung des Kompatibilitätsgrads auf die Greifzeit

Versuchsaufbau und Durchführung

Diese Erkenntnis ist nun in einen Zusammenhang mit dem Kompatibilitätsgrad zu bringen - gibt dieser doch gerade die Wahrscheinlichkeit dafür an, dass eine stapelbare Verpackung im Rahmen des Kommissionierprozesses tatsächlich gestapelt wird. Es ist zu untersuchen, ob bei der Bildung von gemischten Ladeeinheiten aus einem schwach-heterogenen Vorrat an Verpackungen mit steigendem Kompatibilitätsgrad die Greifzeit und damit auch die Durchlaufzeit der Kommissionierung sinkt.

Auch diese Hypothese soll empirisch durch Aufstellen eines linearen Regressionsmodells geprüft werden. Dazu wird wieder auf reale Auftragsdaten eines Handelsunternehmens zurückgegriffen. Für jeden dieser Aufträge ist jede Position mit Artikelbezeichnung, Typ und Anzahl verwendeter Verpackung bekannt. Für jede Verpackung ist bekannt, mit welchen anderen Verpackungen eine Stapelung im engeren Sinne möglich ist (Kompatibilitätsmatrix im Sinne von Kapitel 4.2.2). Zusätzlich wurde das Ergebnis des Kommissionierprozesses im Handelszentrallager auf die Anzahl tatsächlich realisierter Stapelungen untersucht. Insgesamt konnten 50 Aufträge beobachtet werden. Diese repräsentieren 228 Ladeeinheiten und 6.456 Verpackungen (vgl. Anhang 7).

Für jeden dieser Aufträge wird zunächst der Kompatibilitätsgrad im Sinne von Kapitel 4.2.2 berechnet. Anschließend ist unter Rückgriff auf die beiden in

Kapitel 5.2.1 aus der Zeitstudie abgeleiteten Mittelwerte die kumulierte Greifzeit pro Auftrag durch Multiplikation mit der Anzahl stapelbarer bzw. nicht stapelbarer Verpackungen zu bestimmen. Da diese Zahl letztlich direkt von der Anzahl der Verpackungen pro Auftrag abhängt, wird sie durch die Anzahl der Verpackungen des betrachteten Auftrags geteilt. Durch diese Normierung ergibt sich die durchschnittliche Greifzeit eines Auftrags pro Verpackung. Diese ist in Abbildung 29 gegen den nach Formel (4.16) ermittelten Kompatibilitätsgrad abgetragen.

Ergebnisse der Hauptuntersuchung

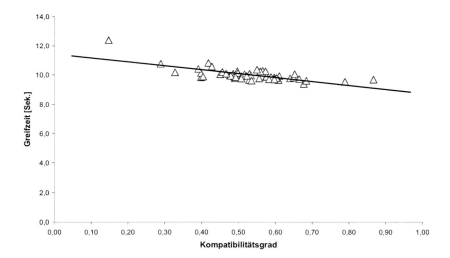

Abbildung 29: Mittlere Greifzeit pro Greifeinheit in Abhängigkeit des Kompatibilitätsgrads (Streudiagramm und Regressionsgerade)

Abbildung 29 zeigt das Streudiagramm der 50 Wertepaare sowie das Ergebnis einer linearen Einfachregression. Die ausführliche statistische Auswertung findet sich in Anhang 8 und zeigt, dass sämtliche Voraussetzungen für die Durchführung einer linearen Regression vorliegen. Die Regressionsfunktion ergibt sich zu:

(5.3) $y = -2{,}617 K° + 11{,}424$

Das korrigierte Bestimmtheitsmaß beträgt $\bar{r}^2 = 0{,}482$. Aus dem Streudiagramm ist ersichtlich, dass die mittlere Greifzeit pro Verpackung negativ mit dem Kompatibilitätsgrad korreliert. Ein linearer Zusammenhang ist zu erkennen. Zur Beurteilung der statistischen Signifikanz ist wieder der für Regressionskoeffizient und Achsenabschnitt ermittelte t-Wert dem kritischen t-Wert von

|1,96| gegenüberzustellen (gilt für eine Vertrauenswahrscheinlichkeit von 95%). Für den Regressionskoeffizienten (b = – 2,617), welcher die Wirkung des Kompatibilitätsgrads auf die mittlere Greifzeit pro Verpackung quantifiziert, ist diese Bedingung mit einem ermittelten t-Wert von -6,65 ebenso erfüllt wie für den Achsenabschnitt (t-Wert aus der Regression von 53,87). Damit hat bei einer Vertrauenswahrscheinlichkeit von 95% der Kompatibilitätsgrad einen statistisch signifikanten Einfluss auf die mittlere Greifzeit pro Verpackung bei der Bildung von gemischten Ladeeinheiten.

Interpretation

Der untersuchte Zusammenhang ist statistisch wie folgt zu interpretieren: Mit Erhöhung des Kompatibilitätsgrads um zehn Prozentpunkte sinkt die mittlere Greifzeit pro Verpackung um rund eine Viertel-Sekunde (0,261 Sekunden.). Damit ist der Kompatibilitätsgrad in der Lage, die Greifzeit um insgesamt rund 2,6 Sekunden zu variieren. Setzt sich ein Verpackungssystem vollständig ohne kompatible Verpackungen zusammen, so beträgt die Greifzeit rund 11,4 Sekunden pro Verpackung. Demgegenüber führt eine ausschließliche Verwendung kompatibler Verpackungen zu einem Sinken der mittleren Greifzeit pro Verpackung auf rund 8,8 Sekunden. Zusammenfassend kann die eingangs aufgestellte Vermutung der negativen Korrelation zwischen Interoperabilität und Zeitbedarf bei der Kommissionierung bestätigt werden.

5.3 Wirkung von Kompatibilitäts- und Schwachstellengrad auf die Stabilität der gemischten Ladeeinheit

Die gemischte Ladeeinheit wird im Rahmen ihrer Bewegung entlang der Lieferkette zum Objekt zahlreicher Transport-, Umschlag- und Lagervorgänge (vgl. Kapitel 4.1). Dabei wirken physikalische Belastungen auf die Ladeeinheit ein. Trotz gegebener Ladungs- und Ladeeinheitensicherung kommt es regelmäßig zu Schadensfällen. Wie am Ende von Kapitel 3.2.2 bereits thematisiert, so können die Gründe hierfür teilweise auf einzelne Verpackungen zurückgeführt werden. In vielen Fällen ist diese isolierte Kausalität im Zusammenhang mit gemischten Ladeeinheiten jedoch gerade nicht gegeben. Damit kommt der Stabilität der gesamten (gemischten) Ladeeinheiten eine besondere Bedeutung zu. Diese steht hier im Mittelpunkt und bedarf einer vertiefenden Untersuchung.[243]

Zunächst ist die Dimension zu thematisieren, in welcher die Stabilität gemessen werden soll. Da eine originäre Maßeinheit fehlt, ist auf die Häufigkeit von Versagensfällen abzustellen. Als *Versagensfall* soll das Verrutschen einer oberen in eine untere Verpackung verstanden werden, sobald die obere Verpackung mit einer Ecke oder Kante erkennbar in die untere Verpackung eindringt. In diesem Zusammenhang sei daran erinnert, dass es sich bei den verwendeten Verpackungen ganz überwiegend um Steigen, also Packmittel ohne Deckel (vgl. Kapitel 2.2.2) handelt. Abbildung 30 visualisiert den so verstandenen Versagensfall.

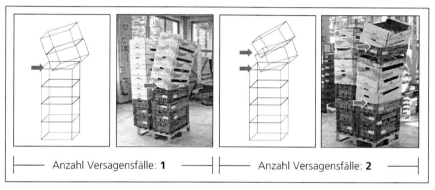

Abbildung 30: Definition Versagensfall und Art der Zählung

---

[243] Eine diesbezügliche Literaturrecherche blieb im Wesentlichen ergebnislos. In Bezug auf die Stabilität einer gemischten Ladeeinheit gibt es nur wenige wissenschaftliche Untersuchungen (vgl. Abdou/El-Masry (2000), S. 3150). Mathematische Überlegungen aus dem Operations Research bedürfen selbst einer empirischen Begründung und sind hier nicht dienlich. Dieses Manko gilt auch für modellbasierte Überlegungen wie sie beispielsweise von *Abdou* und *Hanna* (1993) oder von *Löschau* stammen (vgl. Löschau (1989), S. 155ff.). Empirische Untersuchen wurden von *Singh, Walker* und *Seehaver* zur Stapelbarkeit von Mehrwegbehältern durchgeführt. Dabei wurden jedoch ausschließlich homogene Säulen betrachtet (vgl. Singh/Walker/Seehaver (1999), S.11ff.). Eine dem Titel nach verheißungsvolle Studie von *White* und *Rupert* aus dem Jahre 2003 zur Bewertung der Kompatibilität von sog. „Common Footprint" Einweg- und Mehrwegverpackungen aus Wellpappe und Kunststoff ist auch auf Nachforschen des Autors nicht öffentlich zugänglich. Vielmehr handelt es sich um ein Gutachten im gemeinschaftlichen Auftrag der amerikanischen Einweg- und Mehrwegverpackungs-Interessenverbände. Das nur per Pressemitteilung veröffentlichte Ergebnis, nach dem Unterschiede in Bezug auf die Stabilität gemischter Ladeeinheiten nicht nachzu-weisen waren, ist vor dem Hintergrund der Auftraggeber mit Zweifeln zu versehen (vgl. o.V. (2004), o.S.).

Auf diese Definition zurückgreifend kann die Anzahl von Versagensfällen auf einer getesteten Ladeeinheit durch Abzählen ermittelt werden. Dabei wird jede einzelne verrutschte Verpackung gezählt (Abbildung 30). Ausdrücklich *nicht* werden jedoch automatisch alle oberhalb eines Versagensfalls angeordneten Steigen zum Versagensfall.

In den beiden folgenden Kapiteln ist nun zu untersuchen, ob die so verstandene Stabilität der gemischten Ladeeinheit durch die Interoperabilität der auf einer Ladeeinheit zusammengeführten Verpackungen beeinflusst wird. Konkret ist zu prüfen, ob und inwiefern die Stabilität einer aus schwach-heterogenen und quaderförmigen Steigen gebildeten gemischten Ladeeinheit vom „Kompatibilitätsgrad" und/oder vom „Schwachstellengrad" abhängt. Für diese Untersuchung wurden zwei normierte Belastungssimulationen ausgewählt, welche mit dem Kommissioniervorgang und dem Lkw-Transport zwei besonders belastungsintensive Abschnitte der Lieferkette nachbilden.

Der Zusammenhang wird wiederum mittels linearer Regressionsanalyse untersucht. Im Gegensatz zu den Kapiteln 5.1 und 5.2 sollen jedoch zwei unabhängige Variablen beim Aufbau des Regressionsmodells berücksichtigt werden. Die dafür auszuwertenden Daten liegen aufgrund mangelnder Aufzeichnungen in der Praxis nicht in ausreichender Detaillierung vor. Sie können dementsprechend nicht durch die Kooperation mit einem Handelsunternehmen ermittelt werden, sondern sind über die Durchführung von Belastungssimulationen unter Laborbedingungen zu erzeugen. Dies erfolgte für beide Versuche im Verpackungsprüflabor des Fraunhofer IML.

Damit liegt eine vom praktischen Anwendungsfall abweichende Situation in Bezug auf die Bestimmung von Kompatibilitäts- und Schwachstellengrad vor. Während beide bei *fehlender Kenntnis* der tatsächlichen Zusammensetzung jeder gebildeten Ladeeinheit durch die in Kapitel 4.2 beschriebenen Formeln berechnet und damit näherungsweise unter Geltung bestimmter Annahmen bestimmt werden können, trifft für die Durchführung von Experimenten gerade das Gegenteil zu. Durch die *genaue Kenntnis* jeder Ladeeinheit kann im Zusammenhang mit der Auswertung der Versuchsreihe ein Kompatibilitätsgrad durch Abzählen bestimmt werden, der die zusammengestellte Ladeeinheit exakt beschreibt. Es muss nicht länger basierend auf Auftrittswahrscheinlichkeiten verschiedener Verpackungen ein Kompatibilitätsgrad ermittelt werden, welcher bei einer gegebenen Konstellation von Verpackungen im „Durchschnitt" zu erwarten ist. Dementsprechend werden im Rahmen der Belastungssimulationen beide Parameter durch Summieren der tatsächlich kompatibel gestapelten Verpackungen bzw. der tatsächlich vorhandenen Schwachstellen und anschließende Division durch die Gesamtsumme der Verpackungen auf der Ladeeinheit ermittelt.

5.3.1 Festigkeitsprüfung nach DIN/ISO 10531

Versuchsaufbau

Bei der ausgewählten Prüfung handelt es sich um eine nach DIN/ISO genormte Festigkeitsprüfung von Ladeeinheiten.[244] Präziser ausgedrückt handelt es sich um eine Fallprüfung, mit welcher die Fähigkeit der Ladeeinheit geprüft wird, unbeabsichtigten Stürzen standzuhalten. Von den beiden in DIN/ISO 10531 vorgeschlagenen Verfahren wird mit dem flachen Fall auf eine Bodenfläche das weniger belastungsintensive und realitätsnähere angewendet.[245]

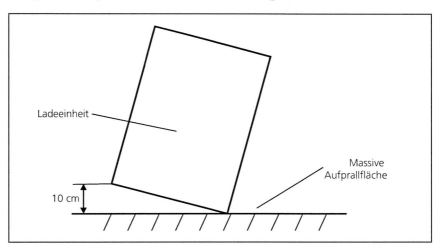

Abbildung 31: Festigkeitsprüfung durch Fall auf Bodenfläche nach DIN/ISO 10531[246]

---

[244] Bei der englischen Bezeichnung „stability testing of unit loads" wird der Bezug zur Stabilität der Ladeeinheit noch besser deutlich.

[245] Kantenfälle belasten in einem höheren Maße die Festigkeit der Ladeeinheit, während Flächenfälle meist tatsächliche Bedingungen näher simulieren (vgl. DIN/ISO 10531).

[246] In Anlehnung an DIN/ISO 10531, S. 3.

Der Versuchsaufbau sieht vor, dass eine Bodenkante der Ladeeinheit auf die harte, massive Aufprallfläche aufgestützt ist, während die gegenüberliegende Bodenkante mit einem automatischen Handhubwagen 10 cm angehoben und zum freien Fall ausgelöst wird (vgl. Abbildung 31).

Das zur Anwendung kommende Verfahren ist in seiner Intensität insofern nochmals verringert, als die maximal zulässige Höhe des freien Falls von 20 cm reduziert und auf 10 cm festgesetzt wird. Diese Höhe konnte vor Versuchsdurchführung als maximale Anhebung besonders instabiler Ladeeinheiten ermittelt werden, bei der es gerade noch nicht zu einem Verrutschen von Verpackungen oder Kippen von Säulen kam. Eine Sicherung der Ladeeinheiten erfolgt nicht. Damit zielt die Prüfung besonders auf mögliche Belastungen während des Kommissioniervorgangs ab. In der Praxis ergeben sich bei Verwendung von Horizontal-Kommissionierern mit einer Aufnahmefähigkeit von bis zu drei Europaletten Prozesszeiten von deutlich mehr als 30 Minuten. In diesem Zeitraum werden die Ladeeinheiten in ungesichertem Zustand bewegt und abgesetzt. Ein letztes Absetzen der ungesicherten Ladeeinheit erfolgt zur Ermöglichung der Ladeeinheitensicherung.

Versuchsdurchführung

Insgesamt wurden 30 Ladeeinheiten mit unterschiedlichem Kompatibilitäts- und Schwachstellengrad gebildet und geprüft. Eine Beschreibung der Ladeeinheiten mit Angaben zu Art und Anzahl der Verpackungen sowie ermitteltem Kompatibilitäts- und Schwachstellengrad findet sich in den Anhängen 9 und 11. Aufgrund des eingeschränkten Stichprobenumfangs wurden die Ladeeinheiten nicht derart gebildet, dass die beiden Kennzahlen gleichmäßig über das Spektrum von null bis eins variiert wurden. Mit einem hohen Kompatibilitätsgrad beginnend wurde vielmehr festgestellt, dass keine Schadensfälle aufgetreten sind. Dementsprechend liegt der Großteil der gebildeten Ladeeinheiten im Bereich niedriger Kompatibilitätsgrade.

Zur Bildung der Ladeeinheit wurde die Halbpalette (800 x 600 mm) verwendet. Dies begründet sich zum einen mit dem Verweis auf die Häufigkeit ihres

Einsatzes in der Distribution frischer Lebensmittel[247] und zum anderen mit dem sprunghaft steigenden Verschleiß von Prüfobjekten bei Verwendung der Europalette. Aufgrund der Abmessungen der Halbpalette musste der Versuch leicht modifiziert werden: der Kippvorgang wurde über die Schmalseite der Palette durchgeführt. Obwohl dies nicht der üblichen Aufnahmeseite entspricht, wird so eine Übertragbarkeit der Ergebnisse auf die Europalette möglich. Der sich durch das Anheben ergebende Winkel tan Φ ist aufgrund der übereinstimmenden Abmessungen von langer Seite Halbpalette und kurzer Seite Europalette (800 mm) identisch.

Abbildung 32: Versuchsaufbau Fallprüfung nach DIN/ISO 10 531

Der Versuch wurde, wie oben beschrieben und wie in Abbildung 32 dargestellt, mit Hilfe eines automatischen Handhubwagens durchgeführt.

Ergebnisse

Als quantitative Ergebnisse liegen für jede getestete Ladeeinheit folgende Daten vor:

- Anzahl Verpackungen auf der Ladeeinheit
- Kompatibilitätsgrad
- Schwachstellengrad
- Anzahl Versagensfälle (absolut und relativ)

---

[247] Die Halbpalette wird im Wesentlichen von Discountern, aber auch zur Belieferung kleiner Filialen von Vollsortimentern verwendet. Discounter inkl. *Aldi* zusammen mit LEH < 800 m² haben einen Anteil an der Deckung der privaten Nachfrage für die Segmente Frischobst, Frischgemüse sowie Fleischwaren & Wurst von 61%, 60% und 50% (vgl. ZMP (2004), o.S.).

Eine vollständige Auflistung aller Datensätze findet sich in Anhang 11. Abbildung 33 stellt mit dem Zusammenhang zwischen Kompatibilitätsgrad und dem Auftreten von Versagensfällen den ersten Teil des Ergebnisses in Form eines Säulendiagramms dar. Auf der X-Achse wird der Kompatibilitätsgrad in vier Intervallen abgetragen. Auf der Y-Achse steht die absolute Anzahl von Schadensfällen auf der Ladeeinheit. Deutlich erkennt man eine negative Korrelation: Mit steigendem Kompatibilitätsgrad sinkt die mittlere Häufung der Schadensfälle pro Intervall.

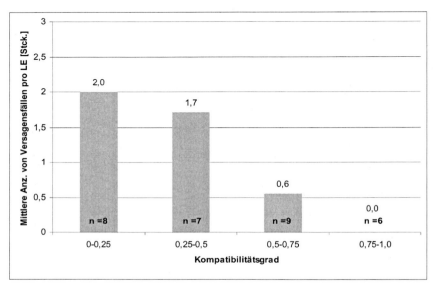

Abbildung 33: Mittlere Anzahl von Versagensfällen in Abhängigkeit des Kompatibilitätsgrads (Fallprüfung)

Diesen Zusammenhang illustriert Abbildung 34, indem sie die aufgetretenen Schäden für jedes gebildete Intervall anhand einer exemplarischen Ladeeinheit zeigt. Deutlich zu erkennen ist hier die mit steigendem Kompatibilitätsgrad ansteigende Homogenität der Ladeeinheit sowie die abnehmende Häufung der Versagensfälle.

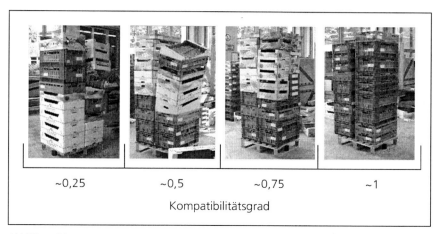

Abbildung 34: Exemplarische Darstellung von Ergebnissen der Fallprüfung

Erwähnenswert ist, dass bei Durchführung dieser Testreihe eine Häufung von Versagensfällen an solchen Stellen innerhalb der gemischten Ladeeinheit festgestellt wurde, an denen auf einer Kunststoffsteige eine Papp- oder Wellpappverpackung stand. Diese Beobachtung führte zur Definition des Begriffs der „Schwachstelle" im Sinne von Kapitel 4.2.3. Der Zusammenhang ist auch im intervall-basierten Säulendiagramm in Abbildung 35 deutlich zu erkennen. Dieses zeigt, dass mit steigendem Schwachstellengrad eine Häufung von Versagensfällen einhergeht.

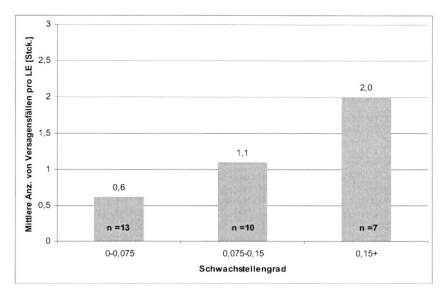

Abbildung 35: Mittlere Anzahl von Versagensfällen in Abhängigkeit des Schwachstellengrads (Fallprüfung)

Ein Prüfbericht nach DIN/ISO 10531 findet sich in Anhang 10. Die statistische Interpretation der Ergebnisse erfolgt zusammen mit dem nachfolgend beschriebenen Versuch in Kapitel 5.3.3.

5.3.2 Transportsimulation nach ASTM 4728-95

Im Straßentransport entstehen Schwingungen, welche durch das Feder-Dämpfer-System des Lkw auf die Ladefläche übertragen werden. Ursächlich für diese Schwingungen sind im Wesentlichen Unebenheiten der Fahrbahn sowie durch die vom Antrieb erzeugten Eigenschwingungen des Transportmittels. Derartige Schwingungen sind in ihrer Charakteristik grundsätzlich bekannt. Mit Hilfe einer Schwingprüfung auf einem hydraulisch angetriebenen Schwingtisch kann der Transport von Ladung auf der Ladefläche eines Lkw nachgebildet werden. Basis einer derartigen Simulation von Transportschwingungen im Labor bilden umfangreiche Messungen auf Lkw-Ladeflächen, wie sie vor einigen Jahren in den USA durchgeführt wurden.[248] Die Ergebnisse wurden in der amerikanischen Norm ASTM 4728-95 standardisiert.

Die normierten, auf amerikanischen Straßen- und Distributionsbedingungen beruhenden, Prüfbelastungen werden für europäische Verhältnisse häufig als zu belastungsintensiv beurteilt. Dementsprechend ist in einer Voruntersuchung ihre Anwendbarkeit in dieser Arbeit zu klären.

Voruntersuchung zur Festlegung der Prüfintensität

In Kooperation mit einem überregional tätigen Handelsunternehmen wurden hierfür tatsächliche Belastungen im Rahmen der Filialbelieferung ermittelt. Dazu kam ein Datenlogger[249] zum Einsatz, welcher an der belastungsintensivsten Stelle fest mit dem Längsträger eines Lkw verbunden wurde.[250] Aufgezeichnet wurden Beschleunigungen in den drei Raumachsen während zweier verschiedener Distributionstouren über den Zeitraum einer Woche. Die jeweils auftretenden

---

[248] Vgl. Leonard (1996), S. 226ff.

[249] Zum Einsatz kam ein Gerät zur Messung und Speicherung von Beschleunigungen. Es handelt sich um das Fabrikat *Saver^{TM}3X90* der Firma *Lansmont*, USA.

[250] Die belastungsintensivste Stelle befindet sich am Heck des Fahrzeugs (vgl. Jarimopas/Singh/Saengnil (2005), S. 181).

Beschleunigungen wurden in definierten Zeitintervallen von 20 Sekunden gespeichert. Insgesamt wurden 22.198 Messwerte aufgezeichnet. Im Anhang 13 finden sich Angaben zum verwendeten Fahrzeug, zur Installation des Datenloggers sowie zum Streckenprofil der gefahrenen Touren.

Basierend auf Fahrzeitprotokollen wurden für die Messung relevante Zeitfenster selektiert. Aus den Gesamtdaten dieser Zeitfenster wurden mit Hilfe der Software *SaverXware* so genannte PSD-Spektren (Power Spectral Density) berechnet. Dabei handelt es sich um die Darstellung der Leistungsdichte als Funktion der Frequenz. Abbildung 36 zeigt den Mittelwert der Messwerte im Vergleich zu den Normwerten nach ASTM4728-95. Bei letzteren handelt es sich ebenfalls um Mittelwerte. Weiterhin ist die „upper envelope" der Messwerte als obere umhüllende Kurve sowie eine in ihrer Intensität um 50% reduzierte Version der Normwertekurve eingezeichnet.

Zwei Punkte fallen bei Betrachtung der Abbildung 36 auf. Zum einen ist ein ähnlicher Verlauf aller Kurven über die Frequenz zu erkennen. Die Knickpunkte, als wesentliche Charakteristika, liegen vergleichsweise nahe beieinander. Eine erste deutliche Reduktion der Leistungsdichte erfolgt oberhalb von ca. 10 Hz und ein zweiter Abfall findet zwischen 80 und 100 Hz. statt. Zum anderen ist ersichtlich, dass die Leistungsdichte der Messwertkurve deutlich hinter den Werten der Norm zurückbleibt.

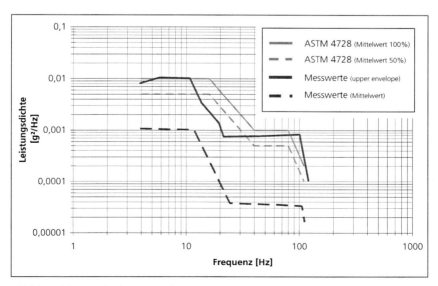

Abbildung 36: PSD-Spektren von ASTM 4728 Normwerten und aufgezeichneten Messwerten

Vor diesem Hintergrund kann eine grundsätzliche Anwendbarkeit der Normdaten festgestellt werden. Die Anwendung des normierten Prüfspektrums ist dem der gemessenen Werte vorzuziehen, da die ASTM Normwerte auf einer Vielzahl von Testfahrten mit jeweils unterschiedlichen Fahrzeugen, Feder-Dämpfer-Systemen, Straßenzuständen und Streckenprofilen basieren.

Allerdings ist bei Anwendung der Normwerte eine Reduktion der Belastungsintensität nötig. Bei der Quantifizierung dieser Reduktion sind folgende Aspekte zu berücksichtigen: Zum einen wurden beide Datenreihen auf einem modernen Lkw mit Luftfederung und Schleppachse sowie im Rahmen von nur zwei stark innerstädtisch geprägten Distributionstouren aufgezeichnet. Diese Kombination führt zu denkbar niedrigen Belastungen. Zum anderen sollten sich Belastungssimulationen in Bezug auf die Festlegung ihrer Prüfintensität nicht ausschließlich an Mittelwerten orientieren, sondern müssen vielmehr auch einen unter sinnvollen Annahmen zu erwartenden *worst case* berücksichtigen. In diesem Zusammenhang ist in Abbildung 36 eine alles umhüllende Kurve der gemessenen Werte (sog. *upper envelope*) als belastungsintensivste aller möglichen Kurven eingezeichnet. Diese entspricht neben dem charakteristischen Verlauf auch dem *Niveau* der Normwerte. Zusammenfassend ist ein Absenken der Belastungsintensität der Normwerte bis auf das Niveau der Messwerte vor diesem Hintergrund nicht zu empfehlen. Vielmehr werden die Normwerte auf 50% der Leistungsdichte reduziert und als Prüfintensität für die Untersuchung festgelegt. Damit liegt das ausgewählte Profil an der unteren Grenze der im Verpackungsprüflabor des Fraunhofer IML regelmäßig zum Einsatz kommenden Prüfintensitäten. Die Prüfdauer wurde auf zwei Stunden festgesetzt, was der gemessenen Netto-Fahrzeit pro Tour in beladenem Zustand entspricht.

Versuchsaufbau

Die Prüfung wurde auf dem Schwingtisch des Verpackungsprüflabors am Fraunhofer IML in Dortmund durchgeführt. Der Versuchsaufbau ist in Abbildung 37 schematisch dargestellt. Im Anhang 15 findet sich das entsprechende Prüfprotokoll.

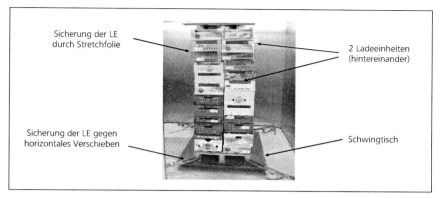

Abbildung 37: Versuchsaufbau Schwingprüfung

Bei der angewendeten Simulationsmethode handelt es sich um einen sog. *Random-Vibration Test*. Dabei werden stochastische Schwingungsbelastungen während des Lkw-Transports simuliert. Das ausgewählte Prüfverfahren berücksichtigt die Tatsache, dass in der Realität keine Schwingungen auftreten, die nur aus einer Frequenz bestehen. Vielmehr sind immer Frequenzgemische vorhanden, wobei die einzelnen Frequenzen mit unterschiedlichen Amplituden auftreten. Deshalb wird bei der Simulation mittels Random Vibration durch zufälliges Anregen verschiedener Frequenzen ein Frequenzgemisch erzeugt, welches der Realität nahe kommt. Aus diesem Frequenzgemisch resultieren realistische Stöße mit unterschiedlichen Beschleunigungsintensitäten.[251]

Versuchsdurchführung

Insgesamt wurden abermals 30 Ladeeinheiten unter Einsatz der Halbpalette mit unterschiedlichem Kompatibilitäts- und Schwachstellengrad gebildet und geprüft. Diese entsprechen im Wesentlichen den im letzten Versuch gebildeten Einheiten. Insgesamt drei Einheiten sind verändert worden, um die Relevanz des Schwachstellengrads trennschärfer prüfen zu können. Alle Ladeeinheiten sind in Anhang 14 detailliert beschrieben. In Bezug auf die Verteilung der gebildeten Ladeeinheiten über das Spektrum von Kompatibilitäts- und Schwachstellengrad wurde wie im letzten Versuch verfahren, so dass der Schwerpunkt der Messungen in den kritischen Bereich gelegt wurde.

---

[251] Vgl. Wunderlich (1997), S. 14ff.

Für jede Ladeeinheit wurde der Transport auf der Ladefläche eines Lkw nachgebildet, indem eine Dauerschwingprüfung mit einem wie oben beschrieben angepassten Frequenzspektrum der amerikanischen Norm ASTM 4728 gefahren wurde. Es wurden jeweils zwei Ladeeinheiten so auf den Schwingtisch gestellt, dass sie sich frei in der vertikalen Schwingungsachse bewegen konnten und in der horizontalen Achse durch entsprechende Gurte nur begrenzte Bewegungsfreiheit hatten. Die Prüfung der Ladeeinheiten erfolgte in gesichertem Zustand. Jede Ladeeinheit wurde mit zwei Wicklungen Stretchfolie gesichert. Die Folie wurde manuell an der Oberkante der Ladeeinheit beginnend angebracht. Diese Art der Sicherung kommt in der Praxis häufig vor. Der Schwingtisch erzeugte dann Zufallsschwingungen (random vibrations), welchen die Ladeeinheit für zwei Stunden ausgesetzt wurde. Danach wurde die Ladeeinheit auf ineinander gerutschte oder vom Stapel gefallene Verpackungen überprüft und diese Daten dokumentiert.

Ergebnisse

Als quantitative Ergebnisse liegen für jede getestete Ladeeinheit in Anhang 16 wiederum folgende Daten vor:

- Anzahl Verpackungen auf der Ladeeinheit
- Kompatibilitätsgrad
- Schwachstellengrad
- Anzahl Versagensfälle (absolut und relativ)

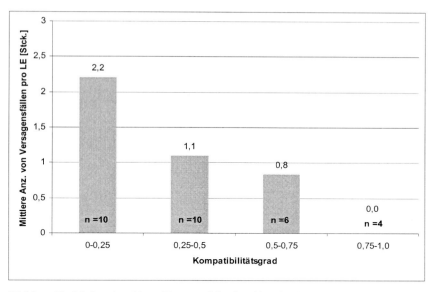

Abbildung 38: Mittlere Anzahl von Versagensfällen in Abhängigkeit des Kompatibilitätsgrads (Schwingprüfung)

Analog zum vorhergehenden Versuch stellt Abbildung 38 den Zusammenhang zwischen Kompatibilitätsgrad und mittlerer Anzahl Versagensfälle in Form eines Säulendiagramms dar. Auf der X-Achse werden wieder vier Intervalle unterschieden. Auf der Y-Achse wird die mittlere Anzahl Versagensfälle pro Ladeeinheit für jedes Intervall abgetragen. Deutlich erkennt man auch hier eine negative Korrelation: Mit steigendem Kompatibilitätsgrad sinkt die mittlere Anzahl von Schäden im Intervall. Dieser Zusammenhang wird in Abbildung 39 beispielhaft visualisiert, indem für jedes Intervall typische Ladeeinheiten nach Ende der Prüfung dargestellt sind.

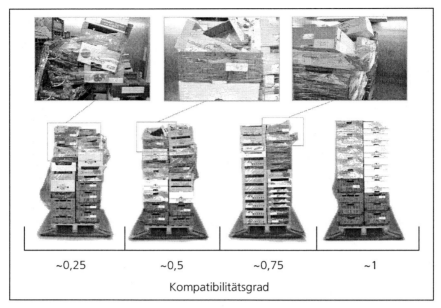

Abbildung 39: Exemplarische Darstellung von Ergebnissen der Schwingprüfung

Abbildung 40 zeigt auch für diesen Versuch die Wirkung eines steigenden Schwachstellengrads. Deutlich ist ein positiv korrelierter Zusammenhang ersichtlich: Mit steigendem Schwachstellengrad steigt die mittlere Anzahl der Schadensfälle im Intervall.

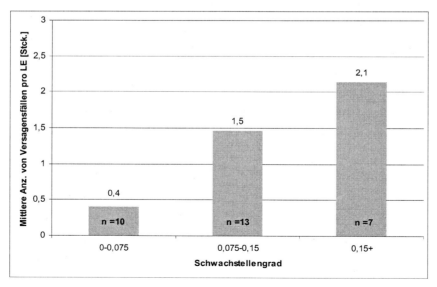

Abbildung 40: Mittlere Anzahl von Versagensfällen in Abhängigkeit des Schwachstellengrads (Schwingprüfung)

Das Versuchsprotokoll findet sich in Anhang 15. Die statistische Interpretation der Ergebnisse erfolgt im nächsten Kapitel.

5.3.3 Analyse und Interpretation der Ergebnisse

Nachdem beide im Prüflabor durchgeführten Belastungssimulationen beschrieben und mit ihren Ergebnissen vorgestellt wurden, sollen letztere in diesem Kapitel statistisch interpretiert werden. Dabei steht die Frage im Vordergrund, ob es analog zu den Kapiteln 5.1 und 5.2 möglich ist, ein lineares Regressionsmodell aufzustellen, welches zu signifikanten Ergebnissen kommt. Im Gegensatz zu den bereits aufgestellten Modellen soll jedoch die Wirkung von *zwei* unabhängigen Variablen (Regressoren) auf die Stabilität der Ladeeinheit (interpretiert durch den Anteil von Schadensfällen) geprüft werden. Bevor diese Prüfung erfolgt, soll zuerst der Stichprobenumfang diskutiert sowie eine Normierung der zu erklärenden Variablen vorgenommen werden.

Anmerkungen zum Stichprobenumfang

Der vorliegende Strichprobenumfang von n=30 ist kritisch zu diskutieren, da mit kleinen Stichprobenumfängen aus statistischer Sicht die Gefahr von zufälligen Ergebnissen einer Regression steigt. Mit anderen Worten könnten sich die oben beschriebenen und im Weiteren als signifikant nachzuweisenden Ergebnisse der Belastungssimulationen zufällig ergeben. In eine abschließende Beurteilung des gewählten Stichprobenumfangs mögen folgende Aspekte mit einbezogen werden:

- *Vergleichbare Untersuchungen*: Alternative Stichprobenumfänge bei vergleichbaren Untersuchungen fallen zum Teil wesentlich geringer aus.[252] Im Zusammenhang mit Palettenprüfungen ist in den Normen DIN 15141 und DIN 15158 die Mindestanzahl der Prüfmuster sogar auf nur drei (!) festgelegt.
- *Mittelknappheit*: Mit der Durchführung von Belastungssimulationen in einem Prüflabor gehen Kosten in Form von Maschinenbelegungszeit sowie der Bereitstellung von Prüfmustern einher.
- *Übereinstimmung der Ergebnisse mit den Erwartungen*: Die quantifizierten Wirkungen entsprechen den Erwartungen. Bei der Versuchsdurchführung

---

[252] Vgl. Singh/Walker/Seehaver (1999), S.11ff. (10 Wiederholungen); Han et al. (2003), S. 111ff. (20 Wiederholungen).

angestellte Beobachtungen, wie sie z.B. zur Aufnahme des Schwachstellengrads in das Regressionsmodell führten, stützen die Aussagen der Regression.

Zusammenfassend sind die für geringe Stichprobenumfänge vorgebrachten Vorbehalte nie gänzlich auszuschließen. Die drei angeführten Punkte sprechen dennoch für die Belastbarkeit der Untersuchung und die Qualität der abzuleitenden Erkenntnisse.

Normierung der erklärten Variablen

Für die statistische Auswertung erfolgt eine Normierung der erklärten Variablen. (Versagensfälle auf der Ladeeinheit). In den Säulendiagrammen in den Kapiteln 5.1.3 und 5.2.2 wurde diese Größe als absolute Anzahl von Versagensfällen aufgefasst. Nun soll durch entsprechende Normierung der Schadensfälle Vergleichbarkeit für Ladeeinheiten mit unterschiedlicher Anzahl von Verpackungen hergestellt werden. Dazu ist die Anzahl von Versagensfällen relativ auszudrücken, indem sie ins Verhältnis zur Anzahl aller Verpackungen auf der getesteten Ladeeinheit gesetzt wird. So ergibt sich der Anteil schadhafter Verpackungen. Im Ergebnis liegt eine einheitliche Skalierung von unabhängiger und abhängiger Variable vor.

Für die Interpretation kann die erklärte Variable als eine Bruch- oder Schadensquote verstanden werden und wird im Folgenden so bezeichnet. Diese bezieht sich nicht länger nur auf eine einzelne Ladeeinheit, sondern beispielsweise auf die Gesamtheit der Verpackungen in einem Verpackungssystem. Konkret gibt diese Schadensquote den Anteil von Verpackungen wieder, bei dem ein Versagensfall im Sinne von Abbildung 30 eintritt. Die Schadensquote quantifiziert somit eine Anzahl von Verpackungen. Im Rahmen der Bewertung wird hieran anschließend die Frage zu beantworten sein, wie diese Situation in Kosten zu transformieren ist.

Statistische Signifikanz der Schwingprüfung

Um eine spätere Bezugnahme zu ermöglichen, erfolgt zuerst die Interpretation der Belastungssimulation des Lkw-Transports.

Durch den Lkw-Transport von Ladeeinheiten wirken Stöße auf die Ladeeinheit, welche im Rahmen einer Versuchsreihe zur Analyse der Entstehung möglicher Versagensfälle mit einem Schwingtisch simuliert wurden. Dabei kommt es zu

Schadensfällen, welche sich durch die beiden unabhängigen Variablen „Kompatibilitätsgrad" und „Schwachstellengrad" gut beschreiben lassen. So lässt sich beobachten, dass es zu einem Anstieg von Schadensfällen mit sinkendem Kompatibilitätsgrad und steigendem Schwachstellengrad kommt.

Im Rahmen der statistischen Auswertung der Versuchsreihe soll ein multiples lineares Regressionsmodell zur Erklärung der Schadensquote während des Lkw-Transports (SQ_{Lkw}) mit den beiden erklärenden Parametern Kompatibilitätsgrad ($K°$) und Schwachstellengrad ($S°$) aufgestellt werden. Ein solches Modell führt in einem ersten Schritt jedoch zum Ausschluss des Kompatibilitätsgrades (t-Wert: -0,934), als dem schwächer erklärenden Parameter. Eine daraufhin durchgeführte Einzelbetrachtung der Variablen verdeutlicht, dass jede Variable für sich einen signifikanten Einfluss auf die zu erklärenden Schadensfälle aufweist. So ergibt sich in isolierten Modellen ein t-Wert von -3,538 für den Kompatibilitätsgrad und ein t-Wert von 4,621 für den Schwachstellengrad. Damit sind die Variablen zur Erklärung des Modells prinzipiell gut geeignet (kritischer t-Wert $|1,96|$ mit $\alpha = 0,05$ als Signifikanzniveau[253]). Die gemeinsame Betrachtung der beiden Variablen innerhalb *eines* Modells zeigt ihre Korrelation. Im Rahmen der bei Aufstellen eines linearen Regressionsmodells zu prüfenden Multikollinearität zeigt sich dies in einer hohen Korrelation ($r = -0,701$) der beiden Parameter. Dieser Zusammenhang erklärt sich wie folgt: Mit steigendem Kompatibilitätsgrad und der damit verbundenen Homogenisierung der Ladeeinheit bieten sich weniger Möglichkeiten zur Ausprägung von Schwachstellen.

Da bei Durchführung der Versuche sowie in den Säulendiagrammen der Abbildung 38 und Abbildung 40 beide Zusammenhänge als gut erklärend wahrgenommen wurden, soll nach einer Lösung des Problems der Kollinearität und damit nach einer alternativen Auswertung unter Beibehaltung beider erklärender Parameter (Kompatibilitätsgrad und Schwachstellengrad) gesucht werden. Eine Möglichkeit bietet sich durch Integration der Korrelation beider Parameter in das statistische Modell unter Rückgriff auf eine Lineartransformation.[254] Zur Beschreibung des Gesamtmodells wird deshalb in einem ersten Schritt ein lineares Regressionsmodell formuliert, in dem der Parameter

---

[253] Dieses Signifikanzniveau gilt für alle weiteren Regressionsmodelle.
[254] Vgl. Stahel (2002), S. 271ff.

„Schwachstellengrad" zur Erklärung des Parameters „Kompatibilitätsgrad" herangezogen wird. Ein Korrelationskoeffizient nach *Pearson* von $r = -0{,}701$ unterstützt die Vermutung einer negativen Korrelation. Das Modell zeichnet sich durch ein korrigiertes Bestimmtheitsmaß von $\bar{r}^2 = 0{,}473$ und einen signifikanten Koeffizienten (t-Wert: -5,196) aus. Das Regressionsmodell zur Bestimmung der Kompatibilität (K^{ber}) hat die Form:

(5.4) $K^{ber} = 0{,}67 - 2{,}637 \cdot S°$

Das Residuum (*e*) ergibt sich als Differenz aus dem wahren Kompatibilitätsgrad ($K°$) und dem aus dem Regressionsmodell ermittelten Wert (K^{ber}) zu:

(5.5) $e = K° - K^{ber}$

Damit ergeben sich die einzelnen Residuen zu:

(5.6) $e = K° + 2{,}637 \cdot S° - 0{,}67$

Die mit Hilfe dieses Modells ermittelten Residuen werden dann in einem zweiten Schritt in das eigentliche Modell zur Erklärung der abhängigen Variablen „Schadensquote im Lkw-Transport" (SQ_{Lkw}) aufgenommen. Die Residuen dieses Modells können wie folgt interpretiert werden: Die Residuen beschreiben genau den Anteil am Gesamtmodell, der nicht durch den Parameter Kompatibilitätsgrad beschrieben wird. Sie geben damit vielmehr den Teil der Erklärung des Gesamtmodells an, der über den Parameter Kompatibilitätsgrad hinaus zusätzlich zur Erklärung eingebracht wird.

Das Gesamtmodell wird dann durch die Variable Kompatibilitätsgrad und die aufgenommenen Residuen bestimmt. Dabei wirkt durch die Berücksichtigung der Residuen auch die Variable Schwachstellengrad indirekt auf das Modell mit ein. Das Modell ergibt sich zu:

(5.7) $y = 0{,}14 - 0{,}224 \cdot K° + 0{,}18 \cdot e$

Beide Koeffizienten -0,224 (t-Wert: -4,61) und 0,18 (t-Wert: 2,64) sind signifikant. Mit Hilfe von Gleichung (5.6) und (5.7) kann somit das abschließende Erklärungsmodell ermittelt werden. Dabei ist zu berücksichtigen, dass die Annahmen des linearen Regressionsmodells implizieren, dass für die Regressoren jede beliebige Zahl angenommen werden kann. Da hier nicht ausgeschlossen werden kann, dass die zu erklärende Variable SQ_{Lkw} negative Werte annimmt, was als negative Schadensquote nicht zu interpretieren wäre, wird für den Fall negativer Werte der Regressand per Definition gleich null gesetzt. Dieser Fall tritt nur für sehr spezifische Wertepaare von K° nahe 1 und S° nahe 0 auf, so dass er zum einen als eher theoretisches Konstrukt die Anwendbarkeit nicht stört und darüber hinaus die Interpretation des Modells nicht konterkariert. Als abschließendes Regressionsmodell ergibt sich somit:

(5.8) $$SQ_{Lkw} = \begin{cases} 0{,}475 \cdot S° - 0{,}044 \cdot K° + 0{,}019 & \text{für } y \geq 0 \\ 0 & \text{für } y < 0 \end{cases}$$

Das Modell weist ein korrigiertes Bestimmtheitsmaß von $\bar{r}^2 = 0{,}41$ auf. Das Regressionsmodell bestätigt einen negativen Zusammenhang zwischen dem Kompatibilitätsgrad und den auftretenden Versagensfällen und einen positiven Zusammenhang zwischen dem Schwachstellengrad einer LE und der Anzahl auftretender Versagensfälle.

Statistische Signifikanz der Fallprüfung

Sowohl die Eindrücke bei Durchführung der Versuchsreihe (vgl. exemplarisch Abbildung 34) als auch die Ergebnisdarstellung in Form der beiden Säulendiagramme (vgl. Abbildung 33 und Abbildung 35) lassen vermuten, dass sich die erwarteten Zusammenhänge zwischen Kompatibilitätsgrad bzw. Schwachstellengrad und Auftreten der Versagensfälle auch für diesen Versuch gut durch beide erklärenden Variablen beschreiben lassen. Dementsprechend soll auch basierend auf den Ergebnissen der Fallprüfung ein multiples lineares Regressionsmodell mit den beiden erklärenden Variablen aufgestellt werden. Ein solches Modell ergibt jedoch einen insignifikanten Beitrag der Variablen „Schwachstellengrad" (t-Wert: 1,181) Da mit einem Korrelationskoeffizienten von $r = 0{,}685$ auch bei dieser Versuchsreihe eine starker Zusammenhang zwischen den beiden erklärenden Variablen (Kompatibilitätsgrad und Schwachstellengrad) feststellbar war, würde sich auch in diesem Fall eine Modellierung mittels einer Linearkombination anbieten. Diese ergibt jedoch ebenfalls keine signifikante Lösung zur Erklärung des Regressanden (t-Wert des Residuums: 1,181). Damit kann ein multiples lineares Regressionsmodell nicht aufgestellt werden.

Da die Variable „Kompatibilitätsgrad" signifikant zur Erklärung der Versagensfälle beiträgt, kann ein entsprechendes isoliertes Modell aufgestellt werden.

Dieses berücksichtigt lediglich die unabhängige Variable „Kompatibilitätsgrad". Es ergibt sich folgende Regressionsgleichung:

(5.9) $\quad y = 0{,}103 - 0{,}133 \cdot K°$

Es lässt sich erkennen, dass die auf Basis der Regressionsfunktion ermittelte Schadensquote bereits dann Werte von 0 annimmt, wenn $K°$ Werte größer als ca. 77% annimmt. Bei einem Kompatibilitätsgrad oberhalb dieser Werte liefert die Funktion negative Werte. Dieses Ergebnis geht konform mit der Interpretation, nach der aus steigendem Kompatibilitätsgrad eine sinkende Schadensquote folgt. Analog zum Fall der Schwingprüfung wird das abschließende Regressionsmodell nur für $K° \leq 0{,}75$ definiert:

(5.10) $\quad SQ_{Fall} = \begin{cases} 0{,}103 - 0{,}133 \cdot K° & \text{für } K° \leq 0{,}75 \\ 0 & \text{für } K° > 0{,}75 \end{cases}$

Der Regressor ist signifikant (t-Wert: -6,392). Das aufgestellte Regressionsmodell erklärt somit einen negativen Zusammenhang zwischen Kompatibilitätsgrad und dem Auftreten von Versagensfällen.

Interpretation der Ergebnisse

Beim Lkw-Transport hängt die Schadens- oder Bruchquote sowohl vom Kompatibilitäts- als auch vom Schwachstellengrad ab. Mit steigendem Kompatibilitäts- und sinkendem Schwachstellengrad sinkt die Schadensquote.

Isoliert betrachtet geht mit einer Erhöhung des Kompatibilitätsgrads um 1% eine Reduzierung der Schadensquote um rund 0,05% einher. Demgegenüber führt c.p. eine Reduzierung des Schwachstellengrads um 1% zum Sinken der Schadensquote um 0,48%. Offensichtlich wirken beide Parameter mit deutlich unterschiedlicher Intensität. Während der Schwachstellengrad bei einer Variation zwischen 0 und 1 die Schadensquote um fast 50% beeinflusst, so beträgt der „Hebel" des Kompatibilitätsgrads nur rund ein Zehntel (4,4%). Diese Ungleichverteilung der Wirkung wird zum Teil dadurch relativiert, dass zwar eine Variation des Kompatibilitätsgrads über das gesamte Intervall von 0 bis 1 in der Praxis vorstellbar ist, der Schwachstellengrad aber nur deutlich niedrigere Werte annehmen wird. So ist dieser erstens per Definition kleiner als 0,5 und zweitens kann aus der im Rahmen der Schwingprüfung gesammelten Erfahrung gesagt werden, dass in der Praxis Werte von $S° > 0{,}3$ allenfalls sehr selten zu erwarten sind.

Im Gegensatz zum LKW-Transport hängt beim Kommissioniervorgang die Schadensquote nur vom Kompatibilitätsgrad ab. Konkret geht mit einer Erhöhung des Kompatibilitätsgrads um 1% eine Reduzierung der Schadensquote um rund 0,13% einher. Für den Extremfall eines Kompatibilitätsgrads von 0 ergibt sich eine maximale Schadensquote von 10,3%. Das andere Extrem, eine Schadensquote von 0 stellt sich bereits ab einem Kompatibilitätsgrad ≥ 0,77 ein.

Für beide Versuche ist abschließend eine Sinnhaftigkeitsprüfung vorzunehmen. Es ist zu fragen, ob die beobachteten Schadensfälle in der Praxis in Art und Umfang bekannt sind. Beide Versuche sind separat zu interpretieren.

Die *Festigkeitsprüfung* der Ladeeinheit kommt für in der Praxis häufig zu erwartende Kompatibilitätsgrade zu Schadensquoten bis zu rund 7%. Diese beziehen sich auf den Kommissioniervorgang inkl. der Ladeeinheitensicherung. Derartige Werte sind in der Praxis nicht bekannt bzw. werden nicht veröffentlicht. Fraglich ist, welche Gründe diese Diskrepanz erklären und zu welchen Konsequenzen sie für die weitere Beachtung der Schadensquote führen. Ohne am Auftreten der ermittelten Ergebnisse der Festigkeitsprüfung zweifeln zu müssen, sprechen folgende Gründe dafür, dass in der Wahrnehmung der Praxis eine entsprechende Schadenshöhe nicht nachzuvollziehen ist:

- Es kann unterstellt werden, dass zumindest besonders offensichtliche Versagensfälle noch vor der Ladeeinheitensicherung händisch korrigiert werden.
- Darüber hinaus ist eine genaue Zuordnung der Ursache eines Schadenfalles oft schwierig. Die Ladeeinheit wird in der Regel zeitnah nach dem Kommissioniervorgang in den LKW verräumt, so dass etwaige Schadensfälle, die beim Kommissionieren auftreten, erst nach Entladen des LKWs festgestellt werden. Demnach kann eine verursachungsgerechte Zuordnung des Schadensfalles nicht mehr erfolgen. Ob der Versagensfall während des Kommissionierens oder erst während des Transportes aufgetreten ist, lässt sich im Nachhinein nicht mehr nachvollziehen.
- Schließlich nehmen die beiden durchgeführten Untersuchungen nicht für sich in Anspruch, *addierbare* Schadensquoten zu ermitteln. Vielmehr scheint realistisch, dass Versagensfälle, die bereits beim Kommissionieren aufgetreten sind, während des Lkw-Transports weiter belastet werden. Eine Doppelerfassung in derartigen Fällen gilt es zu vermeiden.

Da vor diesem Hintergrund eine exakte Zuordnung von Schäden zu einer der beiden Ursachen in der Praxis nicht eindeutig möglich ist, gleichzeitig aber ein additiver Zusammenhang nicht gegeben ist, wird im Folgenden mit dem Lkw-Transport nur die erwartungsgemäß belastungsintensivere Beanspruchung berücksichtigt. Für die weitere Arbeit soll dementsprechend die Schadensquote des Fallversuchs nicht separat in Kosten überführt werden.

Für die Transportsimulation gibt Tabelle 7 für in der Realität zu erwartende Ausprägungen von Schwachstellengrad und Kompatibilitätsgrad die Schadensquoten beim Lkw-Transport entsprechend der Regressionsfunktion wieder. Die Schadensquote variiert hier zwischen 1,2% und 10%.

Tabelle 7: Schadensquote beim Lkw-Transport für in der Realität zu erwartende Ausprägungen von $S°$ und $K°$

Verpackungs-system	$S°$	$K°$	Schadensquote
Homogen	0,05	0,7	1,2 %
Mittel	0,1	0,4	4,9 %
Heterogen	0,2	0,3	10,0 %

Besonders für heterogene Verpackungssysteme weist Tabelle 7 hohe Schadensquoten aus. Eine Würdigung dieser Werte aus dem Blickwinkel der Praxis soll folgende Aspekte berücksichtigen:

- Erstens wird in der Praxis die Höhe von Transportschäden nach dem Wareneingang im Zentrallager (also für den gesamten in dieser Arbeit betrachteten Teil der Lieferkette) in der Regel nicht isoliert erfasst. Die einzigen diesbezüglichen Größen lauten „Retoure" und „Abschriften" in den Filialen. Retournierte Ware ist die Ware, deren Annahme unmittelbar bei Lieferung verweigert wird. Grund hierfür ist neben offensichtlichen Falschlieferungen im Wesentlichen eine mangelnde Qualität der Ware. Woher diese rührt, wird nicht festgestellt. Abschriften beinhalten zusätzlich noch den Teil der Ware, der nach Ablaufen der Haltbarkeitsperiode vernichtet werden muss. Auch dieses Kundenvotum ist nicht im Hinblick auf durch Transport und Handling beschädigte und damit in ihrer Qualität verminderte Ware quantifizierbar.

- Zweitens werden beide Größen allenfalls *wertmäßig* erfasst. Aufgrund der starken Diskrepanzen in den Produktpreisen ist eine unmittelbare Deutung für verpackungslogistische Zwecke schwierig.
- Drittens ist in der Praxis die Verpackung durch das Produkt in vielen Fällen ausreichend hoch gefüllt, um durch diesen Füllgrad ein Einsinken der oberen Verpackung zu verhindern. Dieser Umstand führt nicht etwa zur Vermeidung von Schäden, sondern vielmehr dazu, dass diese ungleich schwerer zu identifizieren sind. Es sei auf die Druckempfindlichkeit von frischen Lebensmitteln und die in Stauchdruckrichtung selbsttragenden Eigenschaften der Verpackung verwiesen.
- Viertens sei in diesem Zusammenhang auf Abbildung 41 verwiesen. Diese stellt beobachtete Schadensfälle in der Realität (A) und im Labor (B) gegenüber. Unschwer ist zu erkennen, dass die *Art* der in den Laboruntersuchungen ermittelten Versagensfällen denen der Praxis gleicht.

Abbildung 41: Beobachtete Schadensfälle in der Realität (A) und im Labor (B)

Zusammenfassend kann festgestellt werden, dass sowohl *Art* als auch *Umfang* der im Labor ermittelten Schäden hohen Realitätsbezug aufweisen. Dies gilt besonders vor dem Hintergrund der Ausführungen zu den Ergebnissen der

Fallprüfung. Für die weitere Arbeit wird dementsprechend auf die Regressionsfunktion nach Gleichung (5.8) zurückgegriffen. Die ermittelten Werte werden zusätzlich noch durch eine aktuelle Untersuchung von *Jarimopas/Singh/Saengnil* aus dem Jahre 2005 gestützt. Untersucht wurde der Lkw-Transport von frischem Obst in Bezug auf den Einfluss von Straße, Lkw-Typ und Geschwindigkeit auf die Schadensquote. Dort wurden für Asphalt als bestem Straßenbelag bei 40 (80) km/h eine Schadensquote von 4,33% (8,33%) gemessen. Die niedrigsten (höchsten) gemessenen Schadensquoten lagen bei <2% (>12%). Zwar untersucht die Studie nicht den Einfluss der Verpackung oder gar gemischter Ladeeinheiten, die Ergebnisse der Schadensquote in Abhängigkeit der stochastischen Vibration beim Lkw-Transport liegen jedoch in der gleichen Größenordnung wie die Erkenntnisse dieser Arbeit.[255]

Kapitel 5 zusammenfassend kann festgehalten werden, dass insgesamt vier Wirkungen der Interoperabilität von Verpackung empirisch nachgewiesen werden konnten. Es soll an dieser Stelle betont werden, dass es sich dabei um eine Auswahl von Wirkmechanismen und nicht um eine abschließende Aufzählung handelt. Weitere Wirkungen sind zu vermuten. So ist zum Beispiel ein negativer Zusammenhang zwischen Kompatibilitätsgrad und Umfang bzw. Qualität der Ladeeinheitensicherung bei gleicher Häufigkeit von Schadensfällen im Lkw-Transport zu erwarten. Mit anderen Worten ist zu erwarten, dass mit steigendem Anteil kompatibler Verpackungen bei gleicher Anzahl Schadensfälle der Aufwand der Ladeeinheitensicherung reduziert werden kann. Damit einhergehend würde die zu entsorgende Menge an Packhilfsmittel (Stretchfolie) in Abhängigkeit des Kompatibilitätsgrads variieren. Es hätte jedoch den Rahmen dieser Arbeit überstiegen, auch diese, in ihrer erwarteten Wirkung schwächeren Zusammenhänge, empirisch nachzuweisen. Im folgenden Kapitel werden die ermittelten Zusammenhänge in ein Modell integriert, welches die Verpackungssystemkosten unter Berücksichtigung der Interoperabilität der Verpackung quantifiziert.

---

[255] Vgl. Jarimopas/Singh/Saengnil (2005), S. 187.

6 Modellierung von Verpackungssystemkosten

Verpackungssystemkosten werden für ein Liefernetzwerk bestehend aus der Summe aller Lieferketten erfasst. Kapitel 3.2.2 hat die betriebswirtschaftlichen Grundlagen für eine teilprozessbasierte Verrechnung von Einzelkosten geliefert. Ziel des im Folgenden zu konkretisierenden Erklärungsmodells ist die Berücksichtigung der in Kapitel 4.1 beschriebenen, in Kapitel 4.2 parametrisierten und in Kapitel 5 empirisch nachgewiesenen Interoperabilität der Verpackung innerhalb einer prozessorientierten Erfassung von Verpackungssystemkosten. Dabei steht die verursachungsgerechte Bewertung von Verpackungen innerhalb von *gemischten Ladeeinheiten* im Mittelpunkt. Das aufzustellende Modell beschränkt sich in seinem Umfang auf den Teil der Lieferkette, der in Form von gemischten Ladeeinheiten durchlaufen wird. Damit nimmt dieses sechste Kapitel eine Zusammenführung der Kapitel 3, 4 und 5 vor.

6.1 Aufstellen des Erklärungsmodells

Abschluss dieser Arbeit soll das Aufstellen eines auf Referenzprozessen basierenden Erklärungsmodells sein, mit dessen Hilfe sich Verpackungssystemkosten entlang solcher Teile der Lieferkette ermitteln lassen, die in Form gemischter Ladeeinheiten durchlaufen werden. Dass es sich damit nur um einen Teil derjenigen Verpackungssystemkosten handelt, welche in Kapitel 3.2 für das gesamte Liefernetzwerk definiert wurden und welche alleinige Grundlage ökonomischer Verpackungsentscheidungen sind, hat den folgenden Hintergrund:

- Das Forschungsziel dieser Arbeit liegt in der Integration gemischter Ladeeinheiten in die Bewertung von Verpackungssystemkosten. Dementsprechend liegt der Schwerpunkt in der Modellierung auf diesem neuen Aspekt.
- Der Anwender ist ohne logischen Bruch in der Lage, das vorzustellende Erklärungsmodell um solche Teile der Lieferkette zu erweitern, welche im Zustand einzelner Verpackungen oder sortenreiner Ladeeinheiten durchlaufen werden.

Schließlich mag noch angeführt werden, dass Handelsunternehmen in der Praxis de facto dazu neigen, ihre Dominanz zu nutzen und nur solche Teile der Lieferkette in Kostenanalysen einbeziehen, die sich in ihrer Verantwortung befinden.[256] Ohne eine derartige ausschnittsweise Anwendung rechtfertigen zu wollen, macht dieses Verhalten das hier aufzustellende Modell aus Sicht des Adressatenkreises noch interessanter.

6.1.1 Erklärungsmodell

In diesem Kapitel wird ein Erklärungsmodell zur Ermittlung von Verpackungssystemkosten aufgestellt. Nach *Bamberg* und *Coenenberg* erlauben *Erklärungsmodelle* Zweck-Mittel-Analysen sowie Prognosen über die Konsequenzen geplanter Handlungen. Ein Beispiel ist die *Kostenplanung* in Abhängigkeit bestimmter Bezugsgrößen auf der Basis eines kostentheoretischen Modells.[257] Genau ein solches kostentheoretisches Erklärungsmodell soll hier aufgebaut werden. Ziel des Modells ist die vollständige Erklärung der Zusammenhänge zur Ermittlung von Verpackungssystemkosten unter Berücksichtigung der in Kapitel 4 herausgearbeiteten und in Kapitel 5 quantifizierten Interoperabilität der Verpackung.

Das Erklärungsfeld des aufzustellenden Modells ergibt sich unter Rückgriff auf die dieser Arbeit zugrunde liegende Problemstellung. Hierzu sei auf die Abgrenzung des Anwendungsbereichs in Kapitel 1.4 verwiesen. Dementsprechend beziehen sich Aussagen des aufzustellenden Modells auf schwach heterogene Verpackungssysteme, welche durch das ISO-Modulmaß bestimmt sind. Bei den zum Einsatz kommenden Verpackungen handelt es sich mehrheitlich um oben offene Steigen, welche in Stoßdruckrichtung selbsttragend ausgelegt sind. Ein typischer Anwendungsfall des aufzustellenden Modells ist mit der Distribution von frischen Lebensmitteln im deutschen Handel gegeben.

---

[256] Der *EUL Report der ECR* hat dafür den Begriff der „half chain" geprägt (vgl. ECR (1997), S. 16. Besonders deutlich wird dies im Zusammenhang mit dem Konzept der Direkten Produkt Rentabilität (DPR) in Kapitel 2.1.2. Auch hier wurde zwar Gesamtkostendenken propagiert, letztlich jedoch lediglich der vom Handel kontrollierte Teil der Lieferkette betrachtet. Richtig bleibt, dass sich der für ein Einzelhandelsunternehmen relevante Waren- und Informationsfluss vom Hersteller bis zum Endverbraucher erstreckt (vgl. Toporowski (1995), S. 17).

[257] Vgl. Bamberg/Coenenberg (2004), S. 14f.

6.1.2 Auswahl Referenzprozesse

Das hier aufzustellende Modell soll die Distribution frischer Lebensmittel vom Zentrallager des Handelsunternehmens bis in das Regal in der Filiale beschreiben. Für diesen Ausschnitt aus dem Liefernetzwerk eines Handelsunternehmens ist kennzeichnend, dass er von gemischten Ladeeinheiten durchlaufen wird. Unter Rückgriff auf die in Kapitel 4.1.1 unterschiedenen Phasen im Lebenszyklus einer gemischten Ladeeinheit können damit die in Teil A von Abbildung 42 vorgestellten Referenzprozesse dem Modell zugrunde gelegt werden.

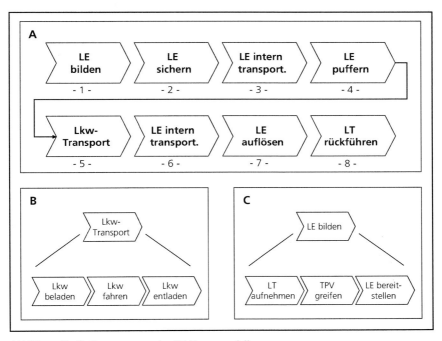

Abbildung 42: Referenzprozesse des Erklärungsmodells

In Anlehnung an die Referenzmodellierung sollen unter Referenzprozessen Ablaufbeschreibungen mit Vorlagencharakter verstanden werden, welche für eine Klasse von Anwendungsfällen eingesetzt werden können.[258]

---

[258] Die Referenzmodellierung stellt einen Forschungsgegenstand der Wirtschaftsinformatik dar und kann vereinfacht als Darstellung unternehmensklassenspezifischer Strukturen und Abläufe mit Sollcharakter beschrieben werden. Im Gegensatz zu unternehmensspezifischen Modellen orientieren sich Referenzmodelle nicht an einem existierenden (Einzel-)fall. Sie sind damit Typisierungen möglicher empirischer Originale. *Klinger/Wenzel* haben vor dem Hintergrund ihrer Anwendung in der Simulation von Produktion und Logistik eine ausführliche

Es ist typisch für die Prozesskettensystematik, dass schon während des Aufstellens der Prozesse, hier der Referenzprozesse, der Detaillierungsgrad beeinflusst wird. Sofern im Rahmen einer konkreten Anwendung erforderlich oder gewünscht, kann ein beliebiger Prozess durch eine Mehrzahl von Prozessen ausgedrückt werden (Selbstähnlichkeit der Prozesskettenelemente, vgl. Kapitel 3.2.2). Beispielhaft ist in Abbildung 42 (B) der Prozess „Lkw-Transport" in die drei Teilprozesse „Lkw beladen", „Lkw fahren" und „Lkw entladen" zerlegt worden.

Der in jedem Referenzprozess beschriebene Arbeitsablauf ist durch seinen Namen ausreichend kenntlich gemacht. Im nächsten Schritt sind nun jedem Prozess die relevanten Kostenarten zuzuordnen. Die drei elementaren Produktionsfaktoren menschliche Arbeitskraft, Betriebsmittel und Werkstoffe werden, wie in Abbildung 8 gezeigt, weiter unterschieden. Abbildung 43 gibt wieder, welcher Referenzprozess welchen Produktionsfaktor in Anspruch nimmt.

Einsatzfaktoren	Referenzprozesse	LE bilden	LE sichern	LE int. Transport	LE puffern	LKW-Transport	LE int. Transport	LE auflösen	LT rückführen
Menschliche Arbeitskraft	Personal	■	■	■		■	■	■	■
Betriebsmittel (aktiv)	Maschinen	■	■	■		■	■		■
Betriebsmittel (passiv, abnutzbar)	Gebäude				■				
Hilfsstoffe	Verpackung	■				■			
Hilfsstoffe	Ladungsträger	■							
Hilfsstoffe	Packhilfsmittel		■						
Vorprodukte	Ware	■				■			

Abbildung 43: Zuordnung der Produktionsfaktoren zu den Referenzprozessen

---

Literaturrecherche zum Begriff des Referenzmodells durchgeführt und nennen u.a. folgende wichtige Eigenschaften: Vorlagencharakter, Allgemeingültigkeit, Übertragbarkeit, Erfahrungswissenbasiertheit sowie modularer Aufbau. *Jansen* liefert Ansätze zur Übertragung dieses Verständnisses von Referenzprozessen auf ein verpackungsspezifisches Referenzmodell (vgl. Schütte (1998), S. 69ff.; Klinger/Wenzel (2000), S. 13ff.; Jansen (2003), S. 51f.).

Nach dieser Zuordnung ist eine Parametrisierung der Referenzprozesse vorzunehmen. Unter Rückgriff auf die in Kapitel 3 aufgestellten Formeln zur Bestimmung des Faktoreinsatzes, ist hier jeder Produktionsfaktor derart zu beschreiben, dass eine vollständige Parameterliste entsteht.

Tabelle 8 benennt für jeden nach Abbildung 43 unterschiedenen Produktionsfaktor *Prozessfaktorkosten* und drückt diese als Funktion für einen Prozess p aus.

Tabelle 8: Parametrisierung der zu verrechnenden Produktionsfaktoren

Einsatzfaktor	Prozessfaktorkosten	Funktion
Personal	Prozesspersonalkosten	$PPK_p = f(PDA_p; PKS_p)$
Maschinen	Prozessbetriebsmittelkosten	$PBK_p = f(ABK_p; KKB_p)$, mit $ABK_p = f(AK; NND; PDA_p)$ und $KKB_p = f(AK; r; GND; PDA_p; NND)$
Gebäude	Prozessgebäudekosten	$PGK_p = f(ABK_p; KKG_p; GFL_p; PNF_p)$
Verpackung	Prozessverpackungskosten	$PVK_p = f(UKV_i; SQ_p)$
Ladungsträger	Umlaufkosten Ladungsträger	$UKL = f(AKL; LDJ; AUJ; SBQ; r)$
Packhilfsmittel	Prozesspackhilfsmittelkosten	$PHK_p = MEK_p$
Ware	Prozesswarenkosten	$PWK_p = f(EPW_j; SQ_p)$

ABK_p	Abnutzungskosten für Prozess p
AK	Anschaffungskosten Betriebsmittel
AKL	Anschaffungskosten des Ladungsträgers
AUJ	Anzahl Umläufe pro Jahr
EPW_j	Einstandspreis der Ware für Artikel j
GFL_p	Gesamtfläche Gebäude für Prozess p
GND	Gesamtnutzungsdauer des Betriebsmittels
KKB_p	Kapitalbindungskosten Betriebsmittel für Prozess p
KKG_p	Kapitalkosten Gebäude für Prozess p

LDJ	Lebensdauer des Ladungsträgers
MEK_p	Materialeinzelkosten für Prozess p
NND	Nettonutzungsdauer des Betriebsmittels
PBK_p	Prozessbetriebsmittelkosten für Prozess p
PDA_p	Prozessdauer von Prozess p
PGK_p	Prozessgebäudekosten für Prozess p
PHK_p	Prozesspackhilfsmittelkosten für Prozess p
PKS_p	Personalkostensatz für Prozess p
PNF_p	Nutzfläche von Prozess p
PPK_p	Prozesspersonalkosten für Prozess p
PVK_p	Prozessverpackungskosten für Prozess p
PWK_p	Prozesswarenkosten für Prozess p
r	Kalkulatorischer Zinssatz p.a.
SBQ	Schwund- und Bruchquote p.a.
SQ_p	Systemspezifische Schadensquote für Prozess p
UKL	Umlaufkosten des Ladungsträgers
UKV_i	Kosten der Verpackung i pro Umlauf

Damit steht im Vordergrund dieser Darstellung die Aufzählung aller relevanten Parameter. Deren Verhältnis zueinander ist aus den zugehörigen Formeln in Kapitel 3.2.2 zu entnehmen. Durch Summierung aller bei Ausführung eines Prozesses in Anspruch genommenen Einsatzfaktoren (Prozessfaktorkosten), wie sie in Abbildung 43 zugeordnet sind, ergeben sich die *Prozessstückkosten*. Dieser Ausdruck betont zwei Aspekte: zum einen die Tatsache, dass die Kosten sich auf die *einmalige* Ausführung des Prozesses beziehen und zum anderen die bewusste Abgrenzung von dem in der Literatur verwendeten Begriff der (klassischen) Prozesskosten.

Verpackungssystemkosten sind definiert als Periodenkosten (vgl. Kapitel 3.2.1). Um von den Prozessstückkosten einer einzelnen Prozess-Ausführung zu so verstandenen Gesamtkosten zu gelangen, ist demnach eine Multiplikation mit dem *Prozessdurchsatz* nötig. Darunter wird die Anzahl an Bezugsobjekten verstanden, welche einen spezifischen Prozess in der betrachteten Periode durchlaufen. Prinzipiell kommen hierfür die drei Systemelemente Verpackung, Ladungsträger und Ladeeinheit in Frage. Jeder Prozess hat genau ein Bezugsobjekt. Der Begriff des Prozessdurchsatzes wird als Oberbegriff für die aus den jeweiligen Bezugsobjekten abgeleitete Anzahl von Wiederholungen benutzt. Abbildung 44 gibt den Zusammenhang zwischen Prozessstückkosten und der Ermittlung der gesamten Verpackungssystemkosten durch Multiplikation mit der Anzahl an Wiederholungen grafisch wieder.

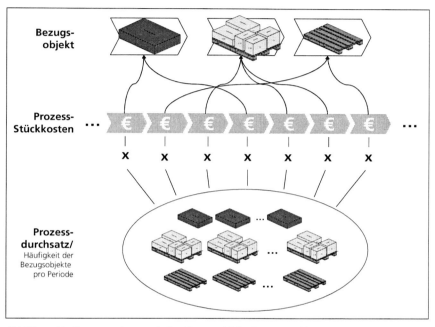

Abbildung 44: Zusammenhang zwischen Bezugsobjekt, Prozessstückkosten und Prozessdurchsatz

Zu beachten ist, dass mit der Konzentration auf gemischte Ladeeinheiten im Rahmen des hier aufzustellenden Modells keine Beschränkung auf dieses Bezugsobjekt erfolgt. Auch der Ladungsträger und die Verpackung kommen als Bezugsobjekt in Betracht (vgl. Referenzprozess Nr. 1 und Nr. 8). Die Wahl des Bezugsobjekts für einen Prozess erfolgt unter dem Gesichtspunkt der trennscharfen Erfassung von Einzelkosten für den jeweiligen Prozess.

Mit diesem referenzprozessbasierten Modell liegt nun eine Überführung der kostenrechnerischen Grundlagen aus Kapitel 3 in ein zur Bewertung von Verpackungen innerhalb von gemischten Ladeeinheiten anwendbares Instrumentarium vor. Dieses Modell ist im Folgenden um die Integration der Wirkung der Interoperabilität der Verpackung zu erweitern.

6.2 Integration des Konzepts der Interoperabilität

Im vergangenen Kapitel ist mit der Auflistung der Prozessfaktorkosten und dem Prozessdurchsatz bereits ein großer Teil der im aufzustellenden Erklärungsmodell relevanten Parameter zusammengetragen worden. In diesem Kapitel folgt die Integration des Konzepts der Interoperabilität und damit die Vervollständigung der Parameterliste.

Die Integration des Konzepts der Interoperabilität der Verpackung in das referenzprozessbasierte Erklärungsmodell erfolgt mit Hilfe der in Kapitel 5 aufgestellten Regressionsfunktionen.

Tabelle 9: Relevante Regressionsfunktionen aus Kapitel 5

Erklärte Variable	Regressionsfunktion	Prozess
Greifzeit	$PDA_{"LE\ bilden"} = -2,617 K° + 11,424$	LE bilden
Schadensquote $_{Lkw}$	$SQ_{Lkw} = \begin{cases} 0,475 \cdot S° - 0,044 \cdot K° + 0,019 & \text{für } y \geq 0 \\ 0 & \text{für } y < 0 \end{cases}$	Lkw-Transport
Volumennutzung	$VNG = 32,025 \cdot I° + 67,207$	...

$PDA_{"LE\ Bilden"}$ Prozessdauer von Prozess „LE Bilden"
$K°$ Kompatibilitätsgrad
SQ_{Lkw} Schadensquote beim Lkw-Transport
$S°$ Schwachstellengrad
y Regressand
VNG Volumennutzungsgrad
$I°$ ISO-Modulgrad

Es werden sowohl die erklärenden Variablen ISO-Modulgrad ($I°$), Kompatibilitätsgrad ($K°$) und Schwachstellengrad ($S°$) als auch die jeweils erklärten Variablen in das Modell integriert. Bei letzteren handelt es sich um den Volumennutzungsgrad, die Greifzeit und die Schadensquote im Rahmen des Lkw-

Transports. Für jede erklärte Variable stellt Tabelle 9 die drei Regressionsfunktionen zusammen. Über die erklärte Variable ist es möglich, den Bezug zu den von der Interoperabilität beeinflussten Referenzprozessen herzustellen.

Es fällt auf, dass über den Volumennutzungsgrad eine Mehrzahl von Prozessen angesprochen wird (Summe aller Prozesse mit dem Bezugsobjekt „Ladeeinheit"). Darüber hinaus nennt Tabelle 9 in den verbleibenden Zeilen jedoch nur zwei der acht unterschiedenen Referenzprozesse als unmittelbar von dem Konzept der Interoperabilität der Verpackung beeinflusst. Eine Wirkung der Interoperabilität auf weitere der aufgestellten Referenzprozesse ist stark zu vermuten – es hätte lediglich den Rahmen dieser Arbeit überstiegen, auch diese Wirkungen empirisch nachzuweisen (vgl. Kapitel 5.3.3). Darüber hinaus handelt es sich bei der Bildung der Ladeeinheiten (Kommissionierung) und dem Lkw-Transport um so dominante Prozesse der betrachteten Referenzlieferkette, dass alle weiteren Abhängigkeiten überlagert werden.

6.2.1 Einflussdiagramm als Grundlage des Erklärungsmodells

Die vervollständigte Parameterliste wird nun zu einem Modell zusammengeführt. Abbildung 45 gibt in der Form eines Einflussdiagramms die Zusammenhänge innerhalb des zu bewertenden Verpackungssystems wieder. Ein Einflussdiagramm wird im Rahmen eines Modellbildungsprozesses zur graphischen Beschreibung der Variablen und Wirkzusammenhänge verwendet: Es zeigt die für die Berechnung notwendigen Parameter, die Freiheitsgrade (Entscheidungen) sowie die weiteren, sich aus diesen ergebenden Variablen mit ihren Verknüpfungen und Wirkrichtungen. Dabei setzt es sich aus den folgenden vier Bestandteilen zusammen:

- Einer oder mehreren Entscheidungen (Freiheitsgrade)
- Einflussfaktoren
- Zielen
- den zwischen diesen bestehenden Einflüssen.[259]

---

[259] Vgl. Bodily (1985), S. 24; Eisenführ/Weber (2003), S. 44.

Das gelbe Rechteck in Abbildung 45 kennzeichnet den Freiheitsgrad des Verpackungssystems: Die Wahl der Verpackung für jeden Artikel des Sortiments. Jede Kombination drückt eine zu bewertende Handlungsalternative aus. Parameter sind blau hinterlegt: Diese Werte können von den Handlungsalternativen nicht beeinflusst werden. Als weiße Ovale dargestellt sind die Variablen des Modells: Sie verändern sich in Abhängigkeit der Einstellung der Freiheitsgrade. Die Zielgröße ist schließlich als weißes Sechseck dargestellt. Die Einflüsse werden durch einen Pfeil wiedergegeben, wobei die Spitze für die Richtung des Einflusses steht.[260]

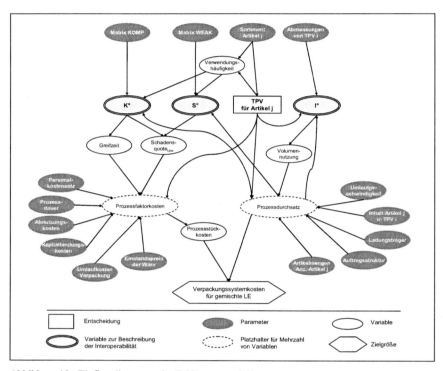

Abbildung 45: Einflussdiagramm des Erklärungsmodells

Abbildung 45 zeigt die Integration der Interoperabilität der Verpackung mittels der drei aufgestellten Variablen ISO-Modul-, Kompatibilitäts- und Schwach-

---

[260] Vgl. Eisenführ/Weber (2003), S. 43f.; Bodily (1985), S. 24; Howard (1990), S. 4f. In diesem Zusammenhang sei ebenfalls kurz darauf hingewiesen, dass *Howard* den Begriff „Einflussdiagramm" (influence diagram) ablehnt, da zwischen zwei Einflussfaktoren auch wechselseitige Wirkungen bestehen können. Diese würden durch den Begriff der Relevanz (relevance) sensibler wiedergegeben als durch den üblicherweise ein-direktional verstandenen Begriff „Einfluss" (vgl. Howard (1990), S. 7f.).

stellengrad. Diese Parameter sind als zentrale Variablen des Modells mittig angeordnet und hellgrün hinterlegt. Aus Gründen der Übersichtlichkeit handelt es sich um eine vereinfachende Darstellung. Wie nachfolgend beschrieben, so repräsentieren sowohl die *Prozessfaktorkosten* als auch der *Prozessdurchsatz* jeweils eine Mehrzahl von Variablen. Das Einflussdiagramm wird nun mit seiner Zielgröße beginnend beschrieben.

Zielgröße

Zielgröße des Modells sind die Verpackungssystemkosten einer Periode für den Teil des Liefernetzwerks, der in Form der gemischten Ladeeinheit durchlaufen wird. Aus der Tatsache, dass die Verpackungssystemkosten sich auf eine Periode beziehen, folgt, dass alle sie beeinflussenden Variablen ebenfalls für jede Periode neu definiert werden müssen. Aus Gründen der Vereinfachung wird im Folgenden lediglich der Ein-Perioden-Fall betrachtet, so dass sämtliche Variablen ohne einen zusätzlichen Perioden-Index verwendet werden können.

Handlungsalternativen

Einziger Freiheitsgrad des Modells ist die Wahl der *Verpackungen*. Jedem Artikel des betrachteten Sortiments ist eine Verpackung zuzuordnen.

In einer Modellerweiterung könnte als zweiter Freiheitsgrad prinzipiell die Wahl des Ladungsträgers integriert werden. Die Beziehung zwischen Ladungsträger und Verpackungen wurde aus dem Konzept der Interoperabilität von Verpackungen jedoch ausgeklammert. In dieser Arbeit wird vielmehr ein Ladungsträger als gegeben unterstellt (vgl. Kapitel 4.1).

Variablen

Nachdem Zielgröße und Freiheitsgrad vorgestellt sind, werden nun die zwischen diesen bestehenden Zusammenhänge beschrieben. Dies geschieht, indem für jede Variable gezeigt wird, wodurch sie beeinflusst wird und worauf sie wirkt. Die beiden Platzhalter *Prozessfaktorkosten* und *Prozessdurchsatz* werden entsprechend vertieft. Folgende Zusammenhänge sind ersichtlich:

- Die *Prozessstückkosten* ergeben sich bei einmaliger Ausführung des in der Prozessbezeichnung beschriebenen Arbeitsschritts. Sie ergeben sich für jeden

Prozess aus der Summe der Prozessfaktorkosten, welche die durch den betrachteten Prozess verbrauchten Produktionsfaktoren bewerten.

- Die *Prozessfaktorkosten* bewerten den durch einen betrachteten Prozess in Anspruch genommenen Verbrauch an Einsatzfaktoren. Für jeden Prozess gibt es genau so viele Prozessfaktorkostensätze, wie der Prozess Produktionsfaktoren verbraucht. Aus Gründen der Übersichtlichkeit sind die Prozessfaktorkosten nur als Gruppe dargestellt, eine vollständige Liste findet sich in Tabelle 8. Grundsätzlich werden die *Prozessfaktorkosten* von zahlreichen Parametern, darunter im Wesentlichen Kostensätze, Stückkosten und Umlaufkosten beeinflusst. Auch die Verpackungsentscheidung wirkt unmittelbar auf die Prozessfaktorkosten ein. Im Modell herausgestellt sind mit der Greifzeit und der Schadensquote$_{Lkw}$ ferner solche Variablen, die unmittelbar von der Interoperabilität der Verpackungen beeinflusst werden.

- Der *Prozessdurchsatz* fasst die sich modellendogen ergebende Anzahl von Verpackungen und Ladeeinheiten sowie den Bestand an Ladungsträgern zusammen. Im Einzelnen werden unterschieden: Erstens, die *Anzahl der Verpackungen*, welche die betrachtete Lieferkette pro Periode durchlaufen. Sie hängt von den Artikeln, der jeweiligen Artikelmenge, der gewählten Kombination von Verpackungen sowie dem artikelspezifischen Fassungsvermögen der jeweiligen Verpackung ab. Zweitens, die *Anzahl der Ladeeinheiten*, die eine Lieferkette in einer Periode durchlaufen. Sie hängt von der Anzahl zu distribuierender Verpackungen, dem gewählten Ladungsträger, der mittleren Volumennutzung sowie der Auftragsstruktur ab. Drittens schließlich der *Bestand an Ladungsträgern*. Dieser ist für die Bildung der neuen Ladeeinheiten im Rahmen der Distribution der Artikelmengen entlang der betrachteten Lieferkette vorzuhalten. Er wird durch die Anzahl dieser neuen Ladeeinheiten sowie durch die Umlaufgeschwindigkeit des Ladungsträgers beeinflusst.

- Die *Verwendungshäufigkeit* einer Verpackung gibt die Anzahl der unterschiedlichen Einsatzfälle einer Verpackung wieder. Diese Größe wird unmittelbar vom Sortiment und den ausgewählten Verpackungen bestimmt.

- Der *Kompatibilitätsgrad* wurde in Kapitel 4.2.2 ausführlich hergeleitet. Er wird beeinflusst durch die zum Einsatz kommenden Verpackungen, ihre

Verwendungshäufigkeit, ihre Anzahl sowie ihre Kompatibilität, welche in der Matrix KOMP hinterlegt ist.

- In den *ISO-Modulgrad* geht, wie in Kapitel 4.2.1 vorgestellt, der Anteil ISO-modularer Verpackung am gesamten Verpackungsvolumen der Lieferkette in der Periode ein. Dafür müssen die Abmessungen jeder ausgewählten Verpackung, daraus folgend das Attribut der ISO-Modularität sowie ihre Menge bekannt sein.
- Der *Schwachstellengrad* ist in Kapitel 4.2.3 definiert. Er ermittelt sich für jede Lieferkette und wird beeinflusst durch die zum Einsatz kommenden Verpackungen, ihre Verwendungshäufigkeit, ihre Anzahl sowie ihre Eigenschaft, Schwachstellen miteinander auszubilden. Letztere sind in der Matrix WEAK hinterlegt.
- Die *Greifzeit* bestimmt die Prozessfaktorkosten des Referenzprozesses „LE bilden". Konkret werden die Prozesspersonal- und Prozessbetriebsmittelkosten beeinflusst. Die Greifzeit folgt unmittelbar per Regressionsgleichung aus dem Kompatibilitätsgrad (vgl. Tabelle 9)
- Die *Schadensquote$_{LKW}$* beeinflusst die Prozessfaktorkosten des Referenzprozesses „Lkw-Transport", konkret die Prozesswaren- und Prozessverpackungskosten. Die *Schadensquote$_{LKW}$* folgt per Regressionsgleichung aus Kompatibilitäts- und Schwachstellengrad.
- Der *Volumennutzungsgrad* wirkt auf die Anzahl der Ladeeinheiten und damit auf den Prozessdurchsatz. Der Parameter folgt unmittelbar per Regressionsgleichung aus dem ISO-Modulgrad.

Parameter

Als Parameter liegen dem Modell schließlich die blau hinterlegten Daten aus Abbildung 45 zugrunde. Diese nehmen Einfluss auf eine oder mehrere Variablen, mitunter beeinflussen sie auch direkt die Handlungsalternative. In keinem Fall gibt es jedoch eine umgekehrte Wirkung derart, dass eine Variable des Modells auf diesen „Datenrahmen" wirken würde. Da sich der überwiegende Anteil der Parameter aus ihrem Namen unmittelbar erklärt, sollen hier nur das *Sortiment* als Gesamtheit aller zu betrachtenden und damit „zu verpackenden" Artikel und die *Auftragsstruktur* beschrieben werden. Wie in Kapitel 6.2.2 zu sehen, definiert sich letztere durch die mittlere Anzahl von Ladeeinheiten pro Auftrag sowie den mittleren Füllgrad der Ladeeinheiten.

Zusammenfassend werden die beiden unterschiedlichen Ansätze deutlich, über die der Zustand des Verpackungssystems auf die Verспackungssystemkosten wirkt. *Kompatibilitätsgrad* und *Schwachstellengrad* gehen über die Prozessfaktorkosten in die Stückkosten der Referenzprozesse ein und beeinflussen damit unmittelbar die bei einmaliger Ausführung des Prozesses anfallenden Kosten. Der *ISO-Modulgrad* wirkt hingegen mittelbar: Er beeinflusst die Anzahl pro Periode und Lieferkette zu bildender Ladeeinheiten. Damit wirkt er als Multiplikator. Verkürzt ausgedrückt beeinflussen *Kompatibilitäts-* und *Schwachstellengrad*, „wie" ein einzelner Referenzprozess ausgeführt wird, wohingegen der *ISO-Modulgrad* Einfluss auf die Häufigkeit („wie oft") der Wiederholung nimmt.

6.2.2 Rechenregeln

Die im Einflussdiagramm grafisch dargestellten und im letzten Kapitel bereits verbal beschriebenen Zusammenhänge sind nun in Rechenregeln zu überführen. Damit wird das referenzprozessbasierte Erklärungsmodell fertig gestellt.

Prämissen

Es gelten folgende Prämissen:
- Die in Kapitel 6.2.1 genannten Parameter sind bekannt.
- Es wird nur der Ein-Periodenfall beschrieben. Mehrere Perioden können eingeführt werden, indem für sämtliche Parameter und Variablen ein zusätzlicher Periodenindex geführt wird.
- Es kommt nur ein Typ von Ladungsträger zum Einsatz. Die verwendeten Ladungsträger befinden sich im Besitz des Unternehmens. Dementsprechend muss ein Bestand vorgehalten werden.
- Ein Artikel j wird immer nur in genau einer TPV i geführt.
- Der modellierte Ausschnitt aus dem Liefernetzwerk entspricht einer Lieferkette.

Symbole

Es werden folgende Mengen:

$F = 1..F^{ges}$	Anzahl unterschiedlicher Produktionsfaktoren
$I = 1..I^{ges}$	Anzahl unterschiedlicher TPV
$J = 1..J^{ges}$	Anzahl unterschiedlicher Artikel
$P = 1..P^{ges}$	Anzahl unterschiedlicher Prozesse
$PE = 1..PE^{ges}$	Anzahl unterschiedlicher Prozesse mit dem Bezugsobjekt Ladeeinheit
$PL = 1..PL^{ges}$	Anzahl unterschiedlicher Prozesse mit dem Bezugsobjekt Ladungsträger
$PT = 1..PT^{ges}$	Anzahl unterschiedlicher Prozesse mit dem Bezugsobjekt Transportverpackung

und Variablen unterschieden:

ABK_p	Abnutzungskosten für Prozess p
ALA	Mittlere Anzahl Ladeeinheiten pro Auftrag
$ALLA$	Mittlere Auslastung der letzten Ladeeinheit
AMA	Auftragsstrukturspezifische Minderauslastung der mittleren Ladeeinheit
$ANZ_{i,j}$	Anzahl der TPV i für Artikel j
$ANZLE$	Anzahl Ladeeinheiten
$ANZTPV_i$	Gesamtanzahl aller Verpackungen
$ARTMENGE_j$	Menge von Artikel j pro Periode
EPW_j	Einstandspreis der Ware für Artikel j
$I°$	ISO-Modulgrad
$INHALT_{i,j}$	Inhalt von TPV i bei Füllung mit Artikel j
$K°$	Kompatibilitätsgrad
KKB_p	Kapitalbindungskosten für Prozess p
KVS	Kosten des Verpackungssystems
$MANZLE$	Minimale Anzahl Ladeeinheiten
PBK_p	Prozessbetriebsmittelkosten für Prozess p
PD_p	Prozessdurchsatz für Prozess p
PDA_p	Prozessdauer von Prozess p
$PDA_{\text{"LE bilden"}}$	Prozessdauer von Prozess „LE bilden" (entspricht der Greifzeit)
PFK_p	Prozessfaktorkosten für Prozess p
PKS_p	Personalkostensatz für Prozess p

PPK_p — Prozesspersonalkosten für Prozess p
PSK_p — Prozessstückkosten für Prozess p
PV — Periodenvolumen (Summe des Volumens aller Verpackungen)
PVK_p — Prozessverpackungskosten für Prozess p
PWK_p — Prozesswarenkosten für Prozess p
$S°$ — Schwachstellengrad
SQ_p — Schadensquote für Prozess p
UKV_i — Kosten der Verpackung i pro Umlauf
USH — Umschlagshäufigkeit des Ladungsträgers
VNG — Durchschnittlicher (verpackungssystemspezifischer) Volumennutzungsgrad einer gemischten Ladeeinheit
VOL_i — Volumen einer Verpackung i (Außenabmessungen)
$VOLLT$ — Nutzvolumen des Ladungsträgers

Formeln

Unter Verwendung der genannten Symbole wird nun das Erklärungsmodell formuliert. Die Zielgröße entspricht den Verpackungssystemkosten der in Kapitel 6.1.2 aufgestellten Referenzlieferkette. Diese zu ermittelnden Verpackungssystemkosten (KVS) ergeben sich vorerst vereinfacht aus der Summe der mit dem Prozessdurchsatz multiplizierten Prozessstückkosten für alle Prozesse P:

$$(6.1) \quad KVS = \sum_{p \in P} PSK_p \cdot PD_p$$

Beide Multiplikatoren sind nun zu konkretisieren. Begonnen wird mit dem Prozessdurchsatz. Dies entspricht von der Zielgröße aus gesehen dem rechten Weg durch das Einsflussdiagramm.

In Bezug auf den Prozessdurchsatz ist zu berücksichtigen, dass mit der Verpackung, dem Ladungsträger und der Ladeeinheit innerhalb des Verpackungssystems drei mögliche Bezugsobjekte eines Prozesses existieren. Innerhalb einer Lieferkette sind deshalb separat voneinander die Prozesse P*T* mit Bezugsobjekt *T*ransportverpackung, die Prozesse P*E* mit dem Bezugsobjekt Lade*e*inheit und die Prozesse P*L* mit dem Bezugsobjekt *L*adungsträger zu summieren. Dementsprechend konkretisiert sich (6.1) wie folgt:

6 Modellierung von Verpackungssystemkosten

(6.2) $$KVS = \sum_{pt \in PT} PSK_{pt} \cdot PD_{pt} + \sum_{pe \in PE} PSK_{pe} \cdot PD_{pe} + \sum_{pl \in PL} PSK_{pl} \cdot PD_{pl}$$

Je nach Bezugsobjekt des Prozesses kommt es zu einer unterschiedlichen Konkretisierung des Prozessdurchsatzes in der Periode:

$$PD_p = \begin{cases} ANZTPV & \text{, für Bezugsobjekt TPV} \\ ANZLE & \text{, für Bezugsobjekt Ladeeinheit} \\ BESTLT & \text{, für Bezugsobjekt Ladungsträger} \end{cases}$$

Die Anzahl der Verpackungen eines Typs, welche zur Distribution einer gegebenen Menge eines oder mehrerer Artikel j benötigt werden ($ANZ_{i,j}$), ergibt sich unter Rückgriff auf die Periodenmenge des Artikels j ($ARTMENGE_j$) sowie den artikelspezifischen Inhalt ($INHALT_{i,j}$) der Verpackung i. Dabei kommt die in den Annahmen genannte Vereinfachung zum Tragen, dass ein Artikel j nur in einer Verpackung i transportiert wird. Es ergibt sich:

(6.3) $$ANZ_i = \sum_{j \in J} \frac{ARTMENGE_j}{INHALT_{i,j}}$$

Die Summe aller Verpackungen ($ANZTPV$) ergibt sich dann durch Summieren der verpackungsspezifischen Teilsummen:

(6.4) $$ANZTPV = \sum_{i \in I} ANZ_i$$

Zur Bestimmung der Anzahl Ladeeinheiten müssen anders als beim Bezugsobjekt „Verpackung" keine Typen unterschieden werden. Vielmehr gilt es zu berücksichtigen, dass es sich um gemischte Ladeeinheiten handelt. Daraus folgt, dass in einem zweistufigen Vorgehen erst eine auftragsstrukturspezifische und anschließend eine verpackungssystemspezifische Wirkung bei der Ermittlung der Anzahl an Ladeeinheiten zu berücksichtigen ist.

Zuerst gilt es zu berücksichtigen, dass ein kommissionierter Auftrag nur zufällig mit einer vollständig genutzten Ladeeinheit abschließt. Zur Verdeutlichung dieses Zusammenhangs sei auf Abbildung 24 verwiesen. Die dort im Rahmen der empirischen Prüfung bewusst ausgeklammerte „letzte" Ladeeinheit (LE 4) soll im Rahmen dieses Modells sehr wohl Berücksichtigung finden. Dies geschieht, indem ihr nicht genutztes Volumen gleichmäßig auf alle Ladeeinheiten des Auftrags verteilt wird. Damit reduziert dieser Effekt das theoretisch maximale Nutzvolumen, welches der gewählte Ladungsträger zu Verfügung stellt. Verallgemeinernd bedeutet dies die Überführung des auf einer durchschnittlichen

Ladeeinheit *nicht* genutzten Raums in eine Anzahl *zusätzlicher* Ladeeinheiten, welche pro Lieferkette zu bilden sind. Die sich ergebende Anzahl soll als *minimale Anzahl von Ladeeinheiten* bezeichnet werden. Minimal versteht sich dabei aus dem Blickwinkel des Verpackungssystems. Diese Anzahl ist ohne Berücksichtigung der Interoperabilität der Verpackung ausschließlich aufgrund der Auftragsstruktur mindestens zu bilden.

Die minimale Anzahl Ladeeinheiten ($MANZLE$) bestimmt sich somit, indem das Periodenvolumen der Lieferkette (PV) durch das mittlere zur Verfügung stehende Volumen des Ladungsträgers ($VOLLT(1-AMA)$) dividiert wird:

$$(6.5) \quad MANZLE = \frac{PV}{VOLLT(1-AMA)}$$

Das Periodenvolumen (PV) ergibt sich durch Summierung des Verpackungsvolumens (VOL_i) mit der Anzahl der Verpackungen in der Lieferkette für alle Verpackungen i ($ANZTPV_i$):

$$(6.6) \quad PV = \sum_{i \in I} ANZTPV_i \cdot VOL_i$$

Zur Bestimmung des mittleren zur Verfügung stehenden Volumens des Ladungsträgers ist eine auftragsstrukturspezifische Minderauslastung (AMA) zu berücksichtigen, welche sich aus der angesprochenen Tatsache ergibt, dass ein Auftrag in der Praxis im Regelfall mit einer angebrochenen Ladeeinheit abschließt. Dieser auftragsstrukturspezifische Abzug ergibt sich, indem die durchschnittliche Minderauslastung der *letzten* Ladeeinheit ($1-ALLA$) durch die durchschnittliche Anzahl Ladeeinheiten pro Auftrag (ALA) dividiert wird.

$$(6.7) \quad AMA = \frac{1-ALLA}{ALA}$$

Die Multiplikation von (1-AMA) mit dem vom Ladungsträger zur Verfügung gestellten Volumen ($VOLLT$) im Nenner von Gleichung (6.5) führt zu einer entsprechenden Verringerung des Volumens der mittleren Ladeeinheit.

Im zweiten Schritt ist weiterhin eine verpackungssystemspezifische Minderauslastung zu berücksichtigen. Diese wird über den *ISO-Modulgrad* beeinflusst. Im Einzelnen ergibt sich die *tatsächliche* Anzahl Ladeeinheiten pro Lieferkette ($ANZLE$) durch Multiplikation der *minimalen* Anzahl Ladeeinheiten nach Gleichung (6.5) mit einem Faktor ($\frac{1}{VNG}$), welcher den im Mittel gerade nicht genutzten Raum der Ladeeinheit berücksichtigt. Die Bildung des Faktors erfolgt mit Hilfe des Kehrwerts des Volumennutzungsgrads. Damit wird der Annahme entsprochen, dass auch die *zusätzlich* zu bildenden Ladeeinheiten nicht vollständig, sondern gerade nur dem Volumennutzungsgrad entsprechend befüllt sind. Die die Lieferkette tatsächlich durchlaufende Anzahl Ladeeinheiten ergibt sich demnach wie folgt:

(6.8) $\quad ANZLE = \dfrac{1}{VNG} \cdot MANZLE$

Der die mittlere Volumennutzung eines Ladungsträgers beschreibende Volumennutzungsgrad der Lieferkette (VNG) wiederum wird von der Interoperabilität der Verpackungen über den Parameter ISO-Modulgrad ($I°$) beeinflusst. Dieser Zusammenhang ist über die Regressionsfunktion aus Tabelle 9 bekannt:

(6.9) $\quad VNG = 32{,}025 \cdot I° + 67{,}207$

Unter Vernachlässigung eines Puffers bestimmt sich der Bestand an Ladungsträgern für die betrachtete Lieferkette ($BESTLT$) schließlich aus der Menge benötigter Ladeeinheiten ($ANZLE$) durch Division durch die Umschlaghäufigkeit des Ladungsträgers in der Lieferkette (USH):

(6.10) $\quad BESTLT = \dfrac{ANZLE}{USH}$

Mit diesen Ausführungen ist von der Zielgröße des Einflussdiagramms ausgehend der rechte Ast (Prozessdurchsatz) beschrieben. Es verbleibt die Vertiefung der Prozessstückkosten. Im Gegensatz zu den bisher besprochenen Variablen bestimmen diese sich nicht nur für jede Periode, sondern zusätzlich für jeden Prozess. Die Prozessstückkosten ergeben sich dementsprechend für einen Prozess p aus der Summe der Prozessfaktorkosten der F Einsatzfaktoren.

(6.11) $\quad PSK_p = \sum_{f \in F} PFK_{p,f}$

Die Zuordnung der Einsatzfaktoren zu den acht Referenzprozessen folgt aus Tabelle 8 und ist aus Gründen der Übersichtlichkeit nicht im Einflussdiagramm hinterlegt. Alle Prozessfaktorkosten sind in der Abbildung vollständig aufgeführt, allerdings haben in diesem Modell die Prozessgebäude- und Prozesspackhilfsmittelkosten sowie die Umlaufkosten des Ladungsträgers den Charakter von Parametern. Zur Erklärung verbleiben damit:

- die Prozesspersonalkosten,
- die Prozessbetriebsmittelkosten,

- die Prozessverpackungskosten sowie
- die Prozesswarenkosten.

Für die ersten drei Einsatzfaktoren ist kennzeichnend, dass diese auch von der gewählten Verpackung beeinflusst werden. Damit konkretisiert sich (6.11) für solche $pt \in T$ Prozesse mit dem Bezugsobjekt Verpackung zu:

(6.12) $\quad PSK_{pt} = \sum_{f \in F} \sum_{i \in I} PFK_{pt, f, i}$

Darüber hinaus sind die weiteren Einflussgrößen auf die Prozessfaktorkosten als Parameter hinterlegt. Hierzu zählen neben anderen der Personalkostensatz, die Prozessdauer oder die Abnutzungskosten. Auch diese Parameter sind prozessspezifisch hinterlegt, d.h. für jeden Prozess sind eigene Werte vorhanden.

Mit der auftragsbezogenen „Kommissionierung" sowie dem „Lkw-Transport" werden die beiden wesentlichen Prozesse der Referenzlieferkette unmittelbar durch die Interoperabilität der Verpackung beeinflusst. Dies erfolgt, wie in der Abbildung 45 dargestellt, über die beiden Variablen „Greifzeit" und „Schadensquote". Damit handelt es sich bei diesen Variablen um Konkretisierungen der für den allgemeinen Fall hinterlegten Parameter.

Wie im Einflussdiagramm ersichtlich, so wirkt die Greifzeit auf die Prozesspersonal- und die Prozessbetriebsmittelkosten. Diese Wirkung bezieht sich auf den Referenzprozess „LE bilden" (Kommissionierung). Der Einfluss quantifiziert sich in der Regressionsfunktion, welche die Greifzeit pro Verpackung in Sekunden in Abhängigkeit vom Kompatibilitätsgrad ausdrückt. Für diesen Referenzprozess liegt somit die Prozessdauer (PDA) in Form der Variablen *Greifzeit* vor:

(6.13) $\quad PDA_{\text{"LE bilden"}} = -2{,}617 K° + 11{,}424$

Damit ergeben sich die Prozesspersonalkosten durch Multiplikation der Greifzeit mit dem Parameter Personalkostensatz (PKS):

(6.14) $\quad PPK_{\text{"LE bilden"}} = Greifzeit_{\text{"LE bilden"}} \cdot PKS_{\text{"LE bilden"}}$

Die Prozessbetriebsmittelkosten ergeben sich analog durch Multiplikation der Greifzeit mit den Abnutzungskosten (ABK) und Kapitalbindungskosten (KKB):

(6.15) $\quad PBK_{\text{"LE bilden"}} = Greifzeit_{\text{"LE bilden"}} \cdot \left(ABK_{\text{"LE bilden"}} + KKB_{\text{"LE bilden"}} \right)$

Der Prozess des Lkw-Transports konkretisiert sich mit Hilfe der Prozesswarenkosten und der Prozessverpackungskosten unter Rückgriff auf den Warenwert sowie die Umlaufkosten der Verpackung:

(6.16) $\quad PWK_{"Lkw-Transport"} = SQ_{Lkw} \cdot \sum_{i \in I} \sum_{j \in J} ANZ_{i,j} \cdot EPW_j$ und

(6.17) $\quad PVK_{"Lkw-Transport"} = SQ_{Lkw} \cdot \sum_{i \in I} \sum_{j \in J} ANZ_{i,j} \cdot UKV_j$.

Die Schadensquote für den Referenzprozess des Lkw-Transports ergibt sich wieder aus der bekannten Regressionsfunktion:

(6.18) $\quad SQ_{Lkw} = \begin{cases} 0{,}475 \cdot S° - 0{,}044 \cdot K° + 0{,}019 & \text{für } y \geq 0 \\ 0 & \text{für } y < 0 \end{cases}$

In Gleichung (6.13) und (6.18) finden der Kompatibilitätsgrad ($K°$) und der Schwachstellengrad ($S°$) Verwendung. Aus dem Einflussdiagramm ist ersichtlich, dass sich beide unter Berücksichtigung der Verwendungshäufigkeit, der Kompatibilität bzw. der Eigenschaft, Schwachstellen auszubilden und der Anzahl der eingesetzten Verpackungen bilden. Für eine vertiefende Herleitung sei auf die Kapitel 4.2.2 bzw. 4.2.3 verwiesen.

Damit ist das Einflussdiagramm in Rechenregeln überführt. Die Eingangsgleichung (6.1) kann unter Rückgriff auf die Ausführungen dieses Kapitels präzisiert werden. Zusammenfassend ergeben sich die Verpackungssystemkosten für den modellierten Ausschnitt aus der Lieferkette nach der in Abbildung 46 dargestellten Formel.

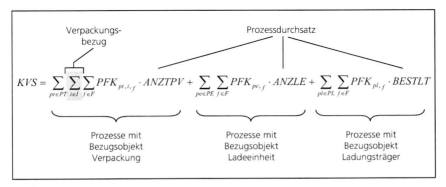

Abbildung 46: Verpackungssystemkosten (Formel)

7 Abschätzung der Bedeutung der Interoperabilität

Den Abschluss dieser Arbeit soll eine Abschätzung der Bedeutung des Konzepts der Interoperabilität von Verpackungen darstellen. Dies erfolgt unter Anwendung des aufgestellten Referenzmodells. Dementsprechend können die Ergebnisse als charakteristisch für die Feindistribution im mehrstufigen Handel mit frischen Lebensmitteln angesehen werden.

7.1 Beispielhafte Anwendung

Die Abschätzung der Bedeutung soll am Beispiel eines mittelgroßen Frischware-Lagers eines überregionalen Handelsunternehmens erfolgen. Für dieses wird der durch die Interoperabilität verursachte Anteil an den Verpackungssystemkosten berechnet. Dies erfolgt für drei realistische Szenarien. Die Szenarien werden mit Hilfe der aufgestellten Parameter ISO-Modul-, Kompatibilitäts- und Schwachstellengrad beschrieben.

Um für diese Anwendung des Modells nicht eine Vielzahl von Variablen und Parametern schätzen zu müssen, wird das in Kapitel 6.2 parametrisierte Modell nicht in vollem Umfang zur Anwendung gebracht. Anstelle der Berücksichtigung aller acht Referenzprozesse erfolgt eine Beschränkung auf die beiden wesentlichen Wertschöpfungsschritte: die *Kommissionierung* im HZL und den *Lkw-Transport* vom HZL in die Filiale. So kann einerseits die notwendige Anzahl zu schätzender Variablen bzw. Parameter auf ein Minimum reduziert werden. Andererseits kann ein Großteil[261] der durch die Interoperabilität bedingten Verpackungssystemkosten berücksichtigt werden.

Tabelle 10 gibt die für diese ausschnittsweise Anwendung des aufgestellten Referenzmodells benötigten Daten wieder. Diese stammen aus der in Kapitel 5 bereits angesprochenen Kooperationen mit insgesamt drei überregional tätigen deutschen Handelsunternehmen. Als Ladungsträger kommt die Europalette zum Einsatz. Da die Distribution von frischen Lebensmitteln werktäglich an alle

---

[261] Diese Kosten werden deshalb nicht in vollem Umfang berücksichtigt, weil die *Anzahl der gemischten Ladeeinheiten (ANZLE)* in zahlreichen weiteren Prozessen als Multiplikator *(Prozessdurchsatz)* dient.

Filialen erfolgt, ergibt sich der Betrachtungszeitraum insgesamt mit 300 Arbeitstagen (nur Sonn- und Feiertage sind keine Arbeitstage).

Tabelle 10: Schätzwerte für die benötigten Variablen und Parameter

Variable / Parameter	Abk.	Betrag	Einheit
Betrachtungszeitraum	-	300	Tage
Anz. Verpackungen pro Jahr	ANZTPV	9.000.000	TPV/Jahr
Mindestanzahl Ladeeinheiten (MANZLE)	MANZLE	300.000	LE/Jahr
Mittlere Umlaufkosten pro TPV	UKV	0,70	EUR/TPV
Mittlerer Warenwert pro TPV	EPW	5	EUR/TPV
Anschaffungskosten Betriebsmittel	AK	10.000	EUR
Nutzungsdauer Betriebsmittel	NND	5	Jahre
Betriebszeit Betriebsmittel	PDA	1.500	Std./Jahr
Kalk. Zinssatz	r	8%	Prozent
Lkw-Kostensatz Fahrzeug pro Stunde	-	25	EUR/Std.
Lkw-Kostensatz Fahrer pro Stunde	-	20	EUR/Std.
Dauer einer Tour (inkl. Be- und Entladen)	PDA	8	Stunden
Stauraum Ladefläche	-	24	LE/Lkw
Personalkostensatz Kommissionieren	PKS	18	EUR/Std.

Im Rahmen der Ermittlung von Prozessstückkosten für den Lkw-Transport ist die empirisch ermittelte Schadensquote (SQ_{Lkw}) in Kosten umzusetzen. Es wurde am Ende von Kapitel 3.2.2 bereits angesprochen, dass diese Umsetzung einer Konkretisierung bedarf. Fraglich ist, welcher Anteil des Inhalts einer Verpackung (und auch der Verpackung selbst) im Schadensfall zu Kosten wird. Die Antwort für diese Arbeit erfolgt unter Rückgriff auf Abbildung 45: Hier werden im Labor beobachtete und in der Realität auftretende Schäden einander gegenübergestellt. Zwei Dinge sind ersichtlich: Zum einen kommt es unzweifelhaft zu einer Beschädigung der Ware. Zum anderen aber scheint die Annahme nicht gerechtfertigt, nach der der *gesamte* Inhalt einer beschädigten Verpackung unverkäuflich und damit in vollem Umfang zu Kosten würde. Als realistisch hingegen kann es angesehen werden, dass beim Verräumen der Ware in der Filiale einzelne beschädigte Verkaufseinheiten vom entsprechenden Fachpersonal händisch aussortiert bzw. spätestens vom Kunden ignoriert werden. Da es nicht im Interesse dieser Arbeit liegt, die Wirkung des Stauchdrucks auf unterschiedliche

Warengruppen in lebensmitteltechnischer Hinsicht zu bewerten, wird hier ein entsprechender Mittelwert in Höhe von 10% unterstellt.

Tabelle 11: Erfahrungswertbasierte Bewertung der Interoperabilität von Verpackungen unter Anwendung des aufgestellten Referenzmodells

	Einheit	Szenario 1		Szenario 2		Szenario 3		Δ
ISO-Modulgrad (I°)	[%/100]	0,6		0,75		0,9		
Kompatibilitätsgrad (K°)	[%/100]	0,3		0,5		0,7		
Schwachstellengrad (S°)	[%/100]	0,2		0,15		0,1		
Anzahl Ladeeinheiten (ANZLE)	[Stck.]	359.032	100%	336.087	94%	315.899	88%	43.133
Referenzprozess 1: Bildung der Ladeeinheit (hier: Greifzeit)								
Prozesspersonalkosten	[TEUR]	479	100%	455	95%	432	90%	47
Prozessbetriebsmittelkosten	[TEUR]	37	100%	35	95%	33	90%	4
Referenzprozess 2: Lkw - Transport								
Prozesspersonalkosten	[TEUR]	2.394	100%	2.241	94%	2.106	88%	288
Prozessbetriebsmittelkosten	[TEUR]	2.992	100%	2.801	94%	2.632	88%	359
Prozesswarenkosten	[TEUR]	454	100%	307	68%	161	35%	293
Prozessverpackungskosten	[TEUR]	64	100%	43	68%	22	35%	41
Gesamtkosten	[TEUR]	6.418	100%	5.882	92%	5.387	84%	1.032

Δ = Szenario 1 - Szenario 3

Mit Hilfe der Daten aus Tabelle 10 sollen nun die Prozessstückkosten für die beiden genanten Referenzprozesse ermittelt werden. Ferner erfolgt eine Berücksichtigung der Wirkung der Interoperabilität auf die Volumennutzung der gemischten Ladeeinheit. Hieraus wird der Prozessdurchsatz in Form der Anzahl zu bildender Ladeeinheiten (ANZLE) abgeleitet. Tabelle 11 gibt die Ergebnisse wieder.

7.2 Interpretation der Anwendung

Mit Szenario 1 ist ein typisches deutsches Handelsunternehmen skizziert, welches der Verpackungswahl bis dato wenig Aufmerksamkeit schenkt. Mit einem Kompatibilitätsgrad von 0,3 und einem ISO-Modulgrad von 0,6 kann die Gesamtheit der Verpackungen als sehr heterogen bezeichnet werden. Standardisierungsbemühungen haben nicht in nennenswertem Ausmaß stattgefunden. Bei Szenario 2 handelt es sich um ein Handelsunternehmen, welches die Zielrichtung einer Standardisierung seines Verpackungssystems bereits aktiv verfolgt. In der deutschen Handelslandschaft sind einige wenige Unternehmen dieses Typs bekannt.[262] Das dritte Szenario schließlich stellt kein deutsches Unternehmen dar. Pate hierfür waren vielmehr Handelsunternehmen aus Belgien und den Niederlanden, welche für die stringente Verfolgung des Standardisierungsgedankens in Fragen der Verpackung bekannt sind. Die gewählten Parameter ($I° = 0{,}9$; $K° = 0{,}7$; $S° = 0{,}1$) können sich in der Praxis durchaus noch höher ergeben. Namentlich sei auf das Unternehmen *Albert Heijn* aus den Niederlanden verwiesen, welches in den 1990er Jahren für den Bereich frischer Lebensmittel ein eigenes Sortiment von Transportverpackungen entwickelt hat.[263] Erwähnung verdient auch das belgische Unternehmen *Colruyt*, welches sich mit einem vollständigen Umstieg auf einen Mehrweg-Verpackungslieferanten Automatisierungspotenziale in der Kommissionierung erschließt.

Wie bereits in Kapitel 3 festgestellt, tritt bei Ermittlung der Verpackungssystemkosten als fallweiser Kostenrechnung die absolute Höhe des Kostenausweises zu Gunsten einer Interpretation der Differenzen zwischen den Alternativen in den Hintergrund. Das Ziel der Ermittlung von Verpackungssystemkosten ist erreicht, sobald die ökonomisch „richtige" Entscheidung getroffen ist. Dementsprechend sollen auch hier an Stelle der absoluten Höhe vielmehr die Unterschiede zwischen den Szenarien betrachtet werden. Um dies zu erleichtern, wurde Szenario 1 der Charakter einer *Ausgangssituation* gegeben und die ermittelten Kosten 100% gleichgesetzt. Für die beiden folgenden Szenarien ergeben sich Gesamtkosten in Höhe von 92% und 84%. Bei einem direkten Vergleich der beiden Extrema (Szenario 1 und 3) ergibt sich damit ein Kostensenkungspotenzial von rund 16%. Unter Rückgriff auf die Schätzwerte quantifiziert sich diese Kostensenkung zu rund einer Million Euro p.a. (EUR 1.032.000). Ein vertiefender Blick in die Zusammensetzung der Kostendegression zeigt, dass nur etwa EUR 50.000 auf den Referenzprozess Kommissionieren entfällt, während der Großteil sich auf den Prozess Lkw-Transport bezieht. Aufgrund eines höheren Volumennutzungsgrads in Szenario 3 kann dort bei gleicher distribuierter Anzahl an Verpackungen auf die Bildung von mehr als 40.000 Ladeeinheiten verzichtet werden. Diese Anzahl

---

[262] Vgl. o.V. (2005c), S. 14f.
[263] Vgl. Koehorst/de Vries/Wubben (1999), S95ff.

entspricht einer Reduktion von rund 1.800 vollen Lkw-Touren p.a. Dieser Wegfall führt zu einer Einsparung von rund EUR 575.000 in Form von Prozessbetriebsmittel- und Personalkosten im Rahmen des Lkw-Transports. Weitere EUR 330.000 ergeben sich ebenfalls im Rahmen des Lkw-Transports durch die sinkende Schadensquote.

Zusammenfassend unterstreicht diese realitätsnahe Anwendung die Bedeutung der Berücksichtigung der Interoperabilität von Verpackungen im Rahmen der Ermittlung von Verpackungssystemkosten. Durch gezielte Beeinflussung der Zusammensetzung des Verpackungssystems können allein in den beiden zentralen Prozessen der Kommissionierung sowie des Lkw-Transports Kosten in siebenstelliger Höhe beeinflusst werden. Damit dürfte eine Beschäftigung mit dem Verpackungssystem für Handelsunternehmen besonders auch deshalb interessant sein, weil sich die quantifizierten Kostensenkungspotenziale vollständig ohne Investitionen erreichen lassen. In Zeiten, in denen Handelsunternehmen regelmäßig Umsatzrentabilitäten im Bereich von einem Prozent und weniger aufweisen, bietet der gezeigte Ansatz interessante Möglichkeiten der Kostensenkung. Nüchterner formuliert unterstreicht das Konzept der Interoperabilität von Verpackungen die Erkenntnis, dass eine konsequente Entwicklung im Bereich der Steuerung von Materialflusssystemen zu Wertschöpfungspotenzialen führt, die häufig jede anderweitige Maßnahme in den Schatten stellen.[264]

---

[264] Vgl. ten Hompel (2003), S. 12.

8 Fazit und Ausblick

Zur Marktversorgung mit frischen Lebensmitteln in Deutschland kommen mehr als eine Milliarde Transportverpackungen jährlich zum Einsatz.[265] Ihre Distribution im LEH weist in verpackungslogistischer Hinsicht Besonderheiten auf. Regelmäßig stehen sich in technischer Hinsicht gleichwertige Verpackungsalternativen gegenüber. Soll in diesem Fall eine rationale Verpackungsentscheidung getroffen werden, ist Transparenz über sämtliche von der Verpackung verursachten Kosten erforderlich. Diese war bisher für solche Teile der Lieferkette nicht gegeben, die als gemischte Ladeeinheiten durchlaufen werden. Mit der Entwicklung des Konzepts der Interoperabilität von Verpackungen und der Überführung in ein mathematisches Erklärungsmodell schließt die vorliegende Arbeit diese Lücke.

Die Analyse des Stands der Wissenschaft im Hinblick auf die Bewertung von Verpackungen blieb in Bezug auf die Berücksichtigung von gemischten Ladeeinheiten nahezu ergebnislos. Es fand sich allenfalls die abstrakt formulierte Forderung, bei der ökonomischen Bewertung von Verpackungen einen Systemansatz zu verfolgen und somit Wechselwirkungen zwischen Systemelementen explizit zu berücksichtigen und in Kosten zu transformieren.

An diesen Gedanken anknüpfend erfolgte im 3. Kapitel eine Analyse der Interaktion unterschiedlicher Verpackungen im Rahmen der Bildung gemischter Ladeeinheiten. Dazu wird aus der Vielzahl existierender Ansätze ein geeigneter und vollständiger Verpackungssystembegriff entwickelt. Da die einschlägige Literatur keinen geeigneten Verpackungskostenbegriff bietet, wird darauf aufbauend der Begriff der Verpackungssystemkosten hergeleitet sowie ein Konzept der produktionsfaktorbezogenen Verrechnung von Einzelkosten entwickelt. Diese werden prozessbasiert, d.h. innerhalb von Teilprozessen entlang der Lieferkette ermittelt. Damit liegt ein geschlossenes Verfahren zur Ermittlung von Verpackungssystemkosten vor, welches zur Grundlage für das in Kapitel 6 aufzustellende mathematische Modell wird.

---

[265] Vgl. Wagner/Hoffmann (2005), S. 37.

8 Fazit und Ausblick

Mit dem Ziel, die identifizierten Beziehungen und Wechselwirkungen innerhalb von gemischten Ladeeinheiten einer Bewertung zugänglich zu machen, wird in Kapitel 4 das Konzept der Interoperabilität der Verpackung eingeführt und unter Rückgriff auf Überlegungen zur Standardisierung eines Verpackungssystems konkretisiert. Neben der *Normgebundenheit* kann die *Kompatibilität* von Verpackungen als wesentliche Zielsetzung von Standardisierung erkannt werden. Während die Normgebundenheit Widerhall in der Berücksichtigung ISO-modularer Flächenabmessungen findet, bedarf die Kompatibilität von Verpackungen besonderer Konkretisierung. Diese erfolgt über das Attribut der *Stapelbarkeit*. Die Schnittstelle zwischen zwei Verpackungen wurde dafür in dieser Hinsicht eingehend untersucht. Auf dieser Systematisierung aufbauend erfolgt die Definition der drei Parameter *ISO-Modulgrad*, *Kompatibilitätsgrad* und *Schwachstellengrad*, mit deren Hilfe der Systemzustand des Verpackungssystems im Hinblick auf die Interoperabilität der Verpackungen beschrieben werden kann.

Dieses Konzept der Interoperabilität von Verpackungen wird in Kapitel 5 einer empirischen Prüfung unterzogen. Dazu werden drei der unterstellten Wirkmechanismen von Interoperabilität empirisch nachgewiesen. Basis dieser Untersuchungen sind einerseits zwei Feldversuche, welche zusammen mit drei überregional tätigen Handelsunternehmen durchgeführt werden konnten und andererseits zwei normierte Belastungssimulationen unter Laborbedingungen. Mit einer Vertrauenswahrscheinlichkeit von 95% kann die Wirkung der Interoperabilität von Verpackungen auf (i) die Volumennutzung, (ii) die Durchlaufzeit bei der Kommissionierung und (iii) die Stabilität von gemischten Ladeeinheiten nachgewiesen werden. Die Wirkung kann in Abhängigkeit der Variation der aufgestellten Parameter quantifiziert werden.

Abschließend werden die gewonnen Erkenntnisse in ein mathematisches Erklärungsmodell umgesetzt. Damit liegt ein Instrument vor, mit dessen Hilfe die Verpackungssystemkosten in der Praxis berechnet werden können.

Zusammenfassend hat diese Arbeit gezeigt, dass bei der Bewertung von Transportverpackungen mit dem Ziel der Verpackungsentscheidung zwingend ein Systemansatz zu verfolgen ist. Speziell für gemischte Ladeeinheiten ist eine Konkretisierung dieser Forderung mit Hilfe des in dieser Arbeit entwickelten Konzepts der Interoperabilität von Verpackungen möglich und sinnvoll. Die

Anwendung des aufgestellten Referenzmodells bringt Transparenz in einen Kostenblock, der vormals vollständig in den Gemeinkosten enthalten war und somit in eine Verpackungsentscheidung nicht einfließen konnte. Bezogen auf ein einziges Handelszentrallager werden nun Kosten in der Größenordnung von mehr als eine Million Euro pro Jahr transparent und damit beeinflussbar. Besonders für die Sortimente frischer Lebensmittel gilt, dass eine ökonomische Verpackungsentscheidung aus Sicht des LEH erst mit Anwendung des aufgestellten Instrumentariums möglich wird.

Als Anknüpfungspunkte weiterer wissenschaftlicher Arbeiten bieten sich besonders folgende Felder:

- *Anwendung der aufgestellten Methode* auf der Basis von Realdaten: Interessante Erkenntnisse verspricht die Quantifizierung von Kosten im Rahmen einer Zusammenarbeit mit Handelsunternehmen. Besonders dürften die Abbaubarkeit der Kosten und damit ihre Ergebniswirksamkeit von Interesse sein.
- *Umsetzen der gewonnenen Erkenntnis in ein analytisches Verfahren* zur Minimierung der Verpackungssystemkosten: Als Zielgrößen bieten sich die Auswahl der Verpackung für jeden zu verpackenden Artikel zusammen mit dem Ladungsträger an. Aufgrund der multiplikativen Verknüpfung von Variablen ist zu erwarten, dass die Umsetzung in eine Heuristik im Vordergrund der Überlegungen steht.
- Vertiefung der *Forschung zur Stabilität von gemischten Ladeeinheiten*: Hier kann eine sinnvolle Anknüpfung in der Definition weiterer Parameter oder in der Verbreiterung des Erklärungsfelds jenseits von schwach heterogenen und quaderförmigen Verpackungen liegen.

Im Rahmen der ökonomischen Bewertung von Transportverpackungen bleibt die gemischte Ladeeinheit bis dato unberücksichtigt. Die vorliegende Arbeit zeigt mit dem Konzept der Interoperabilität, dass die Interaktionen unterschiedlicher Verpackungen im Rahmen gemischter Ladeeinheiten maßgeblichen Einfluss auf den Ausgang einer rationalen Verpackungsentscheidung nehmen. Durch die Überführung der gewonnenen Erkenntnisse in ein Erklärungsmodell liegt ein Instrument vor, welches in der Praxis, insbesondere im Handel mit frischen Lebensmitteln verstärkt zum Einsatz kommen sollte.

Literaturverzeichnis

Abdou/El-Masry (2000) — **Abdou** George; **El-Masry** Mohammed: Three-dimensional random stacking of weakly heterogeneous palletization with demand requirements and stability measures. In: *International Journal of Production Research 38* (2000), Nr. 14, S. 3149-3163

Abdou/Hanna (1993) — **Abdou** George; **Hanna** M.: *Stability of interlocked boxes on a pallet. Technical Report*, Concordia University, Montreal 1993

Albers/Skiera (1999) — **Albers**, Sönke; **Skiera**, Bernd: Regressionsanalyse. In: Herrmann, A.; Homburg, C. (Hrsg.): *Marktforschung. Grundlagen – Methoden – Anwendungen*, Wiesbaden 1999

Anthony (1985) — **Anthony**, S., Jr.: Packaging and Materials Handling. In: Kulwiec, R. A. (Hrsg.): *Materials Handling Handbook*, 2nd Edition, John Wiley & Sons, New York u.a. 1985

Axelson/Nilsson (2000) — **Axelson**, Lena E.; **Nilsson**, Carl-Henric: *Transport packaging of perishable goods. Case study of the cost of distribution of tomatoes in corrugated cardboard boxes and in returnable plastic crates*, Bergstrand's Handelsträdgard HB, Lund University Print Office, Lund 2000

Ayers (2000) — **Ayers**, James B.: *Handbook of Supply Chain Management*, Boca Raton 2000

Bahke (1976) — **Bahke**, Erich: Systematische Schritte in der Materialflussplanung. In: Bahke, E. (Hrsg.): *Materialflusssysteme. Band 3: Materialflussplanung*, Krausskopf, Mainz 1976

Ballestrem (2002) — **Ballestrem**, Graf von, W.: Handelslogistik. In: Arnold, D. et al. (Hrsg.): *Handbuch Logistik*, Springer Verlag, Berlin u.a. 2002

BAM (2004) — **Bundesanstalt für Materialforschung und -prüfung**: *Ladungssicherungs-Informations-System (LIS). Schulungshandbuch Ladungssicherung von Stückgut*, Berlin 2004

Literaturverzeichnis

Bamberg/Coenenberg (2004)	**Bamberg**, Günter; **Coenenberg**, Adolf G.: *Betriebswirtschaftliche Entscheidungslehre*, 12. überarb. Aufl., München 2004
Baumgarten (1973)	**Baumgarten**, Helmut: Einsatzmöglichkeiten von Containern und Wechselaufbauten in Industriebetriebe. In: VDI (Hrsg.): *Integrierte Transportsysteme und ihre Technik*, VDI-Berichte 209, VDI-Verlag, Düsseldorf 1973
Baumgarten (1995)	**Baumgarten**, Helmut: Prozesskettenmanagement. In: *Jahrbuch der Logistik 1995*, Verlagsgruppe Handelsblatt 1995
Becker (2002)	**Becker**, Jochen: *Marketing-Konzeption. Grundlagen des ziel-strategischen und operativen Marketing-Managements*, Vahlen, 7. Auflage, München 2002
Berndt/Thiele (1993)	**Berndt**, D.; **Thiele**, M.: MTS verdoppelt die Kosten des Warenflusses. In: *neue verpackung 46* (1993), Nr. 6, S. 82-88
Birk (1999)	**Birk**, Dietrich: *Entwicklung, Beurteilung und Auswahl alternativer Transportverpackungskonzepte als integraler Bestandteil der Unternehmenslogistik*, Dissertation, Universität Tübingen, Shaker, Aachen 1999
Bloehof-Rufwaard (2002)	**Bloehof-Rufwaard**, J. et al.: One and Two Way Packaging in the Dairy Sector. In: Klose, A. et al. (Hrsg.): *Quantitative approaches to distribution logistics and supply chain management*, Springer, Berlin 2002
Bodily (1985)	**Bodily**, Samuel E.: *Modern Decision Making. A Guide to Modeling with Decision Support Systems*, McGraw-Hill, New York, St. Louis, San Francisco u.a. 1985
Boeckle (1994)	**Boeckle**, Udo: *Modelle von Verpackungssystemen. Lebenszyklusorientierte Untersuchung*, Gabler, Wiesbaden 1994
Boesch (1989)	**Boesch**, Markus: *Gesamtsystem Verpackung. Grundlage für optimale, integrierte Verpackungsentscheidungen*, Dissertation, Hochschule St. Gallen 1989

Bohlmann/Coners (2004)	**Bohlmann**, Björn; **Coners**, Andre: *Prozessbasierte Kostensenkung in der Logistik. Nachhaltige Wirkungen durch Time-Driven Activity-Based Costing.* In: *Logistik inside* (2004), Nr. 5, S. 1-8
Bowersox/Closs (1996)	**Bowersox**, D. J.; **Closs**, D. J.: *Logistical Management. The Integrated Supply Chain Process*, 3rd Edition, McGraw-Hill, New York u.a. 1996
Bretzke (1999)	**Bretzke**, W.-R.: Industrie- versus Handelslogistik. Der Kampf um die Systemführerschaft in der Konsumgüterdistribution, In: *Logistik Management 1* (1999), Nr. 2, S. 81-95
Busse von Colbe (1991)	**Busse von Colbe**, Walter, *Betriebswirtschaftstheorie. Band 1: Grundlagen, Produktions- und Kostentheorie*, 5. Auflage, Springer, Berlin 1991
Butz/Herzog (1988)	**Butz**, Hans-Werner; **Herzog**, Christiane: *Einweg – Mehrweg. Kostenvergleich bei Milchverpackungen*, In: Dynamik im Handel (1988), Nr. 1, S. 20-27
CCG (2004)	**Centrale für Coorganisation GmbH** (Hrsg.): *Logistikverbund für Mehrweg-Transportverpackungen. Kurzübersicht*, http://www.ecr.de/VHM/ecr/Inhalt/e21/e33/e177/daten/Files/ mtv_logistikverbund_informationspapier.pdf, Zugriff am 06.12.2004.
Chopra/Meindl (2004)	**Chopra**, Sunil; **Meindl**, Peter: *Supply Chain Management. Strategy, Planning and Operation*, 2nd edition, Pearson Education, New Jersey 2004
Coenenberg (1999)	**Coenenberg**, Adolf Gerhard: *Kostenrechnung und Kostenanalyse*, 4. Auflage, Moderne Industrie, Landsberg 1999
Coners/Hardt (2004)	**Coners**, Andre; **Hardt**, Gerrit von der: Time-Driven Activity-Based Costing. Motivation und Anwendungsperspektiven, In: *Zeitschrift für Controlling und Management 48* (2004), Nr. 2, S. 108-118

Cooper/Lambert/Pagh (1997)	**Cooper**, Martha C.; **Lambert**, Douglas M.; **Pagh**, Janus D.: Supply Chain Management. More Than a New Name for Logistics, In: *International Journal of Logistics Management*, 8 (1997), Nr. 1, S. 1-14
Corsten (2001)	**Corsten**, Hans; Gössinger, Ralf (2001): *Einführung in das Supply Chain Management*, Lehr- und Handbücher der Betriebswirtschaftslehre, München u.a. 2001
Corsten (2004)	**Corsten**, Hans: *Produktionswirtschaft. Einführung in das industrielle Produktionsmanagement*, 10. Auflage, Oldenbourg, München, Wien 2004
Debrunner (1977)	**Debrunner**, Peter: *Die Verpackung als Marketinginstrument. Kosten und Nutzen ihres Einsatzes*, Dissertation, Universität Zürich 1977
Deuss (1985)	**Deuss**, Jürgen: *Die Packung in der betrieblichen Absatzpolitik*, Göttingen, Schwartz 1985
DIN 10096	**Deutsches Institut für Normung e.V. (DIN)** (Hrsg.): *Packmittel, Steigen 400mm x 300mm aus Holz für Obst und Gemüse*, Beuth Verlag, Berlin, März 1978
DIN 10531	**Deutsches Institut für Normung e.V. (DIN)** (Hrsg.): *Versandfertige Packstücke. Festigkeitsprüfung von Ladeeinheiten*, Beuth Verlag, Berlin, März 2000
DIN 15141	**Deutsches Institut für Normung e.V. (DIN)** (Hrsg.): *Paletten. Prüfverfahren für Flachpaletten*, Beuth Verlag, Berlin, April 1990
DIN 15145	**Deutsches Institut für Normung e.V. (DIN)** (Hrsg.): *Paletten. Begriffe*, Beuth Verlag, Berlin, August 1977
DIN 15146	**Deutsches Institut für Normung e.V. (DIN)** (Hrsg.): *Vierwege-Flachpaletten aus Holz*, Beuth Verlag, Berlin, April 1983
DIN 15158	**Deutsches Institut für Normung e.V. (DIN)** (Hrsg.): *Verpackung, Anforderungen und Auswahl von Prüfungen für Flachpaletten*, Beuth Verlag, Berlin, Juni 2005

DIN 30781	**Deutsches Institut für Normung e.V.** (DIN) (Hrsg.): *Transportkette. Grundbegriffe*, Beuth Verlag, Berlin, März 1989 DIN 30781 Teil 1, (1989), S.3
DIN 30783	**Deutsches Institut für Normung e.V.** (DIN) (Hrsg.): *Modulordnung in der Transportkette. Maßliche Koordination in der Horizontalen. Begriffe, Grundsätze*, Beuth Verlag, Berlin, April 1982
DIN 30790	**Deutsches Institut für Normung e.V.** (DIN) (Hrsg.): *Rollbehälter, Rollpalette mit Aufsteckwänden, Maße und sicherheitstechnische Anforderungen*, Beuth Verlag, Berlin, Nov. 1991
DIN 30798	**Deutsches Institut für Normung e.V.** (DIN) (Hrsg.): *Modulsystem, Modulordnungen*, Berlin, Köln, September 1982
DIN 53375	**Deutsches Institut für Normung e.V.** (DIN) (Hrsg.): *Bestimmung des Reibungsverhaltens*, Beuth Verlag, Berlin, November 1986
DIN 55405	**Deutsches Institut für Normung e.V.** (DIN) (Hrsg.): *Begriffe für das Verpackungswesen. Merkmale und deren Prüfung*, Beuth Verlag, Berlin, Dezember 1993
DIN 55510	**Deutsches Institut für Normung e.V.** (DIN) (Hrsg.): *Verpackung. Modulare Koordination im Verpackungswesen*, Beuth Verlag, Berlin, März 1982
DIN 55511	**Deutsches Institut für Normung e.V.** (DIN) (Hrsg.): *Packmittel; Schachteln aus Voll- oder Wellpappe abgestimmt auf 600 mm × 400 mm (Flächenmodul). Faltschachteln mit Boden- und Deckelverschlußklappen*, Beuth Verlag, Berlin, Dezember 1984
Dominic/Olsmats (2001)	**Dominic**, Chris; **Olsmats**, Carl (2001): Packaging Scorecard. A method to evaluate packaging contribution in the supply chain, In: *Packforsk report no. 200*, Stockholm 2001
Dubiel (1996)	**Dubiel**, Martin: Costing Structures of Reusable Packaging Systems. In: *Packaging Technology and Science 9* (1996), Nr. 5, S. 237-254

Dyckhoff (1990)	**Dyckhoff**, Harald: A typology of cutting and packing problems. In: *European Journal of Operational Research 44* (1990), S. 145-159
Ebeling (1990)	**Ebeling**, Charles W.: *Integrated Packaging Systems for Transportation and Distribution*, Marcel Dekker, 3. Auflage, New York 1990
ECR (1997)	**ECR**: *The Efficient Unit Loads Report*, 1997
ECR (2002)	**Centrale für Coorganisation GmbH** (CCG) (Hrsg.): *Handbuch ECR-Supply Side. Auf dem Weg zum erfolgreichen Supply Chain Management*, CCG-Verlag, Köln 2002
EHI (1993)	**EuroHandelsinstitut** (EHI) (Hrsg.): *Mehrwegverpackungen und ihre Rückführung*, DHI-Verlag, Köln 1993
EHI (2001)	**EuroHandelsinstitut** (EHI) (Hrsg.): *Anwendungsempfehlung für die kompatible Stapelung von Mehrweg-Transportverpackungen*, EHI, Köln 2001, S. 26-29
Eisenführ/Weber (2003)	**Eisenführ**, Franz; **Weber**, Martin: *Rationales Entscheiden*, 4.Auflage, Berlin u.a. 2003
Fandel et al. (2004)	**Fandel**, Günter et al.: *Kostenrechnung*, Springer, Berlin u.a. 2004
Fey (1989)	**Fey**, P.: Logistik-Management und integrierte Unternehmensplanung, in: Kirsch, W. (Hrsg.): *Münchner Schriften zur angewandten Führungslehre*, Kirsch, München 1989
Frerich-Sagurna/Lange (1990)	**Frerich-Sagurna**, R.; **Lange**, V.: Verpackungskosten in logistischen Prozessen, in: *Verpackungs-Rundschau 41* (1990), Nr. 2, S. 134-140
Fröhling (1994)	**Fröhling**, Oliver: *Dynamisches Kostenmanagement. Konzeptionelle Grundlagen und praktische Umsetzung im Rahmen eines strategischen Kosten- und Erfolgs-Controlling*, Vahlen, München, 1994

Gabathuler (1987)	**Gabathuler**, Hansjürg: *Die betriebs- und gemeinwirtschaftlichen Kosten von Verpackungssystemen für Lebensmittel. Ein computergestütztes Kostenmodell für Verpackungsalternativen*, Dissertationsschrift, Universität St. Gallen, St. Gallen 1987
Ge (1996)	**Ge**, Changfeng: Efficient packaging design in logistics. In: *Packaging Technology and Science 9* (1996), Nr. 5, S. 275-287
Gehring/Bortfeldt (1997)	**Gehring**, Hermann; **Bortfeldt**, Andreas: Ein Tabu Search-Verfahren für Containerbeladeprobleme mit schwach heterogenem Kistenvorrat. In: *Diskussionsbeiträge Fachbereich Wirtschaftswissenschaft Nr. 240, Fern Universität Hagen*, Hagen März 1997
Gottfried/Kassmann (1999)	**Gottfried**, Hans Peter; **Kassmann**, Monika: Wichtige Begriffe der Verpackung (Benennung und Definition) M7.2, in: Krämer (Hrsg.): *Verpackungstechnik. Mittel und Methoden zur Lösung* der Verpackungsaufgabe, 7. Ergänzungslieferung, 1999
Gudehus (1973)	**Gudehus**, Timm.: *Grundlagen der Kommissioniertechnik. Dynamik der Warenverteil- und Lagersysteme*, W. Girardet, Essen 1973
Gudehus (2000)	**Gudehus**, Timm: *Logistik 1. Grundlagen, Verfahren und Strategien*, Springer Verlag, Berlin u.a. 2000
Gudehus (2000)	**Gudehus**, Timm: *Logistik 2. Netzwerke, Systeme und Lieferketten*, Springer Verlag, Berlin, Heidelberg 2000
Günther (1993)	**Günther**, T.: Direkter Produkt-Profit. Ein besonderer Kostenrechnungssatz an der Schnittstelle von Industrie und Handel, in: *Schmalenbachs Zeitschrift für betriebswirtschaftliche Forschung zfbf* (1993), Nr. 5
Gutenberg (1979)	**Gutenberg**, Erich: *Grundlagen der Betriebswirtschaftslehre. Bd. 1, Die Produktion*, Unveränderter Nachdruck, Gabler, Wiesbaden 1979

Haberstock (1998)	**Haberstock**, Lothar: Plankostenrechnung, in: Busse von Colbe, Walther; Pellens, Bernhard (Hrsg.), *Lexikon des Rechnungswesens*, München u.a. 1998
Haberstock (2002)	**Haberstock**, Lothar: *Kostenrechnung*, 11. Auflage, Gabler, Wiesbaden 2002
Hajek (1981)	**Hajek**, E. (1981): Verpackungskostenrechnung. Ein Rationalisierungsinstrument für die abpackende Wirtschaft, In: *neue verpackung 34* (1981), Nr. 10, S. 1478-1482
Hajek/Pulanek (1982)	**Hajek**, E.; **Pulanek**, J.: Verpackungskostenrechnung auf Basis von Vollkosten. In: *RGV-Handbuch Verpackung*, Hrsg.: Rationalisierungsgemeinschaft Verpackung (RGV) im RKW, Erich Schmidt Verlag, Berlin 1982, Kennziffer 2112 und Kennziffer 2114
Hallier (1988)	**Hallier**, Bernd: Normkasten spart Kosten. In: *Dynamik im Handel* (1988), Nr. 2 S. 22-25
Hambuch (1992)	**Hambuch**, P.: Space-Management. Integrierter Bestandteil des Category Management, In: *Auf dem Weg zur Direkten Produkt-Rentabilität*, Hrsg.: DHI, DHI-Verlag, Köln 1992
Hammer (1973)	**Hammer**, E.: *Industriebetriebslehre*, Verlag Moderne Industrie, München 1973
Han et al (2003)	**Han**, Jong-Koo; **Selke**, Susan E.; **Downes**, Theron W.; **Harte**, Bruce R.: Application of a Computer Model to Evaluate the Ability of Plastics to Act as Functional Barriers. In: *Packaging Technology and Science 16* (2003), Nr. 3, S. 107-118
Handfield/Nichols (1999)	**Handfield**, Robert B.; **Nichols**, Ernest L.: *Introduction to Supply Chain Management*, Prentice-Hall u.a. 1999
Hansen (1986)	**Hansen**, Ursula: Verpackung und Konsumentenverhalten – Aktuelle Tendenzen, in: Marketing ZFP 8 (1986), Nr. 1, S. 5-12
Harrmann (1977)	**Harrmann**, Alfred: *Kostenvergleiche zwischen Einweg- und Mehrwegverpackungen*, KRP 2/1977
Helbach/Stegmann (2004)	**Helbach**, Jan; **Stegmann**, Sandra: Vom Klassenbesten lernen hilft beim Aufstieg, in: *Lebensmittel Zeitung* vom 15.10.2004

Henriksson (1998)	**Henriksson**, Lars: *Packaging requirements in the Swedish retail trade*, Lund University, Lund 1998
Hermansson (1999)	**Hermansson**, A.: Openability of Retail Packages. In: *Packaging Technology and Science 12* (1999), Nr. 5 ,S. 219-223
Horváth/Mayer (1989)	**Horváth**, Peter; **Mayer**, Reinhold: Prozesskostenrechnung. Der neue Weg zu mehr Kostentransparenz und wirkungsvolleren Unternehmensstrategien, In: *Controlling. Zeitschrift für erfolgsorientierte Unternehmenssteuerung* (1989), Nr. 4, S. 214-219
Howard (1990)	**Howard**, Ronald A.: From Influence to Relevance to Knowledge. In: Oliver, Robert M./Smith, James Q. 1990: *Influence Diagrams, Belief Nets and Decision Analysis*, John Wiley & Sons Ltd., Chichester, New York, Brisbane, u.a. 1990
Hummel (1998)	**Hummel**, Siegfried: Kostenrechnungssysteme. In: Busse von Colbe, Walther; Pellens, Bernhard (Hrsg.): *Lexikon des Rechnungswesens*, Oldenbourg Verlag, München u.a. 1998
Ihde (1990)	**Ihde**, G. B.; Femerling, C.; Kemmler, M.: Das Modell der Direkten Produkt-Rentabilität als Instrument zur Unterstützung von Logistikentscheidungen im Konsumgüterhandel. In: Trommsdorff, V. (Hrsg.): *Handelsforschung 1990*, Gabler Verlag, Wiesbaden 1990
Isermann (1997)	**Isermann**, H: Stichwörter »Mehrweg-Transportverpackungen«, »Verpackung«, »Verpackungskosten«. In: Bloech, J.; Ihde, G. B. (Hrsg.): *Vahlens großes Logistiklexikon*, Franz Vahlen, München 1997
Jahre/Hatteland (2004)	**Jahre**, Marianne; **Hatteland**, Carl Johann: Packages and physical distribution. Implications for integration and standardisation. In: *International Journal of Physical Distribution and Logistics Management 34* (2004), Nr. 2, S. 123-139
Jansen (1989)	**Jansen**, Rolf: Kostenerfassung und Leistungsverrechnung in der Verpackungsplanung. In: *Verpackungsplanung. Orientierung, Entwicklung, Perspektiven*; VDI-Verlag, Düsseldorf 1989, S.1-18

Jansen (1997)   **Jansen**, R.: Stichwort »Verpackungssystem«. In: Bloech, J.; Ihde, G. B. (Hrsg.): *Vahlens großes Logistiklexikon*, Franz Vahlen, München 1997

Jansen (2003)   **Jansen**, Rolf: *Kalkulation von Verpackungskosten in der Phase der Packmittel- und Produktentwicklung*, Arbeitsgemeinschaft industrieller Forschungsvereinigungen (AiF) Vorhaben-Nr. / GAG 12834 N / GAG 7, 2003

Jansen/Krabs (2000)   **Jansen**, Rolf; **Krabs**, Andreas: Kosten und Bestände im Kreislauf – Einsatz von Mehrwegbehältern in der Automobilindustrie. In: *LOGISTIK für Unternehmen*, (2000), Nr. 1-2, S. 64-67

Jantzen/Alexander (1965)   **Jantzen**, Nelson R; **Alexander**, Milton: A Logistical View of Packaging. In: Schorr, Jerry/Alexander, Milton/Franco, Robert J.: *Logistics in Marketing*, Pitan Publishing Corporation, New York u.a. 1965

Jarimopas/Singh/Saengnil (2005)   **Jarimopas**, Bundit; **Singh**, Paul; **Saengnil**, Wasan: Measurement and Analysis of Truck Transport Vibration Levels and Damaged to Packaged Tangerines during Transport. In: Shires, David; Twede Diana: *Packaging Technology and Science 18* (2005), Nr. 4, S. 179-188

Jediss (1991)   **Jediss**, H.: Ökonomisierung des Gesamtdistributionssystems durch DPR-Analysen. In: *Moderne Distributionssysteme in der Konsumgüterwirtschaft*, Hrsg.: J. Zentes, C.E. Poeschel Verlag, Stuttgart 1991

Johansson et al (2000)   **Johansson**, Kennert et al: *Förpackningslogistik*, Packforsk, Kista 2000

Johansson/Mathisson-Öjmertz (1996)   **Johansson**, M. I., **Mathisson-Öjmertz**, Brigitta: Packaging as a carrier of materials flow effectiveness, in: Selected proceedings of the 7th World Conference on Transport Research, Vol. 4, (Eds, Hensher, D., King, J., Oum, T.), Pergamon, Oxford 1996

Johansson/Weström (2000)   **Johansson**, Kennert; **Weström**, Pär: Measurement of packaging logistics parameters. In: Sjöström, K. (Hrsg.): *Packaging Logistics Review*, Econpap, Helsinki 2000

Johnsson (1998)	**Johnsson**, Mats: *Packaging Logistics. A value added approach*, Lund University, Lund 1998
Jönson/Johnsson (o.J.)	**Jönson**, Gunilla; **Johnsson**, Mats: *Packaging Logistiscs. Evaluation methods for increased efficiency in the supply chain*, Lund University, Lund
Jünemann/Schmidt (1999)	**Jünemann**, R.; **Schmidt**, T.: *Materialflusssysteme. Systemtechnische Grundlagen*, 2. Auflage, Springer-Verlag, Berlin u.a. 1999
Käppner/Laakmann/ Stracke (2002)	**Käppner**, Martin; **Laakmann**, Frank; **Stracke**, Niklas: *Dortmunder Prozesskettenparadigma. Grundlagen, Interner Bericht Fraunhofer Institut für Materialfluss und Logistik (IML)*, Sonderforschungsbereich 559 „Modellierung großer Netze in der Logistik", Eigendruck, Dortmund 2002
Kaplan/Anderson (2004)	**Kaplan**, Robert S.; **Anderson**, Steven R.: Time-Driven Activity-Based Costing. In: *Harvard Business Review* (2004), Nr. 11, S. 131-139
Kaplan/Anderson (2005)	**Kaplan**, Robert S.; **Anderson**, Steven R.: Schneller und besser kalkulieren. In: *Harvard Business Manager* (2005), Nr. 5, S. 86-97
Kempcke (1992)	**Kempcke**, T.: Mehrweg: Teures Handling im Handel. In: *Absatzwirtschaft* (1992), Nr. 9, S. 106-111
Kibler (1997)	**Kibler**, Scott E. Returnable/Reusable Logistical Packaging: *A Decision Support Framework and Modular Furniture Case Study*, Dissertation, Michigan State University, Michigan 1997
Kistner, Luhmer (1980)	**Kistner**, Klaus-Peter; **Luhmer**, Alfred: Zur Ermittlung der Kosten der Betriebsmittel in der statischen Produktionstheorie. In: *Diskussionsarbeiten der Fakultät für Wirtschaftswissenschaften der Universität Bielefeld* (1980), Nr. 84
Klinger/Wenzel (2000)	**Wenzel**, Sigrid: *Referenzmodelle für die Simulation in Produktion und Logistik*, Society for Computer Simulation International, San Diego 2000

Koehorst/de Vries/ Wubben (1999)	**Koehorst**, Hans; **de Vries**, Henk; **Wubben**, Emiel: *Standardisation of crates. Lessons from the Versfus (freshcrate) project*. In: Supply Chain Management, 1 (1999), Nr. 2, S. 95-101
Kotler/Bliemel (1999)	**Kotler**, Philip; **Bliemel**, Friedhelm: *Marketing-Management*, 9. Auflage, Schäffer-Poeschel, Stuttgart 1999
Krämer (1978)	**Krämer**, E.: Modulverpackungen – Vorraussetzung für den wirtschaftlichen kombinierten Verkehr. In: *Studiengesellschaft für den kombinierten Vckungerkehr e.V.* (Hrsg.): Transport '78, Diskussionsveranstaltung, Verkehrs-Verlag Fischer, Frankfurt 1978
Krüger/Steven (2000)	**Krüger**, Rolf; **Steven**, Marion: Supply Chain Management im Spannungsfeld von Logistik und Management. In: *Wirtschaftswissenschaftliches Studium* (2000), Nr. 9, S. 501-507
Kuhn (1995)	**Kuhn**, Axel: *Prozessketten in der Logistik. Entwicklungstrends und Umsetzungsstrategien*, Verlag Praxiswissen, Dortmund 1995
Kuhn/Lange/Zimmermann (2005)	**Kuhn**, Ekart; **Lange**, Volker; **Zimmermann**, Peter : *Paletten-Management*, Vogel, München 2005
Kuhn/Manthey (1996)	**Kuhn**, Axel; **Manthey**, Christoph: Kosten- und Leistungstransparenz durch die ressourcenorientierte Prozesskettenanalyse, in: Kostenrechnungspraxis 40 (1996), Nr. 3, S. 129-138
Kuhn/Pielok (1994)	**Kuhn**, Axel; **Pielok**, Thomas: Produktivitäts-Management mit Hilfe von Prozessketten. In: Wildemann, Hoerst (Hrsg.): *Qualität und Produktivität. Erfolgsfaktoren im Wettbewerb*, FAZ, Frankfurt am Main 1994
Küpper (1998)	**Küpper, Hans-Ulrich**: Kosten und Leistung. In: Busse von Colbe, Walther; Pellens, Bernhard (Hrsg.): *Lexikon des Rechnungswesens*, Oldenbourg Verlag, München u.a. 1998
LaLonde (1996)	**LaLonde**, B. J.; Pohlen, T. L.: Issues in Supply Chain Costing. In: *International Journal of Logistics Management 7* (1996), Nr. 1 , S. 1-12

Lambert/Stock (1999)	**Lambert**, Douglas. M.; **Stock**, James. R.: *Strategic Logistics Management*, 3rd Edition, Irwin / McGraw-Hill, Boston u.a. 1999
Lambert/Stock/Ellram (1998)	**Lambert**, Douglas M.; **Stock**, James R.; **Ellram**, Lisa M.: *Fundamentals of logistics management*, The McGraw Hill Companies, Boston 1998
Lambertz/Kempke (1987)	**Lambertz**; **Kempke** : Rollbehälter dominieren. In: *Dynamik im Handel* (1987), Nr. 4
Lammers/Lange (1994)	**Lammers**, Wolfgang; **Lange**, Volker: Öko-Bilanzen in der Praxis. In: Hossner, R. (Hrsg.): *Jahrbuch der Logistik 1994*, Verlagsgruppe Handelsblatt, Düsseldorf 1994
Lancioni/Chandran (1990)	**Lancioni**, Richard A.; **Chandran**, Rajan: The Role of Packaging in International Logistics. In: *Asia Pacific International Journal Of Business Logistics 11* (1990), Nr. 2, S. 41-43
Lange (1995)	**Lange**, Volker: Bevorzugte Zielgruppen / Produktbereiche für Mehrweg-Transportverpackungen. In: *Mehrweg-Verpackungen* 1995, S.7-45
Lange (1996)	**Lange**, Volker: Verpackungskosten und Logistikprozesse. Mehr als Beschaffung und Entsorgung, In: Fraunhofer Gesellschaft e.V. (Hrsg.): *Verpackungstechnik. Mittel und Methoden zur Lösung der Verpackungsaufgaben*, Heidelberg 1996
Lange (1998)	**Lange**, Volker: Integration und Implementierung von Mehrweg-Transport-Verpackungssystemen in bestehende Logistikstrukturen. In: Jünemann, R. (Hrsg.): *Logistik für die Praxis*, Dissertation, Universität Dortmund, Verlag Praxiswissen, Dortmund 1998
Lange (2002)	**Lange**, Volker: Verpackungs- und Verladetechnik. In: Arnold, Dieter u.a. (Hrsg.): *Handbuch Logistik*, Springer Verlag, Berlin u.a. 2002
Lange/Salehfar (2005)	**Lange**, Volker; **Salehfar**, Masoud: Der Blick durch die logistische Brille. Sind unsere Verpackungssysteme noch zeitgerecht?, In: *neue verpackung 58* (2005), Nr. 9, S. 43-45
Leonard (1968)	**Leonard**, Edmund A.: *Introduction to Economics of Packaging*, Dekker, New York 1968

Leonard (1981)	**Leonard**, Edmund A.: *How to improve packaging costs*, Amacom, New York 1981
Leonard (1996)	**Leonard,** Edmund, Packaging: *Specifications, Purchasing and Quality Control*, Marcel Dekker Inc., New York 1996
Li (2003)	**Li**, Hua: Verfahren zur Laderaumoptimierung von heterogenen quaderförmigen Ladeobjekten für den Lkw-Transport. In: *Reihe „Logistik für die Praxis"*, ten Hompel, Michael (Hrsg.), Verlag Praxiswissen, Dortmund 2003, zugl.: Dissertation, Universität Dortmund, Dortmund 2003
Lorentzon/Olsmats (1992)	**Lorentzon**, Ann; **Olsmats**, Carl: *Förpackningens integration med distributionen. En praktikfallstudie*, PackForsk, Kista 1992
Löschau (1989)	**Löschau**, Gerhard: Stability Criteria for Column Stacks. In: *Packaging Technology and Science 2* (1989),Nr. 2 , S. 155-163
Lützebauer (1994)	**Lützebauer,** Michael: *Beitrag zur systematischen Auswahl von Kleinladungsträgern*, Dissertation, Universität Dortmund, Dortmund 1994
Männel (1995)	**Männel**, Wolfgang: Zur Bedeutung der Prozesskostenrechnung. In: Männel, Wolfgang (Hrsg.): *Prozeßkostenrechnung*, Gabler, Wiesbaden 1995
Maier (1996)	**Maier**, Hans E.: Verpackungskosten für Obst und Gemüse. Die ganze Kette zählt, In: *Dynamik im Handel*, (1996), Nr. 11, S. 56-63
Malik (1992)	**Malik**, F.: Strategie des Managements komplexer Systeme. In: Institut für Betriebswirtschaft an der Hochschule St. Gallen (Hrsg.): *Schriftenreihe »Unternehmung und Unternehmensführung«*, Band 12, 4. Auflage, Verlag Paul Haupt, Bern u.a. 1992
Martin (2004)	**Martin**, Heinrich: *Transport- und Lagerlogistik - Planung, Aufbau und Steuerung von Transport- und Lagersystemen*, 5. Auflage, Vieweg und Sohn, Wiesbaden 2004
Meffert (2000)	**Meffert**, Heribert: *Marketing. Grundlagen marktorientierter Unternehmensführung, Konzepte – Instrumente – Praxisbeispiele*, 8. Auflage, Gabler, Wiesbaden 2000

Merkel (1995)	**Merkel**, H.: Logistik Managementsysteme. In: Endres, A.; Krallmann, H.; Schnupp, P. (Hrsg.): *Handbuch der Informatik*, Band 14.2, Oldenbourg Verlag, München u.a. 1995
Mevissen (1996)	**Mevissen**, Karlheinz: Mehrwegsysteme für Verpackungen: Probleme und Gestaltungsansätze in der Konsumgüterwirtschaft. In: Delfmann, W. (Hrsg.): *Integrierte Logistik und Unternehmensführung*, Dissertation, Universität Köln, Deutscher Universitäts-Verlag, Wiesbaden 1996
Mollenkopf et al. (2005)	**Mollenkopf**, D.; **Closs**, D.; **Twede**, D.; **Sangjin**, L.; **Burgess**, G.: Assessing the viability of reusable packaging: a relative cost approach. In: *Journal of Business Logistics* 26 (2005), Nr. 1, S. 169-197
Muschalla (1980)	**Muschalla**, R.: Geschichtliches. In: Klein, M. (Hrsg.): *Einführung in die DIN-Normen*, 8. Auflage. Teubner, Stuttgart; Beuth, Berlin, Köln 1980
Nyhuis u.a. (2005)	**Nyhuis**, P. **u.a.**: Typologisierung und Modellierung industrieller Lieferketten. In: *Supply Chain Management 6* (2005), Nr. 1, S. 19-21
Öjmertz (1998)	**Öjmertz**, B.: *Materials Handling from a Value-Adding Perspective*, Dissertation, Chalmers University of Technology, Göteborg 1998
Olsmats (2002)	**Olsmats**, Carl: *The business mission of packaging as a strategic tool for business development towards the future*, Dissertation, Åbo Akademi University Press, Åbo 2002
Olsmats/Lorentzon (1994)	**Olsmats**, Carl; **Lorentzon**, Ann: *One-way or reusable packaging. Cost analysis and environmental aspects*, Kista 1994
Olsson/Györei (2002)	**Olsson**, Annika; **Györei**, Micael : Packaging throughout the Value Chain in Customer Perspective Marketing Mix. In: *Packaging Technology and Science 15* (2002), Nr. 5, S. 231-239
OR Spektrum (1991)	**OR Spektrum**, Themenheft 13 „*Verpackungslogistik / Packaging logistics"*, 1991

o.V. (1997)	**o.V.**: Stichwort: „Ladungsträger". In: Bloech, J.; Ihde, G. B. (Hrsg.): *Vahlens großes Logistiklexikon*, Franz Vahlen, München, 1997, S. 475
o.V. (1999a)	**o.V.**: Stichwort „Verpackung". In: *Brockhaus. Die Enzyklopädie, in 24 Bänden*, 20. Auflage, F.A. Brockhaus, Leipzig, Mannheim 1999
o.V. (1999b)	**o.V.**: Stichwort: „Standard": *Brockhaus. Die Enzyklopädie, in 24 Bänden*, 20. Auflage, F.A. Brockhaus, Leipzig, Mannheim 1999
o.V. (1999c)	**o.V.**: Stichwort: „Standardisierung": *Brockhaus. Die Enzyklopädie, in 24 Bänden*, 20. Auflage, F.A. Brockhaus, Leipzig, Mannheim 1999
o.V. (1999d)	**o.V.**: Stichwort: „Norm": *Brockhaus. Die Enzyklopädie, in 24 Bänden, 20. Auflage*, F.A. Brockhaus, Leipzig, Mannheim 1999
o.V. (1999e)	**o.V.**: Stichwort: „Normung": *Brockhaus. Die Enzyklopädie, in 24 Bänden*, 20. Auflage, F.A. Brockhaus, Leipzig, Mannheim 1999
o.V. (1999f)	**o.V.**: Stichwort: „Kompatibilität": *Brockhaus. Die Enzyklopädie, in 24 Bänden*, 20. Auflage, F.A. Brockhaus, Leipzig, Mannheim 1999
o.V. (1999g)	**o.V.**: Stichwort: „kompatibel": *Brockhaus. Die Enzyklopädie, in 24 Bänden*, 20. Auflage, F.A. Brockhaus, Leipzig, Mannheim 1999
o.V. (1999h)	**o.V.**: Stichwort „Integration": *Brockhaus. Die Enzyklopädie, in 24 Bänden*, 20. Auflage, F.A. Brockhaus, Leipzig, Mannheim 1999
o.V. (2000a)	**o.V.**: Stichwort: „Norm". In: *Gabler Wirtschaftslexikon*, 15. Auflage, Gabler, Wiesbaden 2000
o.V. (2000b)	**o.V.**: Stichwort: „Kompatibilität". In: *Gabler Wirtschaftslexikon*, 15. Auflage, Gabler, Wiesbaden 2000
o.V. (2002)	**o.V.**: Stichwort: „Interoperabilität": *Brockhaus. Die Enzyklopädie, in 24 Bänden*, 20. Auflage, F.A. Brockhaus, Leipzig, Mannheim 2002
o.V. (2003a)	**o.V.**: Stichwort „Kybernetik": *Duden. Deutsches Universalwörterbuch A-Z*, 5. Auflage, Dudenverlag, Mannheim 2003

o.V. (2003b)	**o.V.**: Stichwort: „standardisieren". In: *Das Große Fremdwörterbuch. Herkunft und Bedeutung der Fremdwörter*. Dudenverlag, Mannheim u.a. 2003
o.V. (2003c)	**o.V.**: Stichwort: „Standard". In: *Duden. Deutsches Universalwörterbuch A-Z*, 5. Auflage, Dudenverlag, Mannheim 2003
o.V. (2003d)	**o.V.**: Stichwort: „kompatibel". In: *Das Große Fremdwörterbuch. Herkunft und Bedeutung der Fremdwörter*, Dudenverlag, Mannheim u.a. 2003
o.V. (2003e)	**o.V.**: Stichwort: „integrativ". In: *Das Große Fremdwörterbuch. Herkunft und Bedeutung der Fremdwörter*, Dudenverlag, Mannheim u.a. 2003
o.V. (2003f)	**o.V.**: Stichwort „Integration". In: *Duden. Deutsches Universalwörterbuch A-Z*, 5. Auflage, Dudenverlag, Mannheim 2003
o.V. (2004)	**o.V.**: Mixed containers palletize well together. In: *Modern Materials Handling* (2004), April 2004
o.V. (2005a)	**o.V.**: Der Reiz des Standards. In: *Frischelogistik 3* (2005), Nr.1, S. 14-15
o.V. (2005b)	**o.V.**: Hoch stapeln mit System, Thema 5. In: *Fraunhofer Gesellschaft Mediendienst* (2005), Nr.3
o.V. (2005c)	**o.V.**: Edeka setzt voll auf Mehrweg. In: *Frischelogistik 3* (2005), Nr.4, S. 14-15
Paine (1992)	**Paine**, Frank A.: *A Handbook of Food Packaging*, Second Edition, Chapman & Hall, London u.a. 1992
Pfohl (2000)	**Pfohl**, Hans-Christian: Supply Chain Management. Konzept, Trends, Strategien. In: Pfohl, Hans-Christian (Hrsg.): *Unternehmensführung und Logistik – Supply Chain Management, Logistik plus? Logistikkette – Marketingkette – Finanzkette*, Band 18, Berlin 2000
Pfohl (2004)	**Pfohl**, Hans-Christian: *Logistiksysteme. Betriebswirtschaftliche Grundlagen*, 7. korr. und aktual. Aufl., Springer-Verlag, Berlin u.a. 2004

Pfohl/Stölzle (1997)	**Pfohl**, Hans-Christian; **Stölzle**, Wolfgang: *Planung und Kontrolle. Konzeption, Gestaltung, Implementierung*, 2. Auflage, Vahlen Verlag, München 1997
Pielok (1995)	**Pielok**, Thomas: *Prozesskettenmodulation. Management von Prozessketten mittels Logistic Function Deployment*, Verlag Praxiswissen, Dortmund 1995
Prasert (1982)	**Prasert**, Kanapanishkasem: *The Development of Packaging Costing Methodology and the Optimization of Packaging Cost Model*, Dissertation, University Microfilms International, Michigan 1982
Promisel (1985)	**Promisel**, Robert: Unit Load Concepts. In: *Materials Handling Handbook* (Kulwiec, Raymond A.), John Wiley & Sons, New York u.a. 1985
Reckenfelderbäumer (1994)	**Reckenfelderbäumer**, Martin: *Entwicklungsstand und Perspektiven der Prozesskostenrechnung*, Gabler, Wiesbaden 1994
REFA (1997)	**REFA** - Verband für Arbeitsgestaltung, *Betriebsorganisation und Unternehmensentwicklung e.V.*: Methodenlehre und Betriebsorganisation, Hanser, München 1997
Riebel (1994)	**Riebel**, Paul: *Einzelkosten- und Deckungsbeitragsrechnung*, 7. Auflage, Gabler, Wiesbaden 1994
Ritter (1980)	**Ritter**, T.: *Betriebswirtschaftliche Verpackungsoptimierung. Überlegungen zur zieladäquaten Konzeption von Verpackungslösungen*, Eichhorn Verlag, Göttingen 1980
Rockstroh (1972)	**Rockstroh**, Otto: *Handbuch der industriellen Verpackung*, Verlag Moderne Industrie, München 1972
Rosenau et al (1996)	**Rosenau**, Wendee V.; **Twede**, Diana; **Mazzeo**, Michael A.; **Singh**, S. Paul: Returnable/Reusable Logistical Packaging. A Capital Budgeting Investment Decision Framework. In: *Journal of Business Logistics*, 17 (1996), Nr. 2, S. 139-165

Rüegge (1975)	**Rüegge**, F.: *Distributions-Logistik aus entscheidungs- und systemtheoretischer Sicht*, Dissertation, Hochschule St. Gallen, St. Gallen 1975
Saghir (2002)	**Saghir**, Mazen: Packaging Information Needed for Evaluation in the Supply Chain. The Case of the Swedish Grocery Retail Industry, In: *Packaging Technology and Science 15* (2002), Nr. 1, S. 37-46
Saghir (2004)	**Saghir**, Mazen: *The Concept of Packaging Logistics*, Lund 2004
Saghir/Jönson (2001)	**Saghir**, Mazen; **Jönson**, Gunilla: Packaging Handling Evaluation Methods In Grocery Retail Industry. In: *Packaging Technology & Science 14* (2001), Nr. 1, S. 21-29
Schary/Skjott-Larsen (2001)	**Schary**, Philip B.; **Skjott-Larsen**, Tege: *Managing the global supply chain*, 2nd edition, Copenhagen Business School Press, Copenhagen 2001
Schröder (1995)	**Schröder**, H.: Neuere Entwicklungen der Kosten- und Leistungsrechnung im Handel und ihre Bedeutung für ein integriertes Warenwirtschafts-Controlling. In: Ahlert, D.; Olbrich, R. (Hrsg.): *Integrierte Warenwirtschaftssysteme und Handelscontrolling*, 2. Auflage, Schäffer-Poeschel, Stuttgart 1995
Schütte (1998)	**Schütte**, Reinhard: *Grundsätze ordnungsmäßiger Referenzmodellierung: Konstruktion konfigurations- und anpassungsorientierter Modelle*, Dissertationsschrift, Universität Münster, Gabler, Wiesbaden 1998
Schulte (2003)	**Schulte**, Joachim: Gestaltung von Kommissioniersystemen 2. Auftragsstrukturen und Kosten der Aufbauorganisation, In: *Hebezeuge und Fördermittel 43* (2003), Nr. 7-8, S. 326-329
Seidler (1994)	**Seidler**, Jürgen: Bedeutung der Verpackungspolitik für die Markengestaltung. In: Bruhn, Manfred (Hrsg.): *Handbuch Markenartikel. Band II: Markentechnik, Markenintegration, Markenkontrolle*, Schäffer-Poeschel, Stuttgart 1994
Seuring (2001)	**Seuring**, Stefan: *Supply Chain Costing*, Vahlen, München 2001

Singh/Walker/Seehaver (1999)	**Singh**, Paul; **Walker**, Ralph; **Seehaver**, Paul: Comparison of International Mail Trays. In: *Packaging Technology and Science 12* (1999), Nr. 1, S. 9-18
Stache (1997)	**Stache**, Ulrich: Einweg- und Mehrwegverpackungssysteme – Ein beispielhafter Vergleich der Systeme in der Lieferkette des Handels. In: ryder Strategies Limited (Hrsg.): *Verpackungslösungen für die gesamte Lieferkette des Handels*, Düsseldorf, 16./17. September 1997, S. 60-70
Stahel (2002)	**Stahel**, Werner A.: *Statistische Datenanalyse. Eine Einführung für Naturwissenschaftler*, 4. Aufl. Vieweg, Wiesbaden 2002
Stelling (2000)	**Stelling**, J. N.; **Göllnitz**, R.: *Direkte Produkt-Rentabilität (DPR). Ein umstrittener Kostenrechnungsansatz im Konsumgüterbereich*, Diskussionspapier 2000/01, Hrsg.: Fachbereich Wirtschaftswissenschaften der Hochschule Mittweida, Mittweida 2000
Steven/Behrens (2001)	**Steven**, Marion; **Behrens**, Sven: *Übungsbuch zur Produktionswirtschaft*, Vahlen, München 2001
Stölzle (2002)	**Stölzle**, Wolfgang: Supply Chain Controlling und Performance Management. Konzeptionelle Herausforderungen für das Supply Chain Management. In: *Logistik Management*, 4 (2002), Nr. 3, S. 10-21
Stölzle/Otto (2003)	**Stölzle**, Wolfgang; **Otto**, Andreas: *Supply Chain Controlling in Theorie und Praxis. Aktuelle Konzepte und Unternehmensbeispiele*, Gabler Verlag, Wiesbaden 2003
Stölzle/Placzek (2004)	**Stölzle**, Wolfgang; **Placzek**, Tina Simone: Besonderheiten des Controllings kleiner Logistikdienstleister. In: Schneider, Christian (Hrsg.): *Controlling für Logistikdienstleister. Konzepte, Instrumente, Anwendungsbeispiele, Trends*, Deutscher Verkehrs-Verlag, Hamburg 2004, S. 51-70
ten Hompel (2003)	**ten Hompel**, Michael: Technische Innovation in der Logistik. In: *Marktbild Lager* (2003), Nr. 6, S. 12

ten Hompel (2004)	**ten Hompel**, Michael: Logistik jenseits von Dosenpfand und Lkw-Maut. In: *bdvb aktuell 84* (2004), Nr. 2, S. 7-8
ten Hompel/Schmidt (2003)	**ten Hompel**, Michael; **Schmidt**, Thorsten: *Warehouse Management. Automatisierung und Organisation von Lager- und Kommissioniersystemen*, Springer-Verlag, Berlin u.a. 2003
ten Hompel/Figgener (2004)	**ten Hompel**, Michael; **Figgener**, Olaf: Effizienzsteigerung. vordefinierte Prozesse für Lagerlogistik, In: *F + H Fördern und Heben 54* (2004), Nr. 3, S. 2-3
ten Hompel/Jodin (2004)	**ten Hompel**, Michael; **Jodin**, Dirk: Kinematik der Sortiersysteme 2. Leistungsreserven stecken im Detail, In: *Hebezeuge und Fördermittel 44* (2004), Nr. 11, S. 608-611
ten Hompel/Heidenblut (2006)	**ten Hompel**, Michael; **Heidenblut**, Volker: *Taschenlexikon Logistik, Abkürzungen, Definitionen und Erläuterungen der wichtigsten Begriffe aus Materialfluss und Logistik*, Reihe VDI Buch, ten Hompel, Michael (Hrsg.), Springer-Verlag, Berlin 2006
Toporowski (1995)	**Toporowski**, Waldemar: *Logistik im Handel. Optimale Lagerstruktur und Bestellstruktur einer Filialunternehmung*, Physica-Verlag, Heidelberg 1995
Twede (1988)	**Twede**, Diana: *The Process of Distribution Packaging Innovation. The Effect of Distribution Channel Structure*, Dissertation, Michigan State University, 1988
Twede (1992)	**Twede**, Diana: The Process of Logistical Packaging Innovation. In: *Journal of Business Logistics 13* (1992), Nr. 1, S. 69-93
Twede (2000)	**Twede**, Diana: Logistics Issues in Returnable Packaging. In: Sjöström, K. (Hrsg.): *Packaging Logistics Review*, Econpap, Helsinki 2000
Twede/Parsons (1997)	**Twede**, Diana; **Parsons**, Ben: *Distribution packaging for logistical systems*, Pira International, Surrey 1997

Ulrich (1970)	**Ulrich**, H.: Die Unternehmung als produktives soziales System. In: Institut für Betriebswirtschaft an der Hochschule St. Gallen (Hrsg.): *Schriftenreihe »Unternehmung und Unternehmensführung«*, Band 1, 2. Auflage, Verlag Paul Haupt, Bern, Stuttgart 1970
VDA 4500	**Verband der Automobilindustrie e.V.** (VDA); Arbeitskreis »Behälterstandardisierung«; Empfehlung 4500: Kleinladungsträger (KLT)-System, Frankfurt 2003
VDI 3968	**Verein Deutscher Ingenieure** (VDI) (Hrsg.): Sicherung von Ladeeinheiten, *Anforderungsprofil VDI-Handbuch*, Düsseldorf, Januar 1994
VerpackVO 1991	**VerpackVO**: Stichwort: „Verpackung": *Verordnung über die Vermeidung und Verwertung von Verpackungsabfällen.* Vkfst.:BGBl I 1998, 2379
Wagner (2005)	**Wagner**, Michael: Verpackungsfolgekosten als Grundlage ökonomischer Verpackungsentscheidungen. In: *Materialfluss und Logistik in der Praxis*, Kapitel 4-5-2, Weka Media, Kissing 2005
Wagner/Hoffmann (2005)	**Wagner**, Michael; **Hoffmann**, Jens: Was kostet Verpackung wirklich?, In: *Logistik Heute 27* (2005), Nr. 4, S. 36-37
Weber (2002)	**Weber**, Jürgen: *Logistikkostenrechnung - Kosten-, Leistungs- und Erlösinformationen zur erfolgsorientierten Steuerung der Logistik*, 2. Auflage, Springer, Berlin u.a. 2002
Weber/Bacher/Groll (2004)	**Weber**, Jürgen; **Bacher**, Andreas; **Groll**, Marcus: Supply Chain Controlling. In: Busch, Axel; Dangelmaier, Wilhelm (Hrsg.): *Integriertes Supply Chain Management. Theorie und Praxis effektiver unternehmensübergreifender Geschäftsprozesse*, 2. Auflage, Gabler, Wiesbaden 2004
Werners/Thorn/Freiwald (2003)	**Werners**, Brigitte; **Thorn**, Jens; **Freiwald**, Stephanie: Performance-Kriterien für das Supply Chain Design. In: *Supply Chain Management 4* (2003), Nr. 3, S. 7-16

Westkämper (1998)	**Westkämper**, E.: Mehr Erfolg durch professionellen Methodeneinsatz. Eine empirische Untersuchung zum Methodeneinsatz im Produzierenden Unternehmen, In: Tagungsband: *Fachbuchtagung 18. Juni 1998, Stuttgart 1998*
Wills (1990)	**Wills, Gordon**: Packaging as a Source of Profit. In: *International Journal of Physical Distribution* (1990), Nr. 6, S. 305-334
Winz/Quint (1997)	**Winz**, Gerald; **Quint**, Michael: *Prozesskettenmanagement: Leitfaden für die Praxis*, Verlag Praxiswissen, Dortmund 1997
Wunderlich (1997)	**Wunderlich**, Ralf: Verpackungsprüfung, S.14, Abschnitt 1. In: Fraunhofer Gesellschaft e.V. (Hrsg.): *Verpackungstechnik. Mittel und Methoden zur Lösung der Verpackungsaufgabe*, Band 2, Hüthig Verlag 1997
Zellekens/Gerling (1991)	**Zellekens**, Hermann, **Gerling**, Michael: Standardisierung statt Differenzierung!, In: *Dynamik im Handel* (1991), Nr. 8, S. 11-16
Zinnecker (1976)	**Zinnecker**, K. H.; Buckler, M.: Planung von Transportketten. In: Bahke, E. (Hrsg.): *Materialflusssysteme*, Band 3: Materialflussplanung, Krausskopf, Mainz 1976
ZMP (2004)	**ZMP** (2004) Nachfrage privater Haushalte 2004, basiert auf dem *GfK Haushaltspanel* mit n=8.000/13.000 Haushalte

Abbildungsverzeichnis

Abbildung 1: Aufbau der Arbeit 4
Abbildung 2: Grundbegriffe des Verpackens 23
Abbildung 3: Lieferkette 30
Abbildung 4: Elemente des Verpackungssystems und deren Interdependenzen . 39
Abbildung 5: Wechselwirkungen innerhalb der Verpackungssystems 40
Abbildung 6: Selbstähnlichkeit des Prozesskettenmodells 49
Abbildung 7: Klassifizierung von Produktionsfaktoren 55
Abbildung 8: Unterscheidung von Produktionsfaktoren zur Verrechnung von Einzelkosten 56
Abbildung 9: Lebensphasen einer gemischten Ladeeinheit 64
Abbildung 10: Wirkung von Interoperabilität auf die Ressourceninanspruchnahme eines Prozesses 65
Abbildung 11: Unterziele von Standardisierung 70
Abbildung 12: Beispiel einer Palette mit modularen Verpackungen 72
Abbildung 13: Kompatibilität von Transportverpackungen 75
Abbildung 14: Unterschiedliche Gestaltung von Schnittstellen zwischen Verpackungen (Stapelrand und Stapelnocken) 77
Abbildung 15: Stapelbarkeit durch Ineinandergreifen der Verpackungen ... 78
Abbildung 16: Mangelnde Einheitlichkeit existierender Ausprägungen von Schnittstellen bei Einwegtransportverpackung in der Praxis 79
Abbildung 17: Versuchsdurchführung 80
Abbildung 18: Notwendige Horizontalkraft zum Abscheren einer oberen von einer unteren Verpackung 80
Abbildung 19: Ableitung von Parametern zur Beschreibung der Interoperabilität von Verpackungen 83
Abbildung 20: Vorgehen bei Ermittlung des Kompatibilitätsgrads 88
Abbildung 21: Grafische Erläuterung des Zusammenhangs zwischen $KOMP2$ (Matrix) und w (Formel) 91
Abbildung 22: Maximal zulässige Verschiebung einer oberen Verpackung in Abhängigkeit der Packmittelgeometrie der unteren Verpackung .. 96
Abbildung 23: Untersuchte Wirkung der Interoperabilität und beschreibende Paramter 101
Abbildung 24: Ergebnis der Heuristik von Li und weitere Verwendung innerhalb dieser Arbeit 104
Abbildung 25: Volumennutzungsgrad in Abhängigkeit des ISO-Modulgrads (Streudiagramm und Regressionsgerade) 106
Abbildung 26: Exemplarische Darstellung ausgewählter Ladeeinheiten ... 107

Abbildung 27: Greifzeit im Rahmen des Kommissionierprozesses 109

Abbildung 28: Ergebnisse der Zeitstudie nach REFA Methodenlehre 111

Abbildung 29: Mittlere Greifzeit pro Greifeinheit in Abhängigkeit des Kompatibilitätsgrads (Streudiagramm und Regressionsgerade).. 113

Abbildung 30: Definition Versagensfall und Art der Zählung 115

Abbildung 31: Festigkeitsprüfung durch Fall auf Bodenfläche nach DIN/ISO 10531 117

Abbildung 32: Versuchsaufbau Fallprüfung nach DIN/ISO 10 531 119

Abbildung 33: Mittlere Anzahl von Versagensfällen in Abhängigkeit des Kompatibilitätsgrads (Fallprüfung) 120

Abbildung 34: Exemplarische Darstellung von Ergebnissen der Fallprüfung..... 121

Abbildung 35: Mittlere Anzahl von Versagensfällen in Abhängigkeit des Schwachstellengrads (Fallprüfung) 121

Abbildung 36: PSD-Spektren von ASTM 4728 Normwerten und aufgezeichneten Messwerten 123

Abbildung 37: Versuchsaufbau Schwingprüfung 125

Abbildung 38: Mittlere Anzahl von Versagensfällen in Abhängigkeit des Kompatibilitätsgrads (Schwingprüfung) 127

Abbildung 39: Exemplarische Darstellung von Ergebnissen der Schwingprüfung 128

Abbildung 40: Mittlere Anzahl von Versagensfällen in Abhängigkeit des Schwachstellengrads (Schwingprüfung) 128

Abbildung 41: Beobachtete Schadensfälle in der Realität (A) und im Labor (B) 137

Abbildung 42: Referenzprozesse des Erklärungsmodells 141

Abbildung 43: Zuordnung der Produktionsfaktoren zu den Referenzprozessen . 142

Abbildung 44: Zusammenhang zwischen Bezugsobjekt, Prozessstückkosten und Prozessdurchsatz 145

Abbildung 45: Einflussdiagramm des Erklärungsmodells 148

Abbildung 46: Verpackungssystemkosten (Formel) 159

Tabellenverzeichnis

Tabelle 1: Systematisierung untersuchter wissenschaftlicher Arbeiten, welche sich mit der Bewertung von Transportverpackungen auseinandersetzen 9

Tabelle 2: Relevante Ladungsträger im deutschen Handel (mit frischen Lebensmitteln) 26

Tabelle 3: Ziele der Bildung logistischer Einheiten 28

Tabelle 4: Gegenüberstellung der klassischen, zeitgesteuerten und ressourcenorientierten Prozesskostenrechnung 51

Tabelle 5: Maximal zu erwartende Kräfte im Straßentransport für ausgewählte Packstücke (gerundet) 81

Tabelle 6: Gleitreibungszahlen ausgewählter Materialpaarungen 96

Tabelle 7: Schadensquote beim Lkw-Transport für in der Realität zu erwartende Ausprägungen von S° und K° 136

Tabelle 8: Parametrisierung der zu verrechnenden Produktionsfaktoren 143

Tabelle 9: Relevante Regressionsfunktionen aus Kapitel 5 146

Tabelle 10: Schätzwerte für die benötigten Variablen und Parameter 162

Tabelle 11: Exemplarische Bewertung der Interoperabilität von Verpackungen unter Anwendung des aufgestellten Referenzmodells 163

Abkürzungsverzeichnis

a	annum (Jahr)
AA	Ablaufabschnitte
Abb.	Abbildung
Abk.	Abkürzung
aktual.	aktualisiert(e)
Anz.	Anzahl
ASTM	American Society for Testing and Materials
Aufl.	Auflage
BAM	Bundesanstalt für Materialforschung und -prüfung
bdvb	Bundesverband deutscher Volks- und Betriebswirte e.V.
bzw.	beziehungsweise
ca.	circa, ungefähr
c.p.	ceteris paribus
CCG	Centrale für Coorganisation mbH, Köln
CCG 1/2	CCG Palettenladehöhenempfehlung 1/2
daN	Deka-Newton
d.h.	das heißt
DHI	Deutsches Handelsinstitut e.V.
DIN	Deutsche Industrienorm
DPR	Direkte Produkt Rentabilität
ECR	Efficient Consumer Response
Eds.	Editors
EHI	EuroHandelsinstitut e.V.
EPAI	European Pallet Association
EPAL	Gütegemeinschaft Paletten e.V.
Erw.	Erweitert(e)
et al.	und andere
etc.	et cetera (und so weiter)
EUL 1/2	Europäische Palettenladehöhenempfehlung 1/2
EUR	Euro (€)
FEFCO	European Federation of Corrugated Board
f.	folgende
ff.	fortfolgende

Fraunhofer IML	Fraunhofer Institut für Materialfluss und Logistik
ges	gesamt
GfK	Gesellschaft für Konsumforschung
ggf.	gegebenenfalls
GS1	Global Standard One
Hrsg.	Herausgeber
Hz	Hertz
HZL	Handelszentrallager
IC-RTI	International Council for Reusable Transport Items
i.V.m.	in Verbindung mit
ISO	International Organization for Standardization
Jg.	Jahrgang
kalk.	kalkulatorisch
Korr.	Korrigiert(e)
LEH	Lebensmitteleinzelhandel
Lfd.-Nr.	Laufende Nummer
Lkw	Lastkraftwagen
MTM	Methods Time Measurement
m.w.N.	mit weiteren Nachweisen
No.	Number
Nr.	Nummer
o.	ohne
ökon.	ökonomisch(e,er,es)
o.g.	oben genannt(e,er,es)
o.J.	ohne Jahreszahl
o.S.	ohne Seite
o.V.	ohne Verfasser
p.a.	per annum (jährlich, pro Jahr)
POS	Point of Sale
rd.	rund
REFA	Reichsausschuss für Arbeitszeitermittlung
RTI	Reusable Transport Item
S.	Seite
s.	siehe
sog.	sogenannt(e,er,es)

SPSS	Statistical Package for the Social Sciences
Std.	Stunde(n)
StdAbw.	Standardabweichung
s.u.	siehe unten
TEURO	Tausend Euro
TM	Trademark
u.a.	unter anderem
u.a.m.	und anderes mehr
Überarb.	Überarbeitet(e)
UIC	Internationaler Eisenbahnverband
u.U.	unter Umständen
VDA	Verband der Deutschen Automobilindustrie e.V.
VDI	Verein Deutscher Ingenieure e.V.
VerpackVO	Verpackungsverordnung
vgl.	vergleiche
Vol.	Volume
Vollst.	Vollständig
vs.	versus
z.B.	zum Beispiel
ZMP	Zentrale Markt- und Preisberichtstelle

Symbolverzeichnis

α	Signifikanzniveau
ABK_p	Abnutzungskosten des Betriebsmittels in Prozess p [EUR]
AK	Anschaffungskosten des Betriebsmittels [EUR]
AKL	Anschaffungskosten Ladungsträger
ALA	Mittlere Anzahl Ladeeinheiten pro Auftrag
ALK	Ladungsträger pro Kommissionierfahrt
$ALLA$	Mittlere Auslastung der letzten Ladeeinheit
AMA	Auftragsstrukturspezifische Minderauslastung der mittleren Ladeeinheit
$ANZ_{i,j}$	Anzahl der TPV_i je Artikel$_j$
$ANZLE$	Anzahl Ladeeinheiten
$ANZTPV_i$	Gesamtanzahl aller Verpackungen
$ARTMENGE_j$	Menge von Artikel j pro Periode
ASL	Säulen pro Ladungsträger
AUJ	Anzahl Umläufe pro Jahr
b	Regressionskoeffizient
$BESTLT$	Bestand an Ladungsträgern
b_i	Breite eines Packstücks i
e	Residuum
ε	Vertrauensbereich in Prozent des Mittelwerts
EPW	Einstandspreis der Ware
Φ	Winkel in [°, rad]
F	Produktionsfaktoren
g	Erdbeschleunigung
ggw^s	Gegenwahrscheinlichkeit zu gw^s
GFL	Gesamtfläche
gw	Gegenwahrscheinlichkeit
gw_{ks}	Gegenwahrscheinlichkeit zu w_{ks}
gw^s	Gegenwahrscheinlichkeit unter Berücksichtigung von Stapeln
GND	Gesamtnutzungsdauer des Betriebsmittels [Jahr]
$Greifzeit_p$	Greifzeit der Prozessdauer von Prozess p

Symbolverzeichnis

h_i	Höhe eines Packstücks i
I	Anzahl unterschiedlicher Verpackungen
$I°$	ISO-Modulgrad
I^{SO}	Menge ISO-modularer Verpackungen
$INHALT_{i,j}$	Inhalt von TPV i bei Füllung mit Artikel j
J	Artikel
k	Kalkulatorischer Zinssatz pro Jahr
$K°$	Kompatibilitätsgrad
K^{ber}	berrechneter Kompatibilitätsgrad
KKB_p	Kapitalkosten des Betriebsmittels für Prozess p [EUR]
KKG	Kapitalkosten des Gebäudes
KLK	Verpackungskosten einer Lieferkette i pro Periode
KLT	Kleinladungsträger
$KOMP$	Kompatibilitätsmatrix für Transportverpackungen
$KOMP2$	Kompatibilitätsmatrix für Transportverpackungen und Artikel
KTP	Verpackungskosten eines Teilprozesses j pro Periode
KVS	Kosten des Verpackungssystems
L	Lieferkette
LDJ	Lebensdauer des Ladungsträgers in Jahren
LE	Ladeeinheit
LEH	Lebensmitteleinzelhandel
l_i	Länge eines Packstücks i
LT	Ladungsträger
m	Anzahl Teilprozesse in Lieferkette j
$MANZLE$	Minimale Anzahl Ladeeinheiten
MEK	Materialeinzelkosten
MTM	Methods Time Measurement
n	Anzahl Lieferketten im Verpackungssystem
NND	Nettonutzungsdauer des Betriebsmittels [Std.]
p	Prozess
PBK_p	Betriebsmittelkosten von Prozess p [EUR]
PD	Prozessdurchsatz

PDA_p	Prozessdauer von Prozess p [Std.]
PE	Prozess mit Bezugsobjekt Ladeeinheit
PFK_p	Prozessfaktorkosten für Prozess p
PGK	Prozessgebäudekosten
PHK	Prozesspackhilfsmittelkosten
PKS_p	Personalkostensatz von Prozess p [EUR/Std.]
PL	Prozesse mit Bezugsobjekt Ladungsträger
PNF	Prozessnutzfläche
PPK_p	Personalkosten bei Ausführung von Prozess p [EUR]
PSD	Power Spectral Density
PSK	Prozessstückkosten
PT	Prozesse mit Bezugsobjekt Transportverpackung
PV	Periodenvolumen
PVK_p	Prozessverpackungskosten für Prozess p
PWK_p	Prozesswarenkosten für Prozess p
r	Korrelationskoeffizient
$\bar{r}^2$	Korrigiertes Bestimmtheitsmaß
S	Anzahl der Stapel
$S°$	Schwachstellengrad
SBQ	Schwund- und Bruchquote pro Jahr
SQ_{Fall}	Schadensquote beim Versuch zur Festigkeitsprüfung
SQ_{Lkw}	Schadensquote beim LKW - Transport
SQ_p	Systemspezifische Schadensquote für Prozess p
TPV	Transportverpackung
UIC	Internationaler Eisenbahnverband
UKL	Umlaufkosten des Ladungsträgers
UKV	Kosten der Verpackung pro Umlauf
USH	Umschlaghäufigkeit des Ladungsträgers
V_i	Verwendungshäufigkeit einer Transportverpackung i
VNG	Volumennutzungsgrad
VOL_i	Volumen einer Verpackung i (Außenabmessungen)
$VOLLT$	Nutzvolumen des Ladungsträgers
w	Wahrscheinlichkeit

WEAK	Schwachstellenmatrix
w_{ks}	Wahrscheinlichkeit, mit der keine Schwachstelle auftritt
y	Regressand

Anhang

Inhaltsverzeichnis

Anhang 1:	Übersicht verwendeter Verpackungen	208
Anhang 2:	Kurzprotokoll Versuch „Scherkraft"	213
Anhang 3:	Versuch „ISO-Modulgrad" – Artikel und Verpackungsstammdaten	215
Anhang 4:	Versuch „ISO-Modulgrad" – Ergebnisse	221
Anhang 5:	Versuch „ISO-Modulgrad" – Statistische Auswertung	232
Anhang 6:	Versuch „Greifzeit Kommissionierung" – Voruntersuchung	233
Anhang 7:	Versuch „Greifzeit Kommissionierung" – Ergebnisse	234
Anhang 8:	Versuch „Greifzeit Kommissionierung" – Statistische Auswertung	235
Anhang 9:	Belastungssimulation „Fallprüfung" – Beschreibung der Ladeeinheiten	236
Anhang 10:	Belastungssimulation „Fallprüfung" – Prüfbericht	239
Anhang 11:	Belastungssimulation „Fallprüfung" – Ergebnisse	241
Anhang 12:	Belastungssimulation „Fallprüfung" – Statistische Auswertung	242
Anhang 13:	Belastungssimulation „Schwingtisch" – Voruntersuchung	243
Anhang 14:	Belastungssimulation „Schwingtisch" – Beschreibung der Ladeeinheiten	244
Anhang 15:	Belastungssimulation „Schwingtisch" – Prüfbericht	247
Anhang 16:	Belastungssimulation „Schwingtisch" – Ergebnisse	249
Anhang 17:	Belastungssimulation „Schwingtisch" – Statistische Auswertung	250
Anhang 18:	Prüfbericht Bestimmung des Reibungsverhaltens	253

Anhang 1: Übersicht verwendeter Verpackungen

Nr	Länge [mm]	Breite [mm]	Höhe [mm]	Iso-Modul-Maß	Packstoff	Stapelrand	Taragewicht [g]	Foto
1	390	298	90	(+)	Wellpappe (zweiwellig)	(-)	210	
2	385	300	95	(+)	Wellpappe (zweiwellig)	(-)	230	
3	390	290	150	(+)	Wellpappe (zweiwellig)	(-)	305	
4	387	293	143	(+)	Vollpappe	(-)	455	
5	390	295	145	(+)	Vollpappe	(-)	445	
6	390	295	185	(+)	Vollpappe	(-)	550	
7	388	295	145	(+)	Vollpappe	(-)	450	
8	488	295	145	(-)	Vollpappe	(-)	505	
9	590	398	225	(+)	Vollpappe	(-)	995	
10	587	395	190	(+)	Vollpappe	(-)	880	

(Fortsetzung nächste Seite)

Nr	Länge [mm]	Breite [mm]	Höhe [mm]	Iso-Modul-Maß	Packstoff	Stapel-rand	Tara-gewicht [g]	Foto
11	585	397	185	(+)	Wellpappe (zweiwellig)	(-)	610	
12	590	398	110	(+)	Wellpappe (zweiwellig)	(-)	455	
13	590	395	132	(+)	Vollpappe	(-)	680	
14	390	290	80	(+)	Wellpappe (zweiwellig)	(-)	180	
15	390	295	147	(+)	Wellpappe (zweiwellig)	(-)	370	
16	380	292	162	(+)	Wellpappe (einiwellig)	(-)	225	
17	388	295	150	(+)	Vollpappe	(-)	460	
18	390	295	205	(+)	Wellpappe (zweiwellig)	(-)	340	
19	390	295	152	(+)	Vollpappe	(-)	465	
20	590	395	213	(+)	Holz	(-)	1415	

(Fortsetzung nächste Seite)

Anhang

Nr	Länge [mm]	Breite [mm]	Höhe [mm]	Iso-Modul-Maß	Packstoff	Stapelrand	Taragewicht [g]	Foto
21	395	293	100	(+)	Holz	(-)	630	
22	395	293	130	(+)	Holz	(-)	585	
23	390	295	188	(+)	Wellpappe (zweiwellig)	(-)	535	
24	390	290	145	(+)	Wellpappe (zweiwellig)	(-)	290	
25	290	190	145	(+)	Vollpappe	(-)	250	
26	390	290	160	(+)	Vollpappe	(-)	490	
27	390	295	145	(+)	Vollpappe	(-)	495	
28	395	295	150	(+)	Wellpappe (zweiwellig)	(-)	345	
29	385	293	110	(+)	Wellpappe (zweiwellig)	(-)	170	
30	385	295	110	(+)	Wellpappe (einwellig)	(-)	150	

(Fortsetzung nächste Seite)

Nr	Länge [mm]	Breite [mm]	Höhe [mm]	Iso-Modul-Maß	Packstoff	Stapel-rand	Tara-gewicht [g]	Foto
31	290	190	145	(+)	Vollpappe	(-)	245	
32	390	290	150	(+)	Vollpappe	(-)	485	
33	585	395	95	(+)	Wellpappe (zweiwellig)	(-)	480	
34	585	390	162	(+)	Wellpappe (zweiwellig)	(-)	470	
35	585	390	155	(+)	Wellpappe (zweiwellig)	(-)	685	
36	585	395	230	(+)	Wellpappe (zweiwellig)	(-)	585	
37	390	290	145	(+)	Vollpappe	(-)	460	
38	385	290	145	(+)	Vollpappe	(-)	425	
39	590	395	108	(+)	Wellpappe (zweiwellig)	(-)	440	
40	390	295	105	(+)	Wellpappe (zweiwellig)	(-)	200	

(Fortsetzung nächste Seite)

Anhang

Nr	Länge [mm]	Breite [mm]	Höhe [mm]	Iso-Modul-Maß	Packstoff	Stapel-rand	Tara-gewicht [g]	Foto
41	585	393	165	(+)	Wellpappe (dreiwellig)	(-)	525	
42	590	395	110	(+)	Wellpappe (zweiwellig)	(-)	365	
43	525	390	245	(-)	Wellpappe (zweiwellig)	(-)	1155	
44	600	400	179	(+)	PE-HD	(+)	1650	
45	399	299	101	(+)	PE-HD	(+)	550	
46	400	300	165	(+)	PE-HD	(+)	760	
47	599	399	101	(+)	PE-HD	(+)	1100	
48	600	400	241	(+)	PE-HD	(+)	1950	
49	599	399	153	(+)	PE-HD	(+)	1400	
50	600	400	126	(+)	PE-HD	(+)	1300	

Anhang 2: Kurzprotokoll Versuch „Scherkraft"

Verfahren	Ermittlung der Scherkraft
Maße und Werkstoffangaben der Verpackung	Steigen aus Wellpappe, Vollpappe und HD-PE mit den Abmessungen 400 x 300 mm
Bruttomasse des Packstückes in kg	Siehe nachstehende Tabelle
Nettomasse des Packgutes in kg	Siehe nachstehende Tabelle
Name und Adresse des Prüflaboratoriums	Verpackungsprüflabor der Abteilung Verpackungs- und Handelslogistik des Fraunhofer Instituts für Materialfluss und Logistik, Dortmund
Versuchsaufbau	Bei dieser Prüfung wurden zwei identische Verpackungen übereinander gestapelt und mit einem Gewicht von 20 kg belastet, um eine mittige Stapelposition zu simulieren. Getestet wurden Verpackung 3, 5, 18 und 46 aus Anhang 1 welche jeweils die Abmessung 400 x 300 mm haben. Die untere Verpackung wurde durch einen Holzbalken gegen ein Verrutschen gesichert. Dann wurde eine horizontale Kraft flächig auf die lange Seite der oberen Verpackung aufgebracht bis sich die Verpackung aus dem Stapelrand oder der Stapelhilfe gelöst hatte. Die maximal benötigte Kraft wurde dabei mittels Kraftmessdose ermittelt. Die Abbildung zeigt den Versuchsaufbau. 

Beschreibung des Packgutes und Angabe aller Einzelheiten, falls Ersatzpackgut verwendet wurde	Bei dem Originalpackgut handelt es sich um frisches Obst und Gemüse. Dieses wird durch Inlays in der Verpackung fixiert, so dass ein Verrutschen verhindert wird. Aus Kostengründen wurde als Ersatzpackgut Polyethylengranulat verwendet, welches jeweils in 500 g Beutel abgefüllt war und ein flächiges Befüllen der Verpackung erlaubte.
Klimatische Vorbehandlung	keine, da Lagerung bei Raumklima des Verpackungsprüflabors
Temperatur und relative Luftfeuchtigkeit	Raumklima des Verpackungsprüflabors, ca. 23°C und 50 % relative Luftfeuchtigkeit
Protokoll der Ergebnisse einschließlich aller Beobachtungen, die zur korrekten Auswertung der Ergebnisse beitragen	Die Verpackungen aus Well-, oder Vollpappe, die nur mit einer Stapelhilfe ausgestattet sind, konnten schon mit einer erheblich geringeren Kraft verschoben werden als die Euro Pool Steige, welche mit einem umlaufenden Stapelrand ausgestattet ist. An Verpackung 3 und 5 konnte ein Einreißen der Stapelhilfe festgestellt werden. Verpackung 46 wies Deformationen an den Einrastpunkten der Verpackung auf.
Messergebnisse	Siehe nachstehende Tabelle

Abmessungen (L x B X H) [mm]	390x295x205	390x295x145	390x290x150	400x300x165
Taragewicht [g]	365	445	305	760
Packstoff	Wellpappe (zweilagig)	Vollpappe	Wellpappe (zweilagig)	Kunststoff
Füllgewicht	5kg			
Zusatzlast	20kg			
Maximalkraft [daN] 1	6,4	8,7	10,7	75,8*
Maximalkraft [daN] 2	3,9	7,9	24,5	75,8
Maximalkraft [daN] 3	3,1	8,3	9,9	75,8
Mittelwert der Maximalkraft	4,5	8,3	15,0	75,8

* Messbereich war bei 75 daN begrenzt

Anhang 3: Versuch „ISO-Modulgrad" – Artikel und Verpackungsstammdaten

Artikel-Nr.	Artikel-Kurzbezeichnung	Länge [mm]	Breite [mm]	Höhe [mm]	Iso-Modul-Maß [j/n]
1	Äpfel	600	400	126	j
2	Äpfel	600	400	241	j
3	Äpfel	330	490	280	n
4	Äpfel	330	490	280	n
5	Äpfel	330	490	280	n
6	Äpfel	330	490	280	n
7	Äpfel	600	400	241	j
8	Äpfel	330	490	280	n
9	Äpfel	330	490	280	n
10	Äpfel	600	400	210	j
11	Äpfel	600	400	170	j
12	Äpfel	600	400	170	j
13	Äpfel	330	490	280	n
14	Äpfel	600	400	170	j
15	Äpfel	600	400	190	j
16	Ananas	320	300	38	n
17	Ananas	520	390	240	n
18	Ananas	520	390	240	n
19	Aprikosen	300	500	150	n
20	Aprikosen	400	300	200	j
21	Aprikosen	400	300	100	j
22	Artischocken	280	380	100	n
23	Auberginen	600	400	126	j
24	Auberginen	290	320	90	n
25	Avocados	280	380	100	n
26	Bananen	520	390	240	n
27	Bananen	520	390	240	n
28	Bananen	520	390	240	n
29	Bananen	520	390	240	n
30	Birnen	600	400	120	j
31	Birnen	600	400	220	j
32	Birnen	600	400	220	j
33	Birnen	330	490	280	n
34	Blumenkohl	300	400	120	j
35	Blumenkohl	600	400	241	j
36	Bohnen	450	400	100	n
37	Bohnenkraut	390	240	320	n
38	Broccoli	600	400	179	j
39	Brombeeren	400	600	100	j
40	Buschbohnen	600	400	126	j
41	Carambole	270	340	110	n
42	Champignons	600	400	120	j
43	Champignons	400	300	120	j
44	Champignons	400	300	120	j
45	Champignons	400	300	120	j
46	Champignons	400	300	101	j
47	Champignons	400	300	101	j
48	Champignons	400	300	101	j
49	Champignons	400	300	101	j
50	Champignons	400	300	101	j

(Fortsetzung nächste Seite)

Artikel-Nr.	Artikel-Kurzbezeichnung	Länge [mm]	Breite [mm]	Höhe [mm]	Iso-Modul-Maß [j/n]
51	Chicoree	400	300	165	j
52	Chicoree	400	300	160	j
53	Chinakohl	600	400	241	j
54	Dicke-Bohnen	600	400	241	j
55	Dill	390	240	320	n
56	Einlege-Gurken	600	400	179	j
57	Einlege-Gurken	600	400	126	j
58	Eissalat	600	400	179	j
59	Eissalat	600	400	179	j
60	Eissalat	600	400	150	j
61	Eissalat	600	400	164	j
62	Erbsen	600	400	126	j
63	Erbsen	400	300	120	j
64	Erdbeeren	600	400	105	j
65	Erdbeeren	600	400	126	j
66	Erdbeeren	600	400	100	j
67	Erdnuss	600	400	220	j
68	Erdnuss	600	400	241	j
69	Feldsalat	600	400	126	j
70	Feldsalat	600	400	110	j
71	Fenchel	400	300	165	j
72	Feigen	320	300	80	n
73	Grape-Fruit	300	500	150	n
74	Grape-Fruit	300	500	150	n
75	Grape-Fruit	300	500	150	n
76	Grape-Fruit	300	500	150	n
77	Grape-Fruit	300	500	150	n
78	Grenadillos	270	340	110	n
79	Gurkendill	300	330	80	n
80	Himbeeren	300	400	110	j
81	Ingwer	400	300	160	j
82	Johanissbeeren	600	400	126	j
83	Johanissbeeren	600	400	126	j
84	Kaki-Sharon	300	370	340	n
85	Kartoffeln	600	400	180	j
86	Kartoffeln	600	400	180	j
87	Kartoffeln	600	400	126	j
88	Kartoffeln	600	400	126	j
89	Kartoffeln	600	400	126	j
90	Kartoffeln	600	400	126	j
91	Kartoffeln	600	400	126	j
92	Kartoffeln	600	400	126	j
93	Kartoffeln	600	400	126	j
94	Kartoffeln	600	400	126	j
95	Kartoffeln	600	400	126	j
96	Kartoffeln	600	400	200	j
97	Kartoffeln	600	400	126	j
98	Kartoffeln	330	490	280	n
99	Kartoffeln	520	390	240	n
100	Kirschen	300	500	150	n

(Fortsetzung nächste Seite)

Anhang

Artikel-Nr.	Artikel-Kurzbezeichnung	Länge [mm]	Breite [mm]	Höhe [mm]	Iso-Modul-Maß [j/n]
101	Kirschen	300	500	150	n
102	Kirschen	600	400	179	j
103	Kiwis	500	300	60	n
104	Kiwis	500	300	120	n
105	Kiwis	500	300	70	n
106	Kiwis	500	300	60	n
107	Knoblauch	400	300	160	j
108	Knoblauch	400	300	100	j
109	Knoblauch	600	400	180	j
110	Knoblauch	400	300	100	j
111	Knoblauch	320	300	80	n
112	Kohlrabi	600	400	179	j
113	Kohlrabi	600	400	241	j
114	Kokosnüsse	500	300	180	n
115	Kresse	460	270	90	n
116	Kumquats	400	300	80	j
117	Lauchzwiebeln	300	330	80	n
118	Limetten	270	350	110	n
119	Mais	600	400	80	j
120	Mais	400	300	80	j
121	Mangold	600	400	241	j
122	Mangos	270	340	110	n
123	Mangos	270	340	110	n
124	Maracuya	400	300	80	j
125	Meerrettich	400	300	130	j
126	Melon	600	400	230	j
127	Melone	600	400	230	j
128	Melone	400	300	160	j
129	Melone	600	400	153	j
130	Melone	600	400	160	j
131	Melone	400	300	160	j
132	Melone	600	400	241	j
133	Melone	600	400	241	j
134	Melone	600	400	241	j
135	Melone	600	400	230	j
136	Melone	600	400	241	j
137	Mini-Banan	520	390	240	n
138	Möhren	600	400	180	j
139	Möhren	600	400	241	j
140	Möhren	600	400	179	j
141	Möhren	600	400	241	j
142	Möhren	600	400	241	j
143	Nektarinen	300	400	140	j
144	Nektarinen	600	400	153	j
145	Nektarinen	600	400	101	j
146	Nektarinen	600	400	101	j
147	Nektarinen	300	400	90	j
148	Nektarinen	300	400	90	j
149	Nektarinen	600	400	101	j
150	Orangen	600	400	235	j

(Fortsetzung nächste Seite)

Anhang

Artikel-Nr.	Artikel-Kurzbezeichnung	Länge [mm]	Breite [mm]	Höhe [mm]	Iso-Modul-Maß [j/n]
151	Orangen	600	400	200	j
152	Orangen	600	400	241	j
153	Orangen	600	400	241	j
154	Paprika	600	400	170	j
155	Paprika	600	400	126	j
156	Paprika	600	400	126	j
157	Paprika	600	400	179	j
158	Paprika	600	400	170	j
159	Paprika	600	400	140	j
160	Paprika	600	400	126	j
161	Paprika	600	400	126	j
162	Papayas	270	350	130	n
163	Papayas	270	350	130	n
164	Passionsfrüchte	500	300	160	n
165	Peperoni	400	300	120	j
166	Peperoni	400	300	120	j
167	Petersilie	390	240	320	n
168	Petersilie	390	240	320	n
169	Pfifferlinge	600	400	179	j
170	Pfirsiche	300	400	180	j
171	Pfirsiche	600	400	101	j
172	Pfirsiche	600	400	101	j
173	Pfirsiche	600	400	90	j
174	Pfirsiche	600	400	90	j
175	Pflaumen	400	300	200	j
176	Pflaumen	600	400	200	j
177	Physalis	400	300	100	j
178	Pilze	400	300	180	j
179	Pilze	600	400	153	j
180	Pilze	400	300	120	j
181	Pilzpfanne	400	300	120	j
182	Pistazien	400	300	80	j
183	Porree	600	400	179	j
184	Radicchio	400	300	165	j
185	Radieschen	400	300	165	j
186	Radieschen	400	300	165	j
187	Rettich	600	400	179	j
188	Rhabarber	600	400	241	j
189	Rote-Bete	600	400	120	j
190	Rotkohl	600	400	241	j
191	Rucola	600	400	153	j
192	Süßkartoffeln	600	400	130	j
193	Salat	260	360	70	n
194	Salat	400	300	165	j
195	Salat	260	360	70	n
196	Salat	260	360	70	n
197	Salat	600	400	179	j
198	Salat	600	400	179	j
199	Salat	600	400	179	j
200	Schlangengurken	320	460	100	n

(Fortsetzung nächste Seite)

Artikel-Nr.	Artikel-Kurzbezeichnung	Länge [mm]	Breite [mm]	Höhe [mm]	Iso-Modul-Maß [j/n]
201	Schlangengurken	320	460	100	n
202	Schlangengurken	320	460	100	n
203	Schlangengurken	320	460	100	n
204	Schlangengurken	320	460	100	n
205	Schnittlauch	600	400	100	j
206	Sellerie	600	400	179	j
207	Sellerie	600	400	179	j
208	Spinat	600	400	241	j
209	Spitzkohl	600	400	241	j
210	Stachelbeer	270	350	110	n
211	Stangenbohnen	400	300	165	j
212	Stielmus	600	400	241	j
213	Suppengrün	600	400	179	j
214	Suppengrün	600	400	179	j
215	Suppengrün	600	400	179	j
216	Tomaten	600	400	90	j
217	Tomaten	600	400	90	j
218	Tomaten	600	400	100	j
219	Tomaten	600	400	100	j
220	Tomaten	600	400	100	j
221	Tomaten	600	400	80	j
222	Tomaten	600	400	110	j
223	Tomaten	600	400	179	j
224	Tomaten	290	320	90	n
225	Tomaten	600	500	130	n
226	Tomaten	600	400	101	j
227	Tomaten	600	400	101	j
228	Tomaten	600	400	101	j
229	Tomaten	600	400	101	j
230	Tomaten	600	400	101	j
231	Waldbeeren	600	400	100	j
232	Waldbeeren	600	400	126	j
233	Walnuss	300	370	340	n
234	Walnuss	300	370	340	n
235	Weintrauben	400	300	140	j
236	Weintrauben	400	300	120	j
237	Weintrauben	500	300	170	n
238	Weintrauben	600	400	170	j
239	Weintrauben	600	400	179	j
240	Weintrauben	400	300	140	j
241	Weintrauben	400	300	120	j
242	Weisskohl	600	400	241	j
243	Weisskohl	600	400	241	j
244	Wirsing	600	400	241	j
245	Zitronen	600	400	101	j
246	Zitronen	600	400	180	j
247	Zitronen	400	300	150	j
248	Zitronen	600	400	179	j
249	Zucchini	400	300	165	j
250	Zucchini	400	300	140	j

(Fortsetzung nächste Seite)

Artikel-Nr.	Artikel-Kurzbezeichnung	Länge [mm]	Breite [mm]	Höhe [mm]	Iso-Modul-Maß [j/n]
251	Zwetschen	600	400	126	j
252	Zwiebeln	600	400	241	j
253	Zwiebeln	600	400	241	j
254	Zwiebeln	600	400	160	j
255	Zwiebeln	600	400	241	j
256	Zwiebeln	600	400	240	j
257	Zwiebeln	600	400	126	j
258	Zwiebeln	600	400	179	j
259	Zwiebeln	600	400	240	j
260	Zwiebeln	600	400	126	j

Anhang 4: Versuch „ISO-Modulgrad" – Ergebnisse

Nr.	Auftrag	Paletten-nummer	Volumen (ISO-Modul.) [m³]	Volumen (gesamt) [m³]	ISO-Modulgrad [%]	Volumen-nutzungs-grad [%]
1	40	1	1,56	1,56	100,0	98,6
2	40	2	1,43	1,56	91,4	98,8
3	40	3	0,44	0,90	49,0	79,3
4	50	1	1,27	1,53	83,5	96,3
5	50	2	1,07	1,47	72,9	92,5
6	50	3	0,02	0,23	10,5	70,3
7	67	1	1,51	1,51	100,0	95,2
8	67	2	1,28	1,50	85,1	95,0
9	67	3	0,48	1,04	46,0	84,1
10	180	1	1,10	1,50	73,0	94,7
11	180	2	1,00	1,42	70,2	89,9
12	180	3	0,00	0,12	0,0	50,8
13	181	1	1,51	1,54	98,1	97,1
14	181	2	1,18	1,45	81,3	91,3
15	181	3	0,73	1,34	54,0	84,7
16	181	4	0,11	0,18	61,9	58,0
17	220	1	1,41	1,55	91,3	97,8
18	220	2	1,44	1,45	99,5	91,5
19	220	3	0,00	0,33	0,0	70,6
20	250	1	0,93	1,52	60,7	96,2
21	250	2	1,57	1,57	100,0	99,3
22	250	3	1,49	1,52	98,2	96,0
23	250	4	1,55	1,55	100,0	97,7
24	250	5	1,54	1,54	100,0	97,1
25	250	6	0,48	1,47	32,5	93,1
26	250	7	1,57	1,57	100,0	99,2
27	250	8	1,57	1,57	100,0	99,0
28	250	9	1,51	1,57	96,2	99,0
29	250	10	1,55	1,55	100,0	97,9
30	250	11	1,39	1,49	93,0	94,3
31	250	12	0,00	1,28	0,0	81,0
32	250	13	0,06	1,04	6,0	71,5
33	420	1	1,53	1,55	98,5	97,9
34	420	2	0,38	0,80	46,9	81,5
35	425	1	0,17	0,17	100,0	75,0
36	426	1	0,33	0,42	76,7	83,8
37	427	1	0,32	0,68	46,7	81,0
38	471	1	1,22	1,42	86,0	90,8
39	520	1	1,53	1,54	99,0	97,5
40	520	2	0,61	1,21	50,5	78,0
41	540	1	1,49	1,51	98,6	95,4
42	540	2	1,50	1,50	100,0	94,7
43	540	3	0,90	1,40	64,0	88,6
44	540	4	0,00	0,22	0,0	52,3
45	541	1	1,57	1,57	100,0	99,3
46	541	2	1,27	1,56	81,7	98,3
47	541	3	0,12	0,59	20,7	74,5
48	550	1	1,56	1,56	100,0	98,6
49	550	2	1,22	1,52	80,0	95,9
50	550	3	1,10	1,46	75,3	92,5

(Fortsetzung nächste Seite)

Anhang

Nr.	Auftrag	Paletten-nummer	Volumen (ISO-Modul.) [m³]	Volumen (gesamt) [m³]	ISO-Modulgrad [%]	Volumen-nutzungs-grad [%]
51	550	4	0,01	0,28	5,1	56,3
52	561	1	1,53	1,56	98,6	98,2
53	561	2	0,95	1,49	63,7	93,9
54	561	3	0,75	1,14	66,3	85,6
55	600	1	1,54	1,56	99,0	98,4
56	600	2	1,39	1,54	90,3	97,3
57	600	3	0,36	1,44	25,1	91,1
58	600	4	1,50	1,50	100,0	94,9
59	600	5	1,55	1,55	100,0	97,9
60	600	6	1,37	1,50	91,0	95,0
61	600	7	0,12	0,84	14,6	70,1
62	650	1	1,49	1,53	97,7	96,4
63	650	2	0,77	1,47	52,4	92,5
64	650	3	0,07	0,48	13,6	65,7
65	680	1	1,53	1,53	100,0	96,6
66	680	2	1,39	1,55	89,5	98,2
67	680	3	0,57	1,16	48,8	80,5
68	681	1	1,45	1,54	94,2	97,1
69	681	2	1,09	1,51	71,8	95,5
70	681	3	1,53	1,53	100,0	96,3
71	681	4	0,88	1,38	63,4	87,3
72	681	5	0,00	0,23	0,0	61,8
73	684	1	1,56	1,56	100,0	98,7
74	684	2	1,52	1,52	100,0	96,1
75	684	3	1,50	1,57	95,7	99,1
76	684	4	1,40	1,56	90,0	98,3
77	684	5	0,36	1,20	30,0	76,7
78	690	1	1,58	1,58	100,0	99,6
79	690	2	1,16	1,47	79,5	92,8
80	691	1	1,40	1,55	90,3	97,8
81	691	2	0,31	0,63	49,9	82,0
82	742	1	1,55	1,55	100,0	98,0
83	742	2	1,22	1,50	81,2	94,9
84	742	3	0,77	1,38	55,5	89,0
85	760	1	1,53	1,53	100,0	96,4
86	760	2	0,95	1,46	65,1	92,2
87	760	3	0,05	0,17	28,8	55,3
88	930	1	1,53	1,53	100,0	96,4
89	930	2	0,46	1,14	40,3	79,3
90	931	1	0,76	0,82	92,3	89,7
91	940	1	0,64	0,80	79,9	87,5
92	980	1	1,11	1,51	73,2	95,4
93	980	2	1,44	1,45	98,9	91,7
94	980	3	0,27	0,77	35,1	74,9
95	990	1	1,57	1,57	100,0	99,0
96	990	2	1,25	1,52	82,2	95,7
97	990	3	1,36	1,52	89,1	96,0
98	990	4	0,20	0,29	70,2	71,0
99	1021	1	1,53	1,54	99,4	97,2
100	1021	2	1,50	1,51	99,1	95,6

(Fortsetzung nächste Seite)

Nr.	Auftrag	Paletten-nummer	Volumen (ISO-Modul.) [m³]	Volumen (gesamt) [m³]	ISO-Modulgrad [%]	Volumen-nutzungs-grad [%]
101	1021	3	1,36	1,50	91,0	94,5
102	1021	4	1,11	1,47	75,3	92,8
103	1021	5	0,06	0,58	11,0	71,4
104	1050	1	0,75	1,08	69,4	87,0
105	1110	1	1,51	1,51	100,0	95,3
106	1110	2	1,42	1,55	91,3	98,0
107	1110	3	0,81	1,38	58,9	87,3
108	1110	4	0,00	0,07	0,0	76,4
109	1130	1	1,52	1,52	100,0	96,1
110	1130	2	1,43	1,56	91,3	98,5
111	1130	3	1,26	1,40	90,1	88,4
112	1130	4	0,00	0,51	0,0	67,8
113	1150	1	1,53	1,53	100,0	96,7
114	1150	2	1,20	1,50	79,8	94,6
115	1150	3	0,03	0,20	13,2	65,4
116	1160	1	1,41	1,56	90,4	98,3
117	1160	2	1,07	1,50	70,8	95,0
118	1160	3	1,53	1,53	100,0	96,4
119	1160	4	1,13	1,48	76,0	93,5
120	1160	5	0,02	0,91	2,1	71,5
121	1175	1	1,53	1,53	100,0	96,8
122	1175	2	1,10	1,49	74,3	93,8
123	1175	3	0,23	0,50	45,9	64,9
124	1176	1	1,45	1,54	93,7	97,4
125	1176	2	1,51	1,56	96,5	98,6
126	1176	3	0,96	1,49	64,7	94,0
127	1176	4	1,46	1,50	97,7	94,5
128	1176	5	0,59	1,32	44,7	83,0
129	1176	6	0,00	0,29	0,0	55,6
130	1178	1	1,56	1,56	100,0	98,6
131	1178	2	1,30	1,53	84,8	96,8
132	1178	3	1,03	1,36	75,8	86,4
133	1190	1	1,55	1,55	100,0	97,9
134	1190	2	1,40	1,51	92,8	95,3
135	1190	3	0,06	0,55	10,3	71,5
136	1191	1	1,54	1,55	98,8	98,1
137	1191	2	1,12	1,54	72,8	97,0
138	1191	3	0,16	0,87	18,6	75,6
139	1192	1	1,51	1,51	100,0	95,2
140	1192	2	0,53	0,88	59,8	80,2
141	1194	1	1,15	1,52	75,8	96,0
142	1194	2	1,38	1,52	90,9	96,1
143	1194	3	0,10	0,73	14,2	73,4
144	1200	1	0,59	1,04	56,9	91,9
145	1201	1	1,38	1,49	92,2	94,3
146	1201	2	0,00	0,33	0,0	70,8
147	1220	1	1,56	1,56	100,0	98,7
148	1220	2	1,54	1,54	100,0	97,3
149	1220	3	1,53	1,56	98,1	98,6
150	1220	4	0,78	1,46	53,5	92,4

(Fortsetzung nächste Seite)

Nr.	Auftrag	Paletten-nummer	Volumen (ISO-Modul.) [m³]	Volumen (gesamt) [m³]	ISO-Modulgrad [%]	Volumen-nutzungsgrad [%]
151	1220	5	1,21	1,41	86,2	89,0
152	1220	6	0,36	1,23	29,6	79,0
153	1221	1	1,52	1,52	100,0	96,3
154	1221	2	1,13	1,54	73,6	96,9
155	1221	3	1,54	1,54	100,0	97,0
156	1221	4	0,34	0,96	35,1	73,5
157	1246	1	0,16	0,20	77,8	84,0
158	1280	1	1,58	1,58	100,0	99,8
159	1280	2	1,27	1,54	82,5	97,5
160	1280	3	1,55	1,55	100,0	98,1
161	1280	4	0,20	0,92	21,5	78,0
162	1290	1	1,54	1,54	100,0	97,0
163	1290	2	1,32	1,52	86,9	95,8
164	1290	3	0,08	0,48	16,3	71,7
165	1291	1	1,39	1,49	93,5	94,1
166	1291	2	1,26	1,54	81,8	97,2
167	1291	3	0,20	0,53	38,3	72,6
168	1342	1	1,10	1,52	72,7	95,7
169	1342	2	1,55	1,55	100,0	97,9
170	1342	3	0,29	0,73	39,7	80,4
171	1350	1	1,43	1,53	93,6	96,4
172	1350	2	0,73	0,99	73,3	87,2
173	1435	1	1,51	1,52	99,6	95,7
174	1435	2	1,42	1,50	94,6	94,9
175	1435	3	0,12	0,57	20,3	78,2
176	1474	1	0,99	1,53	64,6	96,4
177	1474	2	1,49	1,54	96,4	97,4
178	1474	3	0,13	0,47	27,1	74,1
179	1478	1	1,41	1,50	93,5	94,9
180	1478	2	0,08	0,33	23,7	74,1
181	1482	1	1,58	1,58	100,0	99,6
182	1482	2	1,54	1,55	99,3	97,8
183	1482	3	1,49	1,50	99,3	94,5
184	1482	4	0,61	1,36	45,3	85,7
185	1482	5	0,20	0,27	71,8	74,4
186	1490	1	1,19	1,52	77,9	96,2
187	1490	2	1,11	1,38	79,9	88,5
188	1491	1	1,21	1,51	80,4	95,0
189	1491	2	1,47	1,47	100,0	92,8
190	1491	3	0,18	0,36	48,6	78,8
191	1500	1	1,55	1,57	99,0	99,0
192	1500	2	1,50	1,50	100,0	94,7
193	1500	3	1,07	1,37	77,7	86,7
194	1500	4	0,00	0,33	0,0	66,9
195	1510	1	1,47	1,52	97,0	95,9
196	1510	2	1,31	1,44	90,6	90,9
197	1510	3	0,78	1,35	57,8	85,3
198	1510	4	0,07	0,21	33,6	65,7
199	1660	1	1,37	1,51	90,6	95,5
200	1660	2	0,34	0,68	49,7	78,2

(Fortsetzung nächste Seite)

Anhang

Nr.	Auftrag	Paletten-nummer	Volumen (ISO-Modul.) [m³]	Volumen (gesamt) [m³]	ISO-Modulgrad [%]	Volumen-nutzungs-grad [%]
201	1671	1	1,49	1,53	97,5	96,5
202	1671	2	1,09	1,52	71,8	96,1
203	1671	3	1,45	1,47	98,8	93,0
204	1671	4	0,33	0,94	35,5	75,8
205	1700	1	1,56	1,56	100,0	98,7
206	1700	2	1,24	1,52	81,6	95,9
207	1700	3	0,65	1,36	48,0	85,9
208	1700	4	0,13	0,21	63,0	68,0
209	1702	1	1,49	1,51	98,6	95,4
210	1702	2	1,07	1,47	72,5	93,0
211	1702	3	0,68	0,96	70,9	88,8
212	1822	1	1,53	1,53	100,0	96,5
213	1822	2	1,15	1,46	78,7	92,2
214	1822	3	0,14	0,25	55,2	60,2
215	1824	1	1,56	1,56	100,0	98,6
216	1824	2	1,03	1,37	74,7	87,6
217	1825	1	1,51	1,53	98,7	96,3
218	1825	2	1,40	1,53	91,2	96,7
219	1825	3	0,28	0,86	33,2	76,4
220	2104	1	1,52	1,52	100,0	96,2
221	2104	2	0,60	0,89	67,9	88,3
222	2140	1	1,31	1,55	85,0	97,6
223	2140	2	0,15	0,29	51,9	73,7
224	2150	1	1,56	1,56	100,0	98,7
225	2150	2	1,28	1,55	82,6	97,7
226	2150	3	1,50	1,54	97,5	97,3
227	2150	4	0,93	1,47	63,3	92,7
228	2150	5	0,08	0,39	20,7	61,3
229	2280	1	1,46	1,55	94,6	97,7
230	2280	2	1,54	1,54	100,0	97,3
231	2280	3	0,96	1,50	64,0	94,7
232	2280	4	1,44	1,45	99,3	91,7
233	2280	5	0,26	1,14	23,0	80,1
234	2330	1	1,39	1,54	90,3	97,0
235	2330	2	0,51	1,03	49,6	81,1
236	2331	1	1,47	1,48	99,5	93,4
237	2331	2	1,39	1,53	91,2	96,3
238	2331	3	0,50	1,05	47,1	83,4
239	2351	1	0,87	0,98	88,8	89,5
240	2490	1	1,32	1,53	86,5	96,5
241	2490	2	1,51	1,51	100,0	95,6
242	2490	3	1,00	1,44	69,4	91,1
243	2490	4	0,04	0,15	24,5	61,8
244	2520	1	1,53	1,53	100,0	96,6
245	2520	2	1,25	1,52	82,2	95,8
246	2520	3	1,22	1,41	86,7	89,2
247	2520	4	0,08	0,52	16,4	73,6
248	2541	1	1,53	1,56	98,3	98,5
249	2541	2	1,29	1,48	86,9	93,6
250	2541	3	0,17	0,66	25,7	78,1

(Fortsetzung nächste Seite)

Anhang

Nr.	Auftrag	Paletten-nummer	Volumen (ISO-Modul.) [m³]	Volumen (gesamt) [m³]	ISO-Modulgrad [%]	Volumen-nutzungs-grad [%]
251	2550	1	1,54	1,54	99,6	97,5
252	2550	2	1,36	1,52	89,3	96,2
253	2550	3	0,31	1,07	28,8	76,9
254	2551	1	1,53	1,55	98,6	97,9
255	2551	2	0,54	1,17	46,5	85,1
256	2561	1	1,28	1,55	82,5	97,6
257	2561	2	1,29	1,50	86,0	94,9
258	2671	1	1,54	1,54	100,0	97,3
259	2671	2	1,26	1,53	82,4	96,8
260	2671	3	1,10	1,41	77,7	89,0
261	2671	4	0,06	0,55	10,6	71,5
262	2820	1	1,57	1,57	100,0	99,1
263	2820	2	1,27	1,54	82,5	97,2
264	2820	3	1,37	1,51	90,8	95,3
265	2820	4	1,55	1,55	100,0	97,6
266	2820	5	0,10	0,59	16,2	72,0
267	2892	1	1,45	1,54	94,2	97,2
268	2892	2	1,23	1,50	82,0	94,9
269	2892	3	1,17	1,45	80,8	91,6
270	2892	4	0,01	0,11	12,8	42,0
271	2893	1	1,55	1,55	100,0	97,5
272	2893	2	1,37	1,54	89,0	97,4
273	2893	3	0,35	1,14	31,1	77,7
274	2894	1	1,57	1,57	100,0	99,3
275	2894	2	1,55	1,55	100,0	97,8
276	2894	3	1,49	1,53	97,6	97,6
277	2910	1	1,46	1,56	93,8	98,3
278	2910	2	0,26	0,59	43,1	79,6
279	2920	1	1,33	1,52	87,6	96,0
280	2920	2	1,01	1,48	68,0	93,5
281	2920	3	1,02	1,36	75,1	85,8
282	2920	4	0,00	0,12	0,0	40,3
283	2931	1	0,85	1,09	77,9	88,2
284	3500	1	1,56	1,56	100,0	98,5
285	3500	2	1,58	1,58	100,0	99,8
286	3500	3	0,85	1,52	55,7	96,2
287	3500	4	1,57	1,57	100,0	99,4
288	3500	5	0,46	1,20	38,3	75,5
289	3500	6	0,00	0,78	0,0	57,8
290	3510	1	1,56	1,56	100,0	98,5
291	3510	2	1,56	1,56	100,0	98,5
292	3510	3	1,58	1,58	100,0	99,7
293	3510	4	1,58	1,58	100,0	99,5
294	3510	5	0,57	1,51	37,6	95,5
295	3510	6	0,25	1,48	17,2	93,7
296	3510	7	1,56	1,56	100,0	98,2
297	3510	8	1,51	1,51	100,0	95,5
298	3510	9	0,02	1,34	1,3	84,4
299	3510	10	0,00	1,09	0,0	68,7
300	3510	11	0,00	0,81	0,0	64,0

(Fortsetzung nächste Seite)

Nr.	Auftrag	Paletten-nummer	Volumen (ISO-Modul.) [m³]	Volumen (gesamt) [m³]	ISO-Modulgrad [%]	Volumen-nutzungs-grad [%]
301	3520	1	1,57	1,57	100,0	99,1
302	3520	2	1,50	1,55	96,6	98,1
303	3520	3	1,07	1,47	72,5	92,9
304	3520	4	1,52	1,52	100,0	95,8
305	3520	5	1,26	1,47	85,4	93,1
306	3520	6	0,00	0,51	0,0	60,7
307	3530	1	1,56	1,56	100,0	98,5
308	3530	2	1,48	1,54	96,0	97,3
309	3530	3	1,55	1,55	100,0	98,1
310	3530	4	0,82	1,51	54,4	95,4
311	3530	5	0,17	1,25	13,2	79,1
312	3530	6	0,04	0,29	12,5	67,5
313	3540	1	1,27	1,57	80,9	99,2
314	3540	2	1,55	1,55	100,0	98,1
315	3540	3	1,54	1,54	100,0	97,4
316	3540	4	0,86	1,53	55,9	96,6
317	3540	5	1,10	1,51	73,1	95,1
318	3540	6	1,52	1,54	99,1	96,9
319	3540	7	0,86	1,38	62,3	86,8
320	3540	8	0,09	0,67	13,6	62,4
321	3550	1	1,56	1,56	100,0	98,6
322	3550	2	0,96	1,53	62,7	96,8
323	3550	3	0,76	1,32	57,2	83,4
324	3550	4	0,04	0,28	12,8	56,9
325	3560	1	1,56	1,56	100,0	98,5
326	3560	2	1,36	1,56	87,2	98,2
327	3560	3	1,34	1,55	86,4	98,1
328	3560	4	1,47	1,56	93,8	98,8
329	3560	5	0,36	1,44	25,1	91,1
330	3560	6	1,58	1,58	100,0	99,5
331	3560	7	1,16	1,48	78,4	93,7
332	3560	8	0,15	1,06	13,7	67,1
333	3570	1	1,56	1,56	100,0	98,6
334	3570	2	1,53	1,53	100,0	96,4
335	3570	3	0,86	1,53	55,9	96,6
336	3570	4	1,25	1,55	80,6	98,1
337	3570	5	0,94	1,43	65,5	90,2
338	3570	6	0,00	0,21	0,0	68,5
339	3580	1	1,56	1,56	100,0	98,6
340	3580	2	1,54	1,57	98,0	99,0
341	3580	3	1,57	1,57	100,0	99,1
342	3580	4	1,57	1,57	100,0	98,8
343	3580	5	0,71	1,52	46,7	95,9
344	3580	6	1,38	1,55	89,4	97,7
345	3580	7	0,32	1,20	26,4	75,5
346	3580	8	0,00	0,54	0,0	67,5
347	3590	1	1,57	1,57	100,0	99,2
348	3590	2	1,33	1,53	86,9	96,4
349	3590	3	0,06	0,58	9,7	73,9
350	3600	1	1,52	1,56	97,7	98,5

(Fortsetzung nächste Seite)

Nr.	Auftrag	Paletten-nummer	Volumen (ISO-Modul.) [m³]	Volumen (gesamt) [m³]	ISO-Modulgrad [%]	Volumen-nutzungsgrad [%]
351	3600	2	0,86	1,53	56,0	96,8
352	3600	3	0,86	1,34	64,4	84,8
353	3600	4	0,03	0,80	3,6	59,4
354	6985	1	1,05	1,29	81,5	94,2
355	7011	1	1,29	1,54	84,0	97,2
356	7011	2	1,11	1,36	82,1	86,7
357	7014	1	1,51	1,51	100,0	95,2
358	7014	2	1,22	1,52	79,8	96,2
359	7014	3	1,53	1,53	100,0	96,3
360	7014	4	0,43	1,29	33,4	82,0
361	7015	1	1,42	1,54	92,2	97,2
362	7015	2	1,06	1,51	70,1	95,1
363	7015	3	0,10	0,58	16,7	78,9
364	7016	1	1,58	1,58	100,0	99,5
365	7016	2	1,29	1,51	85,0	95,6
366	7016	3	1,50	1,54	97,5	96,9
367	7016	4	0,71	1,52	46,5	95,7
368	7016	5	1,43	1,56	91,4	98,6
369	7016	6	1,06	1,38	76,8	86,9
370	7016	7	0,09	1,26	7,1	84,7
371	7019	1	1,51	1,51	100,0	95,2
372	7019	2	1,51	1,54	98,1	97,2
373	7019	3	1,18	1,45	80,9	91,8
374	7019	4	0,95	1,38	68,7	87,3
375	7019	5	0,06	0,27	22,6	65,9
376	7020	1	1,57	1,57	100,0	98,9
377	7020	2	1,50	1,55	96,8	98,0
378	7020	3	0,99	1,53	64,7	96,6
379	7020	4	1,46	1,46	100,0	92,0
380	7020	5	0,42	1,31	32,0	82,7
381	7020	6	0,03	0,13	26,6	65,7
382	7024	1	1,55	1,55	100,0	97,8
383	7024	2	1,15	1,50	76,2	95,0
384	7024	3	0,06	0,35	17,9	72,6
385	7028	1	1,56	1,56	100,0	98,7
386	7028	2	1,53	1,53	100,0	96,9
387	7028	3	1,38	1,56	88,7	98,2
388	7028	4	1,21	1,52	79,5	96,1
389	7028	5	1,54	1,55	99,3	98,2
390	7028	6	1,55	1,55	100,0	97,9
391	7028	7	0,23	1,37	16,8	86,3
392	7028	8	0,18	0,55	33,1	78,9
393	7029	1	1,54	1,54	100,0	97,4
394	7029	2	0,97	1,40	69,0	88,8
395	7030	1	1,51	1,51	100,0	95,2
396	7030	2	1,42	1,56	91,3	98,3
397	7030	3	1,23	1,50	81,8	94,8
398	7030	4	0,15	0,75	20,3	75,8
399	7032	1	1,56	1,56	100,0	98,5
400	7032	2	1,43	1,56	91,4	98,6

(Fortsetzung nächste Seite)

Nr.	Auftrag	Paletten-nummer	Volumen (ISO-Modul.) [m³]	Volumen (gesamt) [m³]	ISO-Modulgrad [%]	Volumen-nutzungs-grad [%]
401	7032	3	1,40	1,44	97,0	91,2
402	7032	4	1,13	1,45	78,1	91,3
403	7032	5	0,10	1,07	9,5	69,4
404	7037	1	1,40	1,51	93,2	95,1
405	7037	2	1,26	1,53	82,3	96,5
406	7037	3	0,78	1,27	60,9	86,0
407	7041	1	1,42	1,51	94,4	95,3
408	7041	2	0,97	1,47	65,9	92,9
409	7041	3	0,10	0,66	15,0	70,4
410	7046	1	1,37	1,54	88,6	97,3
411	7046	2	0,19	0,51	36,5	80,8
412	7052	1	1,50	1,51	99,1	95,6
413	7052	2	1,53	1,53	100,0	96,7
414	7052	3	1,28	1,55	82,6	98,1
415	7052	4	0,32	1,09	29,4	69,5
416	7054	1	1,56	1,56	100,0	98,6
417	7054	2	1,35	1,50	90,1	94,4
418	7054	3	0,92	1,40	65,9	88,4
419	7054	4	0,03	0,19	17,4	63,2
420	7061	1	1,47	1,55	94,8	98,0
421	7061	2	1,57	1,57	100,0	99,4
422	7061	3	0,21	0,75	28,7	74,9
423	7062	1	1,57	1,57	100,0	99,1
424	7062	2	1,54	1,54	100,0	97,0
425	7062	3	1,52	1,53	99,0	96,7
426	7062	4	0,85	1,52	55,6	96,1
427	7062	5	1,17	1,52	77,3	95,7
428	7062	6	0,14	0,72	19,9	76,4
429	7065	1	1,56	1,56	100,0	98,5
430	7065	2	1,53	1,53	100,0	96,8
431	7065	3	1,51	1,54	98,3	97,3
432	7065	4	0,68	1,52	44,5	95,7
433	7065	5	1,51	1,51	100,0	95,1
434	7065	6	0,52	1,29	40,1	81,3
435	7065	7	0,04	0,18	19,9	67,9
436	7066	1	1,48	1,52	97,7	95,8
437	7066	2	0,94	1,49	63,2	94,2
438	7066	3	1,28	1,50	85,1	95,0
439	7066	4	0,92	1,42	64,6	89,6
440	7066	5	0,02	0,20	12,0	59,9
441	7067	1	1,35	1,52	89,2	95,7
442	7067	2	0,15	0,47	32,1	73,9
443	7068	1	1,39	1,52	91,1	96,2
444	7068	2	0,41	0,84	48,2	80,2
445	7078	1	1,54	1,54	100,0	96,9
446	7078	2	1,37	1,51	90,6	95,3
447	7078	3	0,07	0,23	30,8	70,1
448	7079	1	1,49	1,51	98,2	95,5
449	7079	2	1,21	1,51	80,2	95,6
450	7079	3	0,05	0,61	8,1	73,4

(Fortsetzung nächste Seite)

Anhang

Nr.	Auftrag	Paletten-nummer	Volumen (ISO-Modul.) [m³]	Volumen (gesamt) [m³]	ISO-Modulgrad [%]	Volumen-nutzungs-grad [%]
451	7080	1	1,50	1,50	99,6	95,0
452	7080	2	1,43	1,48	96,7	93,6
453	7080	3	0,18	0,69	26,1	74,4
454	7082	1	1,57	1,57	100,0	99,0
455	7082	2	1,45	1,54	93,7	97,5
456	7082	3	1,11	1,52	73,3	95,9
457	7082	4	1,46	1,46	100,0	92,0
458	7082	5	0,70	1,34	52,0	84,7
459	7082	6	0,04	0,25	15,0	73,9
460	7083	1	1,26	1,54	81,6	97,3
461	7083	2	1,53	1,54	99,5	97,3
462	7083	3	0,23	0,73	31,7	82,1
463	7084	1	1,37	1,53	89,8	96,3
464	7084	2	0,95	1,26	75,0	88,4
465	7150	1	1,55	1,55	100,0	98,1
466	7150	2	1,36	1,49	91,0	94,3
467	7150	3	0,58	1,24	46,8	78,8
468	7152	1	1,47	1,51	97,6	95,2
469	7152	2	1,39	1,53	91,2	96,4
470	7152	3	0,66	1,30	51,2	82,0
471	7153	1	1,54	1,57	98,2	99,0
472	7153	2	1,41	1,51	93,6	95,4
473	7153	3	0,14	0,77	17,9	75,8
474	7154	1	1,27	1,54	82,5	97,5
475	7154	2	1,48	1,52	97,0	96,2
476	7154	3	0,03	0,50	5,1	72,3
477	7155	1	1,34	1,48	90,3	93,5
478	7155	2	0,77	1,26	61,2	87,0
479	7156	1	1,47	1,49	98,9	94,0
480	7156	2	1,42	1,56	91,3	98,4
481	7156	3	1,04	1,40	74,2	88,1
482	7156	4	0,02	0,18	10,4	60,2
483	7158	1	1,36	1,50	91,0	94,5
484	7158	2	0,46	0,81	57,5	83,6
485	7159	1	1,55	1,55	100,0	97,7
486	7159	2	1,24	1,51	82,1	95,2
487	7159	3	1,41	1,53	92,4	96,3
488	7159	4	0,41	0,88	46,0	77,0
489	7160	1	1,47	1,49	99,0	93,9
490	7160	2	1,17	1,50	78,0	94,5
491	7160	3	0,10	0,41	24,8	75,6
492	7161	1	1,41	1,51	93,4	95,4
493	7161	2	0,50	0,87	56,7	79,7
494	7162	1	1,54	1,55	99,3	98,0
495	7162	2	1,38	1,52	91,1	95,7
496	7162	3	0,43	1,03	41,7	71,5
497	7163	1	1,46	1,56	94,0	98,4
498	7163	2	1,52	1,53	99,1	96,5
499	7163	3	1,35	1,48	91,7	93,2
500	7163	4	0,02	0,34	5,9	67,8

(Fortsetzung nächste Seite)

Nr.	Auftrag	Paletten-nummer	Volumen (ISO-Modul.) [m³]	Volumen (gesamt) [m³]	ISO-Modulgrad [%]	Volumen-nutzungs-grad [%]
501	7164	1	1,58	1,58	100,0	99,5
502	7164	2	1,23	1,50	82,0	94,6
503	7164	3	0,43	0,98	43,5	75,8
504	7165	1	1,52	1,53	99,6	96,7
505	7165	2	0,75	1,17	63,9	85,6
506	7167	1	1,55	1,55	100,0	97,6
507	7167	2	0,92	1,37	66,9	87,0
508	7168	1	1,50	1,51	99,0	95,4
509	7168	2	0,40	0,81	49,3	79,8
510	7170	1	1,52	1,52	100,0	96,3
511	7170	2	1,50	1,51	99,0	95,4
512	7170	3	0,03	0,65	4,9	82,1
513	7175	1	1,52	1,52	100,0	95,8
514	7175	2	0,92	1,38	66,8	87,1
515	7176	1	1,39	1,53	90,6	96,9
516	7176	2	1,28	1,41	91,3	88,9
517	7176	3	0,03	0,33	8,1	74,2
518	7240	1	1,56	1,56	100,0	98,7
519	7240	2	1,53	1,53	100,0	96,7
520	7240	3	1,45	1,52	95,3	95,7
521	7240	4	1,08	1,50	71,9	94,7
522	7240	5	0,99	1,47	67,4	92,6
523	7240	6	0,01	0,44	3,3	68,8
524	7280	1	1,53	1,53	100,0	96,9
525	7280	2	0,71	1,37	51,5	86,9
526	7290	1	1,53	1,53	100,0	96,8
527	7290	2	0,93	1,25	74,0	85,5
528	7360	1	1,57	1,57	100,0	99,3
529	7360	2	1,36	1,49	91,0	94,3
530	7360	3	0,24	0,98	24,4	74,9
531	7450	1	1,41	1,54	91,2	97,4
532	7450	2	0,43	0,63	68,6	83,3
533	7770	1	0,97	1,50	64,9	94,5
534	7770	2	1,54	1,54	100,0	97,1
535	7770	3	0,21	0,60	35,5	75,3
536	8720	1	1,58	1,58	100,0	99,8
537	8720	2	1,51	1,51	100,0	95,6
538	8720	3	1,56	1,56	100,0	98,6
539	8720	4	1,57	1,57	100,0	99,3
540	8720	5	1,57	1,57	100,0	99,3
541	8720	6	1,57	1,57	100,0	99,3
542	8720	7	1,57	1,57	100,0	99,3
543	8720	8	1,57	1,57	100,0	99,3
544	8720	9	1,57	1,57	100,0	99,2
545	8720	10	1,41	1,50	93,5	94,9
546	8720	11	0,25	1,14	22,2	73,1

Anhang 5: Versuch „ISO-Modulgrad" – Statistische Auswertung

Modellzusammenfassung[b]

R	R-Quadrat	Korrigiertes R-Quadrat	Standardfehler des Schätzers	Durbin-Watson-Statistik
0,870[a]	0,757	0,756	5,688	1,214

a. Einflussvariablen: (Konstante), ISO_Modulgrad
b. Abhängige Variable: Volumennutzungsgrad

ANOVA[b]

	Quadratsumme	df	Mittel der Quadrate	F	Signifikanz
Regression	54736,172	1	54736,172	1691,431	0,000[a]
Residuen	17604,312	544	32,361		
Gesamt	72340,484	545	3,070		

a. Einflussvariablen: (Konstante), ISO_Modulgrad
b. Abhängige Variable: Volumennutzungsgrad

Koeffizienten[a]

	Nicht standardisierte Koeffizienten		Standardisierte Koeffizienten	T	Signifikanz	95%-Konfidenzintervall für B	
	B	Standardfehler	Beta			Untergrenze	Obergrenze
Konstante	67,207	0,613		109,605	0,000	66,002	68,411
ISO-Modulgrad	32,025	0,779	0,870	41,127	0,000	30,496	33,555

a. Abhängige Variable: Volumennutzungsgrad

Residuenstatistik[a]

	Minimum	Maximum	Mittelwert	Standardabweichung	N
Nicht standardisierter vorhergesagter Wert	67,207	99,232	90,352	10,021	546
Nicht standardisierte Residuen	-29,369	21,349	0,000	5,683	546
Standardisierter vorhergesagter Wert	-2,310	0,886	0,000	1,000	546
Standardisierte Residuen	-5,163	3,753	0,000	0,999	546

a. Abhängige Variable: Volumennutzungsgrad

Anhang 6: Versuch „Greifzeit Kommissionierung" – Voruntersuchung

Greifzeit pro TPV in Abhängigkeit der tatsächlich erfolgten Stapelung stapelbarer Verpackung im Rahmen der Kommissionierung

Position		1	2	3	4	5	6	7	8	9	10	11	12	13	14	15
Einzelzeit pro Position	[sek.]	35	36	55	17	24	43	31	22	10	9	32	34	20	15	29
Anzahl TPV/Position		3	3	4	1	3	4	2	2	1	1	2	2	2	1	2
Einzelzeit pro TPV	[sek.]	11,7	12,0	13,8	17,0	8,0	10,8	15,5	11,0	10,0	9,0	16,0	17,0	10,0	15,0	14,5
Stapel./Nicht-Stapel.	[S/N]	N	N	N	N	N	N	N	N	N	N	N	N	N	N	N

Position		16	17	18	19	20	21	22	23	24	25	26	27	28	29	30
Einzelzeit pro Position	[sek.]	20	30	63	43	21	42	45	17	43	32	37	74	32	47	14
Anzahl TPV/Position		2	2	6	4	2	4	4	1	5	4	3	6	3	5	1
Einzelzeit pro TPV	[sek.]	10,0	15,0	10,5	10,8	10,5	10,5	11,3	17,0	8,6	8,0	12,3	12,3	10,7	9,4	14,0
Stapel./Nicht-Stapel.	[S/N]	N	N	N	N	N	N	N	N	N	N	N	N	N	N	N

Position		31	32	33	34	35	36	37	38	39	40	41	42	43	44	45
Einzelzeit pro Position	[sek.]	35	15	52	26	34	17	12	26	26	16	12	9	20	11	17
Anzahl TPV/Position		3	1	6	3	2	2	1	2	2	1	1	1	2	1	2
Einzelzeit pro TPV	[sek.]	11,7	15,0	8,7	8,7	17,0	8,5	12,0	13,0	13,0	16,0	12,0	9,0	10,0	11,0	8,5
Stapel./Nicht-Stapel.	[S/N]	N	N	N	N	N	N	N	N	N	N	N	N	N	N	N

Position		46	47	48	49	50	51	52	53	54	55	56	57	58	59	60
Einzelzeit pro Position	[sek.]	14	9	28	25	26	19	17	33	28	22	74	66	29	12	19
Anzahl TPV/Position		1	1	3	3	3	2	2	3	3	2	9	6	3	1	2
Einzelzeit pro TPV	[sek.]	14,0	9,0	9,3	8,3	8,7	9,5	8,5	11,0	9,3	11,0	8,2	11,0	9,7	12,0	9,5
Stapel./Nicht-Stapel.	[S/N]	N	N	N	N	N	N	N	N	N	N	N	N	N	N	N

Position		61	62	63	64	65	66	67	68	69	70	71	72	73	74	75
Einzelzeit pro Position	[sek.]	11	15	10	17	11	31	8	13	20	19	34	27	25	24	13
Anzahl TPV/Position		1	1	1	2	1	3	1	1	2	1	2	2	3	2	1
Einzelzeit pro TPV	[sek.]	11,0	15,0	10,0	8,5	11,0	10,3	8,0	13,0	10,0	19,0	17,0	13,5	8,3	12,0	13,0
Stapel./Nicht-Stapel.	[S/N]	N	N	N	N	N	N	N	N	N	N	N	N	N	N	N

Position		76	77	78	79	80	81	82	83	84	85	86	87	88	89	90
Einzelzeit pro Position	[sek.]	16	9	23	12	19	64	23	43	47	33	21	40	21	88	21
Anzahl TPV/Position		1	1	2	1	1	4	2	3	3	2	2	3	2	10	2
Einzelzeit pro TPV	[sek.]	16,0	9,0	11,5	12,0	19,0	16,0	11,5	14,3	15,7	16,5	10,5	13,3	10,5	8,8	10,5
Stapel./Nicht-Stapel.	[S/N]	N	N	N	N	N	N	N	N	N	N	N	N	N	N	N

Position		91	92	93	94	95	96	97	98	99	100	101	102	103	104	105
Einzelzeit pro Position	[sek.]	34	26	38	22	12	13	20	16	19	29	25	10	30	19	8
Anzahl TPV/Position		3	2	2	2	1	1	2	1	1	2	3	2	3	3	1
Einzelzeit pro TPV	[sek.]	11,3	13,0	19,0	11,0	12,0	13,0	10,0	16,0	19,0	14,5	8,3	5,0	10,0	6,3	8,0
Stapel./Nicht-Stapel.	[S/N]	N	N	N	N	N	N	N	N	N	N	S	S	S	S	S

Position		106	107	108	109	110	111	112	113	114	115	116	117	118	119	120
Einzelzeit pro Position	[sek.]	10	15	31	11	8	22	43	52	8	35	11	23	11	21	18
Anzahl TPV/Position		1	2	3	1	1	2	4	9	1	3	1	2	1	2	3
Einzelzeit pro TPV	[sek.]	10,0	7,5	10,3	11,0	8,0	11,0	10,8	5,8	8,0	11,7	11,0	11,5	11,0	10,5	6,0
Stapel./Nicht-Stapel.	[S/N]	S	S	S	S	S	S	S	S	S	S	S	S	S	S	S

Position		121	122	123	124	125	126	127	128	129	130	131	132	133	134	135
Einzelzeit pro Position	[sek.]	12	7	14	12	36	10	9	15	10	10	12	30	39	37	36
Anzahl TPV/Position		1	1	2	1	3	1	1	2	1	1	2	3	4	4	3
Einzelzeit pro TPV	[sek.]	12,0	7,0	7,0	12,0	12,0	10,0	9,0	7,5	10,0	10,0	6,0	10,0	9,8	9,3	12,0
Stapel./Nicht-Stapel.	[S/N]	S	S	S	S	S	S	S	S	S	S	S	S	S	S	S

Position		136	137	138	139	140	141	142	143	144	145	146	147	148	149	150
Einzelzeit pro Position	[sek.]	17	41	29	12	65	8	8	8	14	7	9	9	8	7	8
Anzahl TPV/Position		2	6	5	1	12	1	1	1	2	1	1	1	1	1	1
Einzelzeit pro TPV	[sek.]	8,5	6,8	5,8	12,0	5,4	8,0	8,0	8,0	7,0	7,0	9,0	9,0	8,0	7,0	8,0
Stapel./Nicht-Stapel.	[S/N]	S	S	S	S	S	S	S	S	S	S	S	S	S	S	S

Position		151	152	153	154	155	156	157	158	159	160	161	162	163	164	165
Einzelzeit pro Position	[sek.]	12	13	12	6	30	9	6	16	15	9	8	9	31	14	12
Anzahl TPV/Position		1	2	2	1	5	2	1	2	2	2	1	1	3	2	1
Einzelzeit pro TPV	[sek.]	12,0	6,5	6,0	6,0	6,0	4,5	6,0	8,0	7,5	4,5	8,0	9,0	10,3	7,0	12,0
Stapel./Nicht-Stapel.	[S/N]	S	S	S	S	S	S	S	S	S	S	S	S	S	S	S

Position		166	167	168	169	170	171	172	173	174	175	176	177	178	179	180
Einzelzeit pro Position	[sek.]	7	15	11	9	5	22	9	8	8	7	18	26	31	8	36
Anzahl TPV/Position		1	2	1	1	1	2	1	1	1	1	2	3	3	1	4
Einzelzeit pro TPV	[sek.]	7,0	7,5	11,0	9,0	5,0	11,0	9,0	8,0	8,0	7,0	9,0	8,7	10,3	8,0	9,0
Stapel./Nicht-Stapel.	[S/N]	S	S	S	S	S	S	S	S	S	S	S	S	S	S	S

Position		181	182	183	184	185	186	187	188	189	190	191	192	193	194	195
Einzelzeit pro Position	[sek.]	40	17	6	45	15	8	25	7	27	23	26	19	34	17	12
Anzahl TPV/Position		4	2	1	6	2	1	3	1	3	2	3	2	4	2	2
Einzelzeit pro TPV	[sek.]	10,0	8,5	6,0	7,5	7,5	8,0	8,3	7,0	9,0	11,5	8,7	9,5	8,5	8,5	6,0
Stapel./Nicht-Stapel.	[S/N]	S	S	S	S	S	S	S	S	S	S	S	S	S	S	S

Position		196	197	198	199	200
Einzelzeit pro Position	[sek.]	51	54	17	28	7
Anzahl TPV/Position		5	7	2	3	1
Einzelzeit pro TPV	[sek.]	10,2	7,7	8,5	9,3	7,0
Stapel./Nicht-Stapel.	[S/N]	S	S	S	S	S

Anhang 7: Versuch „Greifzeit Kommissionierung" – Ergebnisse

Auftrag	Anzahl Positionen (EDV) [Stck.]	Anzahl Verpackungen (gezählt) [Stck.]	Anzahl stapelb. TPV (gezählt) [Stck.]	Anzahl Stapelungen (gezählt) [Stck.]	Anzahl nicht Stapelungen (gezählt) [Stck.]	kum. Greifzeit / Auftrag [Sek.]	Komp.-grad [%]	Mittlere Greifzeit pro TPV [Sek.]
1	40	129	93	91	38	1.230	60%	9,5
2	97	218	160	158	60	2.063	56%	9,5
3	22	37	24	24	13	360	45%	9,7
4	18	44	27	27	17	434	33%	9,9
5	36	65	50	46	19	619	40%	9,5
6	79	188	135	128	60	1.808	61%	9,6
7	41	117	87	86	31	1.103	67%	9,4
8	78	148	94	93	55	1.451	40%	9,8
9	81	150	94	91	59	1.482	46%	9,9
10	50	126	91	88	38	1.204	57%	9,6
11	31	96	88	79	17	876	68%	9,1
12	96	210	145	134	76	2.051	53%	9,8
13	55	111	73	71	40	1.084	49%	9,8
14	66	114	83	79	35	1.092	58%	9,6
15	80	166	115	115	51	1.590	49%	9,6
16	49	85	59	59	26	814	40%	9,6
17	50	105	72	61	44	1.047	57%	10,0
18	13	155	138	115	40	1.458	87%	9,4
19	43	62	51	47	15	580	53%	9,3
20	35	259	157	153	106	2.573	57%	9,9
21	64	243	108	106	137	2.545	42%	10,5
22	45	117	92	79	38	1.128	48%	9,6
23	49	71	39	39	32	716	39%	10,1
24	12	18	4	0	18	216	15%	12,0
25	21	34	23	23	11	328	48%	9,6
26	61	154	103	103	51	1.488	53%	9,7
27	59	130	65	59	71	1.354	29%	10,4
28	59	155	119	117	38	1.451	61%	9,4
29	76	200	133	130	70	1.945	52%	9,7
30	30	97	70	70	27	919	64%	9,5
31	44	103	69	61	42	1.023	56%	9,9
32	75	260	154	154	106	2.581	50%	9,9
33	27	58	44	42	16	549	49%	9,5
34	65	152	128	106	46	1.453	59%	9,6
35	27	64	51	49	15	597	54%	9,3
36	34	87	62	59	28	838	52%	9,6
37	51	120	92	75	45	1.178	50%	9,8
38	33	100	74	74	26	941	58%	9,4
39	52	141	102	100	41	1.342	65%	9,5
40	55	131	98	94	37	1.243	60%	9,5
41	34	85	65	65	20	793	68%	9,3
42	51	112	83	83	29	1.054	60%	9,4
43	57	148	90	101	47	1.423	51%	9,6
44	42	67	47	47	20	640	49%	9,5
45	43	125	80	70	55	1.255	55%	10,0
46	51	564	455	442	122	5.221	79%	9,3
47	7	33	23	21	12	323	47%	9,8
48	18	22	17	16	6	208	51%	9,5
49	50	139	76	70	69	1.423	43%	10,2
50	63	170	111	109	61	1.659	65%	9,8

Anhang 8: Versuch „Greifzeit Kommissionierung" – Statistische Auswertung

Modellzusammenfassung[b]

R	R-Quadrat	Korrigiertes R-Quadrat	Standardfehler des Schätzers	Durbin-Watson-Statistik
0,702[a]	0,493	0,482	0,320	2,004

a. Einflussvariablen: (Konstante), Kompatibilitätsgrad
b. Abhängige Variable: Greifzeit

ANOVA[b]

	Quadratsumme	df	Mittel der Quadrate	F	Signifikanz
Regression	4,777	1	4,777	46,673	0,000[a]
Residuen	4,913	48	0,102		
Gesamt	9,690	49			

a. Einflussvariablen: (Konstante), Kompatibilitätsgrad
b. Abhängige Variable: Greifzeit

Koeffizienten[a]

	Nicht standardisierte Koeffizienten		Standardisierte Koeffizienten	T	Signifikanz	95%-Konfidenzintervall für B	
	B	Standardfehler	Beta			Untergrenze	Obergrenze
Konstante	11,424	0,208		55,048	0,000	11,007	11,841
Kompatibilitätsgrad	-0,026	0,004	-0,702	-6,832	0,000	-0,034	-0,180

a. Abhängige Variable: Greifzeit

Residuenstatistik[a]

	Minimum	Maximum	Mittelwert	Standardabweichung	N
Nicht standardisierter vorhergesagter Wert	9,156	11,038	10,040	0,312	50
Nicht standardisierte Residuen	-0,528	1,361	0,000	0,316	50
Standardisierter vorhergesagter Wert	-2,833	3,197	0,000	1,000	50
Standardisierte Residuen	-1,653	4,255	0,000	0,990	50

a. Abhängige Variable: Greifzeit

Anhang

Anhang 9: Belastungssimulation „Fallprüfung" – Beschreibung der Ladeeinheiten

LE-Nr.	1	2	3
Anzahl der Verpackungen	50	21	24
Bruttomasse LE in kg	131,2	114,3	139,9
Nettomasse Ersatzfüllgut pro LE in kg	100	84	102
Höhe der Ladeeinheit in mm	1941	1910	1884

LE-Nr.	4	5	6
Anzahl der Verpackungen	24	22	21
Bruttomasse LE in kg	151,2	188,3	147,8
Nettomasse Ersatzfüllgut pro LE in kg	110	138	106
Höhe der Ladeeinheit in mm	1966	2058	1878

LE-Nr.	7	8	9
Anzahl der Verpackungen	20	20	18
Bruttomasse LE in kg	149,0	111,5	102,4
Nettomasse Ersatzfüllgut pro LE in kg	108	80	72
Höhe der Ladeeinheit in mm	1887	1951	1935

(Fortsetzung nächste Seite)

LE-Nr.	**10**	**11**	**12**
Anzahl der Verpackungen	25	50	50
Bruttomasse LE in kg	129,2	135,0	135,0
Nettomasse Ersatzfüllgut pro LE in kg	94	100	100
Höhe der Ladeeinheit in mm	1860	1916	1916

LE-Nr.	**13**	**14**	**15**
Anzahl der Verpackungen	48	29	50
Bruttomasse LE in kg	130,0	147,2	133,8
Nettomasse Ersatzfüllgut pro LE in kg	96	106	100
Höhe der Ladeeinheit in mm	1889	1975	1945

LE-Nr.	**16**	**17**	**18**
Anzahl der Verpackungen	47	37	32
Bruttomasse LE in kg	127,1	161,8	142,9
Nettomasse Ersatzfüllgut pro LE in kg	94	122	102
Höhe der Ladeeinheit in mm	1814	1926	1939

LE-Nr.	**19**	**20**	**21**
Anzahl der Verpackungen	30	20	18
Bruttomasse LE in kg	138,7	113,8	104,7
Nettomasse Ersatzfüllgut pro LE in kg	98	80	72
Höhe der Ladeeinheit in mm	1933	1933	1914

(Fortsetzung nächste Seite)

LE-Nr.		22	23	24
Anzahl der Verpackungen		35	42	41
Bruttomasse LE in kg		123,8	157,2	156,5
Nettomasse Ersatzfüllgut pro LE in kg		90	112	112
Höhe der Ladeeinheit in mm		1981	1967	1988
LE-Nr.		25	26	27
Anzahl der Verpackungen		42	23	28
Bruttomasse LE in kg		162,1	140,7	142,8
Nettomasse Ersatzfüllgut pro LE in kg		116	96	100
Höhe der Ladeeinheit in mm		1967	1936	1967
LE-Nr.		28	29	30
Anzahl der Verpackungen		19	23	22
Bruttomasse LE in kg		117,1	147,0	144,4
Nettomasse Ersatzfüllgut pro LE in kg		76	98	94
Höhe der Ladeeinheit in mm		1904	2027	1951

Anhang 10: Belastungssimulation „Fallprüfung" – Prüfbericht

Prüfverfahren	Flacher Fall auf Bodenfläche durch Kippen um eine Kante
Internationale Norm	DIN ISO 10531
Anzahl der geprüften Ladeeinheiten	30 unterschiedliche Ladeeinheiten
Vollständige Beschreibung, einschließlich Maßnahmen der Einheitenbildung, Maße nach ISO 3676, Bau- und Materialbeschreibung der Ladeeinheit	Die Ladeeinheit wurde auf einer Halbpalette mit den Abmessungen 800 x 600 mm gebildet. Die Höhe jeder Ladeeinheit kann aus Anhang 9 entnommen werden. Die Ladeeinheiten wurde händisch gebildet und nicht gesichert. Die zur Bildung der Ladeeinheiten benutzten Verpackungen bestanden aus Vollpappe, Wellpappe, Holz und HD-PE (vgl. Anhang 1)
Brutomasse der Ladeeinheit	siehe Anhang 9
Nettomasse der Inhalte	siehe Anhang 9
Name und Adresse des Prüflaboratoriums	Verpackungsprüflabor der Abteilung Verpackungs- und Handelslogistik des Fraunhofer Instituts für Materialfluss und Logistik, Dortmund
Beschreibung des Packgutes und Angabe aller Einzelheiten, falls Ersatzpackgut verwendet wurde	Bei dem Originalpackgut handelt es sich um frisches Obst und Gemüse. Dieses wird durch sog. Inlays in der Verpackung fixiert, so dass ein Verrutschen verhindert wird. Aus Kostengründen wurde als Ersatzpackgut Polyethylengranulat verwendet, welches jeweils in 500 g Beutel abgefüllt war und ein flächiges Befüllen der Verpackung erlaubte.
Klimatische Vorbehandlung	keine, da Lagerung bei Raumklima des Verpackungsprüflabors
Temperatur und relative Luftfeuchtigkeit	Raumklima des Verpackungsprüflabors, ca. 23°C und 50 % relative Luftfeuchtigkeit
Art der verwendeten Prüfeinrichtungen	Bei diesem Versuch war eine Bodenkante der Ladeeinheit auf die harte, massive Aufprallfläche aufgestützt, während die gegenüberliegende Bodenkante mit einem automatischen Handhubwagen 10 cm angehoben und zum freien Fall ausgelöst wurde.
Abweichungen vom Normprüfverfahren	Die Fallhöhe wurde von 20 cm auf 10 cm reduziert.

Protokoll der Ergebnisses einschließlich aller Beobachtungen, die zur korrekten Auswertung der Ergebnisse beitragen	siehe Anhang 11

Anhang 11: Belastungssimulation „Fallprüfung" – Ergebnisse

Versuch / LE Nr.	Anzahl TPV gesamt (gezählt)	Anzahl Schwachstellen (gezählt)	Anzahl kompatibler Positionierungen (gezählt)	Kompatibilitäts-grad	Schwachstellen-grad	Anzahl Versagensfälle [Anz. Verrutschen]	Verrutschen (relativ)
1	50	0	35	0,700	0,000	0	0,000
2	21	3	3	0,143	0,143	1	0,048
3	24	4	4	0,167	0,167	3	0,125
4	24	4	4	0,167	0,167	3	0,125
5	22	6	4	0,182	0,273	1	0,045
6	21	4	4	0,190	0,190	3	0,143
7	20	4	3	0,150	0,200	1	0,050
8	20	3	3	0,150	0,150	1	0,050
9	18	2	15	0,833	0,111	0	0,000
10	25	3	5	0,200	0,120	3	0,120
11	50	4	37	0,740	0,080	0	0,000
12	50	0	36	0,720	0,000	0	0,000
13	48	4	14	0,292	0,083	2	0,042
14	29	3	8	0,276	0,103	2	0,069
15	50	2	43	0,860	0,040	0	0,000
16	47	2	14	0,298	0,043	1	0,021
17	37	2	13	0,351	0,054	2	0,054
18	32	3	16	0,500	0,094	2	0,063
19	30	3	9	0,300	0,100	1	0,033
20	20	3	6	0,300	0,150	2	0,100
21	18	2	14	0,778	0,111	0	0,000
22	35	2	15	0,429	0,057	2	0,057
23	42	2	21	0,500	0,048	2	0,048
24	41	0	21	0,512	0,000	0	0,000
25	42	2	22	0,524	0,048	1	0,024
26	23	2	13	0,565	0,087	0	0,000
27	28	0	18	0,643	0,000	0	0,000
28	19	1	15	0,789	0,053	0	0,000
29	23	1	18	0,783	0,043	0	0,000
30	22	0	20	0,909	0,000	0	0,000

Anhang 12: Belastungssimulation „Fallprüfung" – Statistische Auswertung

Modellzusammenfassung[b]

R	R-Quadrat	Korrigiertes R-Quadrat	Standardfehler des Schätzers	Durbin-Watson-Statistik
0,770[a]	0,593	0,579	0,029	2,453

a. Einflussvariablen: (Konstante), Kompatibilitätsgrad
b. Abhängige Variable: Verrutschen_relativ

ANOVA[b]

	Quadratsumme	df	Mittel der Quadrate	F	Signifikanz
Regression	0,034	1	0,034	40,861	0,000[a]
Residuen	0,023	28	0,001		
Gesamt	0,057	29			

a. Einflussvariablen: (Konstante), Kompatibilitätsgrad
b. Abhängige Variable: Verrutschen_relativ

Koeffizienten[a]

	Nicht standardisierte Koeffizienten		Standardisierte Koeffizienten	T	Signifikanz	95%-Konfidenzintervall für B	
	B	Standardfehler	Beta			Untergrenze	Obergrenze
Konstante	0,103	0,011		9,296	0,000	0,080	0,125
ISO-Modulgrad	-0,133	0,021	-0,770	-6,392	0,000	-0,176	-0,091

a. Abhängige Variable: Verrutschen_relativ

Residuenstatistik[a]

	Minimum	Maximum	Mittelwert	Standard-abweichung	N
Nicht standardisierter vorhergesagter Wert	-0,018	0,083	0,041	0,034	30
Nicht standardisierte Residuen	-0,041	0,066	0,000	0,028	30
Standardisierter vorhergesagter Wert	-1,732	1,256	0,000	1,000	30
Standardisierte Residuen	-1,443	2,283	0,000	0,983	30

a. Abhängige Variable: Verrutschen_relativ

Anhang 13: Belastungssimulation „Schwingtisch" – Voruntersuchung

Streckenprofil

Streckenabschnitt (Tour A)		Fahrzeit [min]	Strecke [km]	Straßentyp
44141 Dortmund	- 44789 Bochum	35	22,9	Autobahn
44789 Bochum	- 44787 Bochum	10	2,6	Ortstraßen
44787 Bochum	- 44809 Bochum	10	2,3	Ortstraßen
44809 Bochum	- 42553 Velbert	40	25,5	Autobahn
42553 Velbert	- 42489 Wülfrath	15	6,0	Ortstraßen
42489 Wülfrath	- 42329 Wuppertal	15	8,7	Ortstraßen
Summe		**125**	**68,0**	

Streckenabschnitt (Tour B)		Fahrzeit [min]	Strecke [km]	Straßentyp
44141 Dortmund	- 42283 Wuppertal	60	45,6	Autobahn
42283 Wuppertal	- 42281 Wuppertal	8	3,2	Ortstraßen
42281 Wuppertal	- 42103 Wuppertal	12	4,5	Ortstraßen
42103 Wuppertal	- 42103 Wuppertal	5	1,7	Ortstraßen
42103 Wuppertal	- 42283 Wuppertal	13	8,1	Ortstraßen
42283 Wuppertal	- 42277 Wuppertal	10	2,4	Ortstraßen
Summe		**108**	**65,5**	

Position des Datenloggers

Datenlogger an der belastungsintensivsten Stelle

Fahrzeugdaten

Fahrzeugtyp	MAN TGA 03 D11
Anzahl Achsen	3
Länge [mm]	11.400
Breite [mm]	2.550
Höhe [mm]	3.700
Leergewicht [kg]	11.320
zulässiges Gesamtgewicht [kg]	26.000
Reifen	315/70 R22,5

Anhang 14: Belastungssimulation „Schwingtisch" – Beschreibung der Ladeeinheiten

LE-Nr.	1	2	3
Anzahl der Verpackungen	50	21	22
Bruttomasse LE in kg	135,0	114,3	188,3
Nettomasse Ersatzfüllgut pro LE in kg	100	84	138
Höhe der Ladeeinheit in mm	1916	1910	2058

LE-Nr.	4	5	6
Anzahl der Verpackungen	21	20	20
Bruttomasse LE in kg	147,8	111,5	112,2
Nettomasse Ersatzfüllgut pro LE in kg	106	80	80
Höhe der Ladeeinheit in mm	1878	1951	1950

LE-Nr.	7	8	9
Anzahl der Verpackungen	19	50	47
Bruttomasse LE in kg	106,7	135,0	127,1
Nettomasse Ersatzfüllgut pro LE in kg	76	100	94
Höhe der Ladeeinheit in mm	1929	1916	1814

(Fortsetzung nächste Seite)

LE-Nr.	10	11	12
Anzahl der Verpackungen	41	19	50
Bruttomasse LE in kg	156,5	117,1	133,8
Nettomasse Ersatzfüllgut pro LE in kg	112	76	100
Höhe der Ladeeinheit in mm	1988	1904	1945

LE-Nr.	13	14	15
Anzahl der Verpackungen	23	50	22
Bruttomasse LE in kg	140,7	131,2	144,4
Nettomasse Ersatzfüllgut pro LE in kg	96	100	94
Höhe der Ladeeinheit in mm	1936	1941	1951

LE-Nr.	16	17	18
Anzahl der Verpackungen	18	42	30
Bruttomasse LE in kg	104,7	162,1	138,7
Nettomasse Ersatzfüllgut pro LE in kg	72	116	98
Höhe der Ladeeinheit in mm	1914	1967	1933

LE-Nr.	19	20	21
Anzahl der Verpackungen	35	20	42
Bruttomasse LE in kg	123,8	113,8	157,2
Nettomasse Ersatzfüllgut pro LE in kg	90	80	112
Höhe der Ladeeinheit in mm	1981	1933	1967

(Fortsetzung nächste Seite)

LE-Nr.	22	23	24
Anzahl der Verpackungen	29	32	25
Bruttomasse LE in kg	147,2	142,9	129,2
Nettomasse Ersatzfüllgut pro LE in kg	106	102	94
Höhe der Ladeeinheit in mm	1975	1939	1860

LE-Nr.	25	26	27
Anzahl der Verpackungen	28	23	48
Bruttomasse LE in kg	142,8	147,0	130,0
Nettomasse Ersatzfüllgut pro LE in kg	100	98	96
Höhe der Ladeeinheit in mm	1967	2027	1889

LE-Nr.	28	29	30
Anzahl der Verpackungen	24	37	26
Bruttomasse LE in kg	151,2	161,8	173,2
Nettomasse Ersatzfüllgut pro LE in kg	110	122	132
Höhe der Ladeeinheit in mm	1966	1926	1777

Anhang 15: Belastungssimulation „Schwingtisch" – Prüfbericht

Prüfverfahren	Random Vibration Testing of Shipping Containers
Internationale Norm	ASTM 4728
Anzahl der geprüften Ladeeinheiten	30 unterschiedliche Ladeeinheiten
Vollständige Beschreibung, einschließlich Maßnahmen der Einheitenbildung, Maße nach ISO 3676, Bau- und Materialbeschreibung der Ladeeinheit	Die Ladeeinheit wurde auf einer Halbpalette mit den Abmessungen 800 x 600 mm gebildet. Die durchschnittliche Höhe der Ladeeinheit betrug 1,80 m und diese wurde händisch gebildet. Die zur Bildung der Ladeeinheiten benutzten Verpackungen bestanden aus Vollpappe, Wellpappe, Holz und HD-PE.
Brutomasse der Ladeeinheit	siehe Anhang 14
Nettomasse der Inhalte in Kilogramm	siehe Anhang 14
Name und Adresse des Prüflaboratoriums	Verpackungsprüflabor der Abteilung Verpackungs- und Handelslogistik des Fraunhofer Instituts für Materialfluss und Logistik, Dortmund
Beschreibung des Packgutes und Angabe aller Einzelheiten, falls Ersatzpackgut verwendet wurde	Bei dem Originalpackgut handelt es sich um frisches Obst und Gemüse. Dieses wird durch Inlays in der Verpackung fixiert, so dass ein Verrutschen verhindert wird. Da Obst und Gemüse leicht verderbliche Waren sind, wurde als Ersatzpackgut Polyethylengranulat verwendet, welches jeweils in 500 g Beutel abgefüllt war und ein flächiges Befüllen der Verpackung erlaubte.
Klimatische Vorbehandlung	keine, da Lagerung bei Raumklima des Verpackungsprüflabors
Temperatur und relative Luftfeuchtigkeit	Raumklima des Verpackungsprüflabors, ca. 23°C und 50 % relative Luftfeuchtigkeit
Prüfdauer	2 Stunden

Art der Sicherung	Die Ladeeinheit wurde zweifach von oben gesichert. Die Palette wurde gegen horizontale Bewegungen gesichert.
Art der verwendeten Prüfeinrichtungen	Tischgröße: variabel, ≥ 1000 x 1200 mm maximaler Hub: ± 50 mm Nennlast: 1,2 t Nennbeschleunigung: 8 g seismische Masse von 50 t Frequenzbereich: 4 - 110 Hz Sinus- und stochastische Erregung möglich. Der Schwingtisch ist rechnergesteuert und frei programmierbar, eine Einspeisung von aufgenommenen Daten eines Dataloggers ist möglich
Abweichungen vom Normprüfverfahren	Die Simulationsintensität der Norm ASTM 4728 wurde auf 50% reduziert.
Protokoll der Ergebnisses einschließlich aller Beobachtungen, die zur korrekten Auswertung der Ergebnisse beitragen	siehe Anhang 16 und 17

Anhang 16: Belastungssimulation „Schwingtisch" – Ergebnisse

Versuch / LE Nr.	Anzahl TPV gesamt (gezählt)	Anzahl Schwachstellen (gezählt)	Anzahl kompatibler Positionierungen (gezählt)	Kompatibilitäts-grad	Schwachstellen-grad	Anzahl Versagensfälle [Anz. Verrutschen]	Verrutschen (relativ)
1	50	0	36	0,720	0,000	0	0,000
2	21	3	3	0,143	0,143	4	0,190
3	22	6	4	0,182	0,273	5	0,227
4	21	4	4	0,190	0,190	3	0,143
5	20	3	3	0,150	0,150	3	0,150
6	20	2	3	0,150	0,100	1	0,050
7	19	2	2	0,105	0,105	1	0,053
8	50	4	37	0,740	0,080	1	0,020
9	44	4	10	0,227	0,091	2	0,045
10	37	4	11	0,297	0,108	2	0,054
11	18	4	6	0,333	0,222	1	0,056
12	50	2	43	0,860	0,040	0	0,000
13	23	2	13	0,565	0,087	0	0,000
14	50	0	35	0,700	0,000	2	0,040
15	22	0	20	0,909	0,000	0	0,000
16	18	2	14	0,778	0,111	0	0,000
17	42	2	22	0,524	0,048	2	0,048
18	30	3	9	0,300	0,100	2	0,067
19	35	2	15	0,429	0,057	0	0,000
20	20	3	6	0,300	0,150	0	0,000
21	42	2	21	0,500	0,048	0	0,000
22	29	3	8	0,276	0,103	0	0,000
23	32	3	16	0,500	0,094	2	0,063
24	25	3	5	0,200	0,120	0	0,000
25	28	0	18	0,643	0,000	0	0,000
26	23	1	18	0,783	0,043	0	0,000
27	48	4	14	0,292	0,083	4	0,083
28	24	4	4	0,167	0,167	2	0,083
29	37	2	13	0,351	0,054	0	0,000
30	26	5	2	0,077	0,192	1	0,038

Anhang 17: Belastungssimulation „Schwingtisch" – Statistische Auswertung

Schritt 1: Regressionsmodell zur Bestimmung der Residuen

Modellzusammenfassung[b]

R	R-Quadrat	Korrigiertes R-Quadrat	Standardfehler des Schätzers	Durbin-Watson-Statistik
0,701[a]	0,491	0,473	0,183	1,728

a. Einflussvariablen: (Konstante), Schwachstellengrad
b. Abhängige Variable: Kompatibilitätsgrad

ANOVA[b]

	Quadratsumme	df	Mittel der Quadrate	F	Signifikanz
Regression	0,907	1	0,907	26,995	0,000[a]
Residuen	0,941	28	0,034		
Gesamt	1,848	29			

a. Einflussvariablen: (Konstante), Schwachstellengrad
b. Abhängige Variable: Kompatibilitätsgrad

Koeffizienten[a]

	Nicht standardisierte Koeffizienten		Standardisierte Koeffizienten	T	Signifikanz	95%-Konfidenzintervall für B	
	B	Standardfehler	Beta			Untergrenze	Obergrenze
Konstante	0,673	0,060		1,178	0,000	0,550	0,796
Schwachstellengrad	-2,637	0,508	-0,701	-5,196	0,000	-3,677	-1,597

a. Abhängige Variable: Kompatibilitätsgrad

Residuenstatistik[a]

	Minimum	Maximum	Mittelwert	Standardabweichung	N
Nicht standardisierter vorhergesagter Wert	-0,047	0,673	0,413	0,177	30
Nicht standardisierte Residuen	-0,291	0,397	0,000	0,180	30
Standardisierter vorhergesagter Wert	-2,600	1,470	0,000	1,000	30
Standardisierte Residuen	-1,589	2,169	0,000	0,983	30

a. Abhängige Variable: Kompatibilitätsgrad

(Fortsetzung nächste Seite)

Detaillierte Residuenstatistik[a]

Fallnummer	Kompatibilitäts-grad	Nicht standardisierter vorhergesagter Wert	Residuen
1	0,720	0,673	0,047
2	0,143	0,296	-0,153
3	0,182	-0,047	0,229
4	0,190	0,172	0,018
5	0,150	0,278	-0,128
6	0,150	0,409	-0,259
7	0,105	0,396	-0,291
8	0,740	0,462	0,278
9	0,227	0,433	-0,206
10	0,297	0,388	-0,091
11	0,333	0,088	0,245
12	0,860	0,568	0,292
13	0,565	0,444	0,121
14	0,700	0,673	0,027
15	0,909	0,673	0,236
16	0,778	0,380	0,398
17	0,524	0,547	-0,023
18	0,300	0,409	-0,109
19	0,429	0,523	-0,094
20	0,300	0,278	0,022
21	0,500	0,547	-0,047
22	0,276	0,402	-0,126
23	0,500	0,425	0,075
24	0,200	0,357	-0,157
25	0,643	0,673	-0,030
26	0,783	0,560	0,223
27	0,292	0,454	-0,162
28	0,167	0,233	-0,066
29	0,351	0,531	-0,180
30	0,077	0,167	-0,090

a. Abhängige Variable: Kompatibilitätsgrad

Schritt 2: Gesamtmodell zur Erklärung der Versagensfälle

Modellzusammenfassung[b]

R	R-Quadrat	Korrigiertes R-Quadrat	Standardfehler des Schätzers	Durbin-Watson-Statistik
0,671[a]	0,450	0,410	0,046	1,311

a. Einflussvariablen: (Konstante), Residuen, Kompatibilitätsgrad
b. Abhängige Variable: Verrutschen_relativ

ANOVA[b]

	Quadratsumme	df	Mittel der Quadrate	F	Signifikanz
Regression	0,048	2	0,024	11,062	0,000[a]
Residuen	0,058	27	0,002		
Gesamt	0,106	29			

a. Einflussvariablen: (Konstante), Residuen, Kompatibilitätsgrad
b. Abhängige Variable: Verrutschen_relativ

Koeffizienten[a]

	Nicht standardisierte Koeffizienten		Standardisierte Koeffizienten	T	Signifikanz	95%-Konfidenzintervall für B	
	B	Standardfehler	Beta			Untergrenze	Obergrenze
Konstante	0,140	0,022		6,403	0,000	0,095	0,184
Kompatibilitätsgrad	-0,224	0,049	-0,939	-4,610	0,000	-0,324	-0,125
Residuen	0,180	0,068	0,537	2,635	0,014	0,040	0,320

a. Abhängige Variable: Verrutschen_relativ

Residuenstatistik[a]

	Minimum	Maximum	Mittelwert	Standardabweichung	N
Nicht standardisierter vorhergesagter Wert	-0,022	0,140	0,047	0,041	30
Nicht standardisierte Residuen	-0,076	0,110	0,000	0,045	30
Standardisierter vorhergesagter Wert	-1,701	2,296	0,000	1,000	30
Standardisierte Residuen	-1,647	2,370	0,000	0,965	30

a. Abhängige Variable: Verrutschen_relativ

Anhang 18: Prüfbericht Bestimmung des Reibungsverhaltens

Prüfverfahren	Bestimmung des Reibungsverhaltens
Internationale Norm	DIN 53375
Nettomasse des Packgutes in kg	2 kg
Name und Adresse des Prüflaboratoriums	Verpackungsprüflabor der Abteilung Verpackungs- und Handelslogistik des Fraunhofer Instituts für Materialfluss und Logistik, Dortmund
Klimatische Vorbehandlung	keine, da Lagerung bei Raumklima des Verpackungsprüflabors
Temperatur und relative Luftfeuchtigkeit	Raumklima des Verpackungsprüflabors, ca. 23°C und 50 % relative Luftfeuchtigkeit
Art der verwendeten Prüfeinrichtungen	Bei dieser Prüfung wurden Steigen aus unterschiedlichen Packstoffen aufeinander gestellt und anschließend gegeneinander bewegt, um die Haft- und Gleitreibung der jeweiligen Reibpartner zu bestimmen. Es wurde die jeweils untere Verpackung umgedreht, um ein flächiges Aufliegen der Reibpartner zu garantieren. Mit Hilfe einer Zug-Druck Prüfmaschine wurde eine senkrechte Bewegung erzeugt, welche über eine Rolle umgelenkt wurde, um so eine Reibungsbewegung zu erzeugen. Dieser Antriebsmechanismus erzeugte eine gleichförmige Relativbewegung der beiden Reibpartner gegeneinander. Die Reibkräfte wurden dabei kontinuierlich von einer Kraftmessdose aufgenommen.

Anhang

Art und Bezeichnung des geprüften Erzeugnisses	Steigen aus Wellpappe, Vollpappe und HD-PE mit den Abmessungen 400 x 300 mm
Anzahl Messungen	5 je Reibpartner
Geprüfte Reibpartner	Siehe nachstehende Tabelle
Haftreibungszahl, Gleitreibwert	Siehe nachstehende Tabelle
Abweichungen vom Normprüfverfahren	Es wurden verschiedene Steigen aus unterschiedlichen Packstoffen getestet

Ergebnisse der vergleichenden Reibwertmessungen im Prüflabor

Wellpappe/Wellpappe

Durchgang Nr.	Gewichtskraft	gem. Zugkraft	Gleitreibwert µ	Haftreibung
1	2,27 daN	0,85 daN	0,37	1,20 daN
2	2,27 daN	0,90 daN	0,40	1,27 daN
3	2,27 daN	0,95 daN	0,42	1,34 daN
4	2,27 daN	0,92 daN	0,41	1,19 daN
5	2,27 daN	0,92 daN	0,41	1,20 daN
Mittelwert		0,91 daN	0,40 daN	1,24 daN

Wellpappe/HD-PE

Durchgang Nr.		gem. Zugkraft	Gleitreibwert µ	Haftreibung
1	2,27 daN	0,55 daN	0,24	0,90 daN
2	2,27 daN	0,55 daN	0,24	0,94 daN
3	2,27 daN	0,45 daN	0,20	0,81 daN
4	2,27 daN	0,47 daN	0,21	0,84 daN
5	2,27 daN	0,50 daN	0,22	0,82 daN
Mittelwert		0,50 daN	0,22 daN	0,86 daN

Wellpappe/Vollpappe

Durchgang Nr.		gem. Zugkraft	Gleitreibwert µ	Haftreibung
1	2,27 daN	0,90 daN	0,40	1,06 daN
2	2,27 daN	0,95 daN	0,42	1,16 daN
3	2,27 daN	0,93 daN	0,41	1,09 daN
4	2,27 daN	0,95 daN	0,42	1,16 daN
5	2,27 daN	0,95 daN	0,42	1,25 daN
Mittelwert		0,94 daN	0,41 daN	1,14 daN

Vollpappe/Wellpappe

Durchgang Nr.		gem. Zugkraft	Gleitreibwert µ	Haftreibung
1	2,41 daN	0,92 daN	0,38	1,12 daN
2	2,41 daN	0,97 daN	0,40	1,16 daN
3	2,41 daN	0,95 daN	0,39	1,09 daN
4	2,41 daN	0,94 daN	0,39	1,13 daN
5	2,41 daN	0,89 daN	0,37	1,11 daN
Mittelwert		0,93 daN	0,39 daN	1,12 daN

Vollpappe/Vollpappe

Durchgang Nr.		gem. Zugkraft	Gleitreibwert µ	Haftreibung
1	2,41 daN	0,95 daN	0,39	1,13 daN
2	2,41 daN	0,95 daN	0,39	1,16 daN
3	2,41 daN	0,95 daN	0,39	1,12 daN
4	2,41 daN	0,90 daN	0,37	1,10 daN
5	2,41 daN	0,88 daN	0,37	1,07 daN
Mittelwert		0,93 daN	0,38 daN	1,12 daN

Vollpappe/HD-PE

Durchgang Nr.		gem. Zugkraft	Gleitreibwert µ	Haftreibung
1	2,41 daN	0,52 daN	0,22	0,70 daN
2	2,41 daN	0,52 daN	0,22	0,79 daN
3	2,41 daN	0,50 daN	0,21	0,74 daN
4	2,41 daN	0,48 daN	0,20	0,63 daN
5	2,41 daN	0,50 daN	0,21	0,66 daN
Mittelwert		0,50 daN	0,21 daN	0,70 daN

Lebenslauf

Name		Michael Wagner
Geburtsdatum :		21. Juni 1976
Geburtsort:		Dortmund
Staatsangehörigkeit:		deutsch
Familienstand:		ledig

Schulbildung		
	09/83 -09/87	Grundschule Südschule, Herne
	09/87-06/96	Gymnasium Eickel, Herne Allgemeine Hochschulsreife
Studium		
	10/96-04/01	Ruhr-Universität Bochum Diplom-Ökonom
Berufstätigkeit		
	Seit 04/01	Fraunhofer IML, Dortmund Wissenschaftlicher Mitarbeiter